市场规制法治文丛 1

主编 李友根

本书获江苏省“青蓝工程”资助
Sponsored by Qing Lan Project

社会性规制的路径选择

行政规制、司法控制抑或合作规制

宋亚辉◎著

法律出版社
LAW PRESS·CHINA

总　序

时下,以"丛书"、"文库"、"论丛"等名义整体性出版一系列著作的做法,在学术界和实务界甚为普遍。南京大学经济法研究所与法律出版社合作,推出"市场规制法治文丛",除了顺应这一学术出版的趋势,彰显研究所这一学术机构的学术存在外,确实也有一些其他考虑,即在经济法学研究的主题选择、方法运用等层面进行探索与实践,并期待形成一定特色。

本文丛总主题为"市场规制的法治研究"。"规制"一词译自英文"regulate"或"regulation"。前者用于描述美国宪法第1条规定的国会对州际商业的权力,即"国会有权规制州际商业……"(Congress shall have power to regulate commerce with foreign nations, and among the several States, and with the Indian tribes)。对这一规制权力,马歇尔首席大法官在1824年的判例中将其表述为制定治理商业的规则的权力。① 而在州的层面上,规制权(police regulation)又与治安权(police power)混用,指各州在保护公民生命、健康、财

① "It is the power to regulate, that is, to prescribe the rule by which commerce is to be governed." See, Gibbons v. Ogden, 22 U. S. 1, 196(1824).

产、公共道德等领域的权力。① 显然，在我国的语境下，就经济法学而言，市场规制的研究领域既包括宏观调控问题，也包括市场监管问题，更可以是规制的一般理论问题。因此，列入本文丛的著作，其研究主题是开放的，但必然围绕着“市场规制”这一核心。

更为重要的是，本文丛试图体现和贯彻“中国问题、世界眼光、案例实证、历史梳理、理论提升”的研究思路与方法。所谓“中国问题”，是指经济法学研究应当有强烈的问题意识。此种问题，既可以来自理论体系构建过程中的阐释需要，更可以来自法律实务与社会经济生活的挑战。特别是，这种问题应当是围绕中国法治建设和经济社会发展进程而提出的。所谓“世界眼光”，是指对中国问题的分析与研究，绝不应当坐井观天、自画自说，而应以比较法的方法与思路寻求世界范围内各国、各地区解决此类问题的智慧与努力，借鉴他人的经验与教训。所谓“案例实证”，是指在研究过程中应当高度关注实务案例特别是司法案例，通过搜集、整理、研究司法案例，总结、挖掘实务界在处理、解决法律纠纷中的困惑、分歧、探索与创新，以使法学理论研究扎根于法律的实践生活。所谓“历史梳理”，是指无论是对中国问题的分析还是他国智慧的解读，均需从制度变迁的角度进行纵向的梳理与考察。大陆法系也好，英美法系也好，任何制度的产生与建立都不是突然的，更不是静止的。只有在历史梳理中，才能发现其制度背后的利益博弈、政策考量和变迁规律，才能真正总结出相关经验与教训。所谓“理论提升”，是指对现实案例、政策实践、法律规定、社会事件的分析与研究，不能仅停留于现象的描述、问题的总结、原因的分析和对策的设计这样的“八股”式进路，而应从法学理论的角度进行理论范畴的提炼、理论症结的挖掘和分析框架的设计，以追求学术的高度与理论的品格。当然，不同的作者、不同的著作、不同的主题，自然会有不同侧重，对上述思路不必也不可能面面俱到。但秉持这样的理念，或许是学术发展的必然要求，也自然是本文丛的追求目标。

① 例如，美国最高法院哈伦大法官在判例中写道：The police power extends at least to the protection of the lives, the health, and the property of the community against the injurious exercise by any citizen of his own rights... a mere police regulation, deemed essential to the protection of the lives and property of citizens. See Patterson v. Kentucky, 97 U. S. 501, 504(1878). 布朗大法官在屠宰场案件中指出：The validity of the act was sustained as a proper police regulation for the health and comfort of the people. See Holden v. Hardy, 169 U. S. 366, 382(1898).

因此,本文丛并无严密的计划安排,而是成熟一本出版一本。希望在这样的理念下,推动南京大学经济法学科的同事和博士毕业生们向学界奉献出自己的学术精品,为我国经济法学的繁荣和市场规制法治的进步作出自己的贡献。

李友根*

2017年1月

---

* 南京大学经济法研究所所长,教授、博士研究生导师。

前 言

“规制”一词源于英文“regulation”,其含义是依法控制或制约。其在英语中有两层含义:一是政府部门根据法定权限所制定的从属性法律规范;二是依法进行管制、规制、监管和控制。① “regulation”一词经过翻译转换进入中国法学领域后,主要指第二层含义,即依法进行规制、管制或监管。

英美国家最初用“regulation”来指称 19 世纪末 20 世纪初政府为应对经济危机而对宏观经济运行所实施的规制。然而,自 20 世纪 70 年代后,规制对象逐步扩展到环境、健康和安全领域。为区分不同规制对象,学界创造了“经济性规制”和“社会性规制”这对新概念。② 其中,前者主要针对具有自然垄断或公共物品属性的企业或行业,规制目标旨在维护宏观经济的运行效率;后者主要针对环境、健康、安全等公共风险或其他社会公共性问题,规制目标旨在降低公共风险并防控致害事故的发生,因而又被称为“风险规制”。

就社会性规制而言,面对现代工业化引发的环境、健康和安全风险,立法者不得不做出两个层面的选择:一方面需要通过成本—收益的综合考量来选择社会最优的规制标准;

① See Bryan A. garner, *Black' s Law Dictionary*, 8th ed. , Thomson West,2004,p. 1311.

② 经济性规制(economic regulation)和社会性规制(social regulation)的区分,参见 Orly Lobel, The Renew Deal: The Fall of Regulation and the Rise of Governance in Contemporary Legal Thought, 89 *Minn. L. Rev.* 342, 364 (2004);[日]植草益著:《微观规制经济学》,朱绍文等译,中国发展出版社 1992 年版,第 22 页。

另一方面还必须决定由哪个机关(行政还是司法)来实施或细化该规制标准。这正是本书所研究的“社会性规制的路径选择”。

美国学者斯蒂芬森(Matthew C. Stephenson)将这一选择比喻为“买彩票”。他认为,在解决社会公共性问题上,立法者必须做出的选择是将解释和执行法律的权力授予行政机关还是法院?立法者由此便进入“政策彩票难题”(policy lottery),①或“代理权彩票难题”(delegation lottery)。② 在本书的语境中,立法者将代理权授予行政机关,意味着选择了行政规制路径;反之,将代理权授予法院,意味着选择了司法控制路径。由于缺乏充分的信息,立法者于事前往往无法确信谁是最理想的规制者,因而立法者面临的选择恰似“买彩票”,但又不全然是一种随机事件。因此,本书致力于构建的路径选择理论,旨在通过某些外在迹象和经验信息,寻找那一只理想中的“彩票”。

回顾两大法系的法律发展史,自20世纪以来,传统公法和私法体系为应对现代工业社会的环境、健康和安全风险,都在进行着制度上的调适和改革。时至今日,传统公法和私法已经远远超越了其诞生时的制度定位和角色分工,公法管制开始走出政治领域,以各种直接或间接的方式影响自由市场的运行;私法自治也开始主要或附带地承担起辅助管制的职能,它们各自以不同的方式回应当今日益复杂的公共风险问题,并形成了社会性规制中的两条路径。其中,公法制度的改革主要通过扩大行政机关的公共职能来应对公共风险,由此形成了“行政规制路径”;而私法制度的改革主要通过调整法律责任的威慑程度和激励机制来应对公共风险,由此形成了“司法控制路径”。为应对无处不在的公共风险,如何在这两条备选路径之间做出理性选择是各国立法者面临的共同性问题。

在制度设计层面,两种路径的作用原理和实施工具存在重大差异。其中,行政规制路径是由政府在成本—收益分析的基础上,于事前确立社会最优的规制标准,并由行政机关主动实施该标准,因而行政规制路径是一种“管制型”的规制方法,其实施工具主要是命令—控制手段。司法控制路径旨在通过事后法律责任为风险行为“定价”,并由潜在加害人根据其自身的成本—收益衡量,自行决定是否实施风险行为。因此,与行政规制相比,司法控制路径是一种“市场型”的规制方法,其实施工具主要是私人诉讼和司法裁判。两种路径虽然存在诸多差异,但从功能主义视角来

① See Matthew C. Stephenson, “Legislative Allocation of Delegated Power: Uncertainty, Risk, and the Choice Between Agencies and Courts”, 119 *Harv. L. Rev.* 1035 (2006).

② See Adrian Vermeule, “The Delegation Lottery”, 119 *Harv. L. Rev. F.* 105 (2006).

看,它们都可以通过自身的制度设计来规制公共风险。

在制度实施层面,两种规制路径都存在高昂的实施成本,制度实施成本就像物理世界的“摩擦力”一样,严重阻碍了其规制效果。在此情况下,行政规制与司法控制路径之间的选择取决于谁能“以更低的成本建设更安全的社会”,这有赖于比较研究。但通过进一步的比较分析发现,两种路径分别在不同方面具有相对优势和相对劣势。在制度实施过程中,两种路径在某些方面的相对优势极有可能被另一方面的相对劣势所抵消;功能优势的相对性同时也意味着没有哪一种路径在特定领域具有绝对优势。由此产生的影响是:不管是在食品安全、环境污染还是交通事故领域,没有哪一种规制路径能够与特定规制领域实现完全匹配,即所谓的“不完全匹配现象”。不完全匹配现象的存在将意味着政府选择任何一种路径都必须承受它所伴随的“副产品”。从这个意义上来讲,行政规制路径与司法控制路径之间的选择只能是两种不完善事物之间的次优选择。

但令人欣慰的是,虽然两种路径都存在各自的缺陷,但它们在诸多方面又存在优势互补的特点。功能优势的互补性具有重大的理论意义,它为路径选择理论提供了一条新的思路——合作规制。合作规制具有较大功能优势,它可以弥补两种规制路径各自存在的不足。从这个意义上来说,两种路径之间的互补性特点为合作规制指明了方向。而且,合作规制有两个层面:一是制度外合作,即两种路径并行使用;二是制度内合作,即两种路径分别引入对方的优势因素以弥补自己的不足。制度内合作是更深层次的合作规制,它能够实现公法与私法的接轨,并以公私合力的方式实现规制目标。鉴于合作规制的功能优势,21 世纪以来,有学者将更深入、全面的合作规制称为社会性规制的“第三条道路”,它实质上是合作规制模式的深化。中国现行法选择了合作规制模式,但更多的是制度外合作,对于更深入的制度内合作,有待进一步加强。展望未来,中国立法应当充分发挥两种路径的互补性优势,将合作规制从制度外合作深化到制度内合作,从而实现规制模式的转型。

目 录

导 论

一、问题提出

(一)社会性规制的两种路径

在现代工业化社会,人类时刻面临食品安全、环境污染、交通事故、工业生产事故等风险,这些事故风险存在以下共同特点:(1)不可回避性:这些事故风险是伴随现代工业社会的生产生活而必然出现的"副产品",这些公共风险无法回避,甚至远远超出了个人的风险控制能力;(2)不可消灭性:通过提高技术设备和行为谨慎程度可以减少事故的发生概率与严重程度,但不可能完全消灭事故风险,因为人们为回避风险所采取的措施往往隐含着另外一种风险,因而风险规制需要"在健康与健康之间权衡";①(3)公共性:现代工业社会的事故风险往往伴随大规模的工业生产而涌现,它具有广泛的"扩散性"和"多边性"特征,②并且有大量的潜在受害者暴露于此类风险之中。基于上述三个特点,本书将食品安全、环境污染、交通事故和工业生产事故等领域的风险称为公共风险,法律对此类公共风险的规制,本书称之为"社会性规制"。关于社会性规制的具体领域,有学者认为:"针对环境中的风险、工作场所的风险和消费产品的风险"而进

---

① 参见[美]凯斯·R. 桑斯坦著:《风险与理性——安全、法律及环境》,师帅译,中国政法大学出版社2005年版,第163~164页。

② See Peter Huber, "Safety and the Second Best: The Hazards of Public Risk Management in the Courts", 85 *Colum. L. Rev.*, 277, 277-278 (1985).

行的健康、安全与环境规制,通常被称作社会性规制的“三大核心领域”。[①] 本书也将以这三大核心领域作为立足点展开研究。

公共风险作为现代工业社会生产、生活的“副产品”,人类不能因噎废食地避免涉足公共风险领域,只能寻求降低公共风险的途径。如何降低公共风险?这不仅是潜在加害人和受害人必须面对的问题,而且是承担公共规制职能的政府(包括立法机关、行政机关和司法机关)所难以回避的职责。其中,立法机关不得不面临的问题是,如何通过法律制度的设计来规制公共风险?在此基础上,立法机关还必须决定由行政还是司法机关来实施该法律制度?纵观两大法系的立法情况,公法和私法制度为应对公共风险,都在进行着制度上的调适和改革。其中,(1)公法制度的改革主要通过扩大行政机关的公共职能来应对公共风险,例如,在 20 世纪 60 ~ 70 年代,美国的“规制国”兴起运动迅速扩大了行政机关的规模与规制职能。对此,本书将其概括为行政规制路径;(2)私法制度的改革主要通过法律责任的威慑功能和激励机制来应对公共风险,例如各国消费者立法中大量涌现的消费诉讼与惩罚性赔偿制度。对此,本书将其概括为司法控制路径。下文将进一步解释这两种路径的内涵。

在公共风险规制领域,20 世纪的法律发展史是行政规制与司法控制交替演化的历史,二者分别以不同的方式和逻辑对公共风险作出回应。不管是英美法系还是大陆法系国家,它们都在尝试使用行政规制路径与司法控制路径来应对工业社会的公共风险,由此呈现出行政规制路径与司法控制路径的交替演化现象。中国学者所谓的公法私法化、私法公法化、公私法相互工具化和社会法的诞生,在一定程度上也揭示了行政规制路径与司法控制路径的交替演化现象,这同时也推动了两大法系在社会性规制领域的制度融合。

结合中国现行立法来看,《食品安全法》《消费者权益保护法》《产品质量法》《广告法》《环境保护法》《道路交通安全法》等单行立法,都存在如下共同特点:立法者一方面通过设立专门的行政机关来规制公共风险;另一方面又授予当事人起诉资格,试图通过私人诉讼和法院的司法裁判来威慑风险行为,从而实现规制目的。这在中国当前的规制型立法中已成为普遍现象,例如,在食品安全规制领域,自“三鹿奶粉事件”发生后,为防止食品缺陷引发大规模侵权问题,中国《食品安全法》一方

---

① 参见[美]吉帕·维斯库斯等著:《反垄断与管制经济学》,陈甬军等译,机械工业出版社 2004 年版,第 6 页。

面规定了国务院食品安全委员会、卫生行政部门和国家食品药品监督管理部门的行政规制权,其权限包括食品安全风险评估、食品安全标准制定、食品安全信息公布、食品检验机构的资质认定、组织查处食品安全重大事故和市场监督管理;另一方面,2015 年《食品安全法》为激励私人诉讼,在第 148 条规定:"生产不符合食品安全标准的食品或者经营明知是不符合食品安全标准的食品,消费者除要求赔偿损失外,还可以向生产者或者经营者要求支付价款十倍或者损失三倍的赔偿金。"这里的十倍赔偿制度旨在激励私人诉讼并威慑食品生产经营者,从而实现风险规制目的。

(二)如何选择最佳的规制路径

在两大法系的食品安全、环境污染、交通事故等社会性规制领域,行政规制与司法控制在并行使用,这已成为各国立法通例。当然,存在的不一定是合理的,立法者选择"双管齐下"的规制方法,并不意味着这就是最佳选择。本书提出的问题是:在社会性规制领域,立法者应当如何选择适当的规制路径?这当中隐含的问题是,在行政规制与司法控制之间,是否存在最佳的规制路径?如果没有,那么理论上是否存在更好的第三条道路?

(三)相关概念的解释与限定

为说明本书研究的核心问题,这里有必要对以下概念作出进一步的解释和限定,它们包括规制、社会性规制、经济性规制、规制路径和路径选择。

1. 规制、社会性规制和经济性规制

本书使用的"规制"一词对应于英文中的"regulation",其基本含义是指依法的控制或制约。① 自美国罗斯福新政以来,"regulation"被用来描述政府为应对市场失灵而对市场经济实施的干预行为,由于规制的实施者往往是专门成立的行政机关,因而"regulation"又称为"行政规制"。日本学者最初将"regulation"翻译为"规制",②中国学者通过翻译日本的著作也引进了这一译名。③ 中国学者对"regulation"有不同的译法,主要有"管制""规制"和"监管"。其中,"监管"主要用于法律文本和政府实务中,而"规制"在法学文献中较为常用,本书遵从学界惯例。根据语境的需要,本书在个别地方也使用"管制"一词,其基本含义与"规制"相同,但"管制"一词更强调政府的干预力度。

---

① See Bryan A. *Garner*, *Black's Law Dictionary*, 8th ed., St. Paul. Minn. Thomson West, 2004, p. 1311.

② 参见张守文、于雷著:《市场经济与新经济法》,北京大学出版社 1993 年版,第 22 页。

③ 参见[日]植草益著:《微观规制经济学》,朱绍文等译,中国发展出版社 1992 年版,第 304 页。

法学界使用的“规制”一词最初被用来指称20世纪30年代罗斯福新政时期,美国政府为应对经济危机而对宏观经济运行所实施的规制,这里的“规制”主要针对具有自然垄断或公共物品属性的企业或行业,规制目标主要是维护宏观经济的运行效率,规制工具主要是财政、货币、税收、外汇等经济工具。此后,到了20世纪70年代以后,随着政府干预范围的不断扩大,政府开始对产品质量、公共场所安全、环境保护等领域存在的公共风险进行规制,其目标主要是维护公共安全,规制工具主要是命令—控制工具以及相应的行政处罚措施。这样一来,“规制”一词所指的范围也开始扩大,为了区分20世纪30年代“规制”和70年代“规制”的不同内涵,学术界提出了一对新的概念,即“经济性规制”(economic regulation)和“社会性规制”(social regulation)。[①] 其中,“经济性规制”用来指称政府对宏观经济运行所实施的规制;“而社会性规制”用来指称政府对产品质量、公共安全和环境污染进行的规制。[②] 本书将重点研究“社会性规制”。[③] 日本学者植草益给社会性规制下了一个更精确的定义,社会性规制是指:“以保障劳动者和消费者的安全、健康、卫生、环境保护、防止灾害为目的,对物品和服务的质量和伴随着它们而产生的各种活动制定一定的标准,并禁止、限制特定行为的规制。”[④]本书继续沿用这一定义,并集中关注政府在食品安全、环境污染和交通事故等领域实施的社会性规制。

2. 规制路径:行政规制与司法控制

本书研究的“规制路径”包括行政规制路径和司法控制路径两种。

第一,在美国20世纪30年代的罗斯福新政时期,“经济性规制”的实施者基本都是政府专门设立的行政机关,因而“regulation”也被称为由行政机关实施的“行政规制”。但随着政府干预市场的范围从“经济性规制”逐渐扩展到“社会性规制”之后,仍用“regulation”来指称由行政机关实施的“行政规制”将会引起误解,因为在“社会性规制”领域,不仅有行政机关实施的规制,也有司法机关实施的规制,为了区

---

① See Orly Lobel, “The Renew Deal: The Fall of Regulation and the Rise of Governance in Contemporary Legal Thought”, 89 *Minn. L. Rev.*, 342, 364 (2004).

② Ibid..

③ 与经济性规制相比,社会性规制在规制对象、规制目标、规制工具等方面都存在差异。其中,经济性规制的规制对象主要集中于具有自然垄断或具有公共物品属性的企业或行业,规制目标主要是维护宏观经济的运行效率,规制工具主要运用财政、货币、税收、外汇等经济工具;而社会性规制主要针对产品质量、公共场所安全、环境保护等具有外部性、内部性和信息不对称问题,规制目标主要是维护公共安全,规制工具主要是命令—控制工具以及相应的行政处罚措施。

④ [日]植草益著:《微观规制经济学》,朱绍文等译,中国发展出版社1992年版,第22页。

分这两种不同的规制方式,学者开始用"executive regulation"来指称由行政机关实施的"行政规制"。就本书研究的社会性规制而言,"行政规制"的基本含义是指:由政府对风险行为的成本—收益进行综合分析,并在此基础上根据社会收益最大化原则(或事故总成本最小化)来决定是否禁止或限制风险行为,并由行政机关负责实施该决定。

第二,到了20世纪70年代,在食品安全、环境污染、交通事故等"社会性规制"领域,政府规制的实施者从原来的行政机关扩大到司法机关,美国学者开始用"private justice"①"post liability"②和"private enforcement",③来指称由法院实施的社会性规制。为了区别于由行政机关实施的"行政规制",本书将法院实施的社会性规制称为"司法控制"。在本书的研究中,司法控制的具体含义是指:运用事后责任为风险行为进行"价格",让潜在加害人根据其自身的成本—收益分析,自行决定是否实施风险行为(个人决定或市场决定),若实施风险行为,则需要支付相应的对价(承担法律责任)。在这一过程中,政府并不直接参与决策,它只是通过调整法律责任与诉讼成本的大小,来调整风险行为的"价格",从而激励行为人最小化事故的总成本,最终实现规制目标。

需要说明的是,在社会性规制领域,将行政规制和司法控制作为两种不同的规制路径进行比较,在美国文献中较为常见,但在大陆法系却较为罕见,这可能与大陆法系对公私法的划分传统有关。在这种背景下,本书将"司法控制"作为社会性规制的备选路径之一,可能会引起读者的误解。不过,区分行政机关和司法机关实施的社会性规制,在日本已有先例,日本学者植草益在其著作中提到了这两种规制路径:"进行规制的主体有私人和社会公共机构两种形式。由私人进行的规制,如私人约束私人的行动,称之为私人规制;由社会公共机构进行的规制,是由司法机关、行政机关以及立法机关进行的对私人以及经济主体行为的规制,称之为公的规制。"④植草益提到的由"司法机关"和"行政机关"实施的规制,与本书研究的"司法控制"与

① Pamela H. Bucy, "Private Justice", 76 S. *Cal. L. Rev.*, 1, 4 – 5(2002).

② Donald Wittman, "Prior Regulation versus Post Liability: The Choice between Input and Output Monitoring", 6 *The Journal of Legal Studies.*, 193(1977).

③ Edward Brunet, "Debunking Wholesale Private Enforcement of Environmental Rights", 15 *Harvard Journal of Law & Public Policy*, 331(1992); Michael S. Greve, "The Private Enforcement of Environmental Law", 65 *Tul. L. Rev.*, 339(1990).

④ [日]植草益著:《微观规制经济学》,朱绍文等译,中国发展出版社1992年版,第1页。

“行政规制”所指相同。为进一步澄清二者的含义,本书将在第二章对其作用原理和实施工具进行分析。

3. 路径选择

本书所指的“路径选择”的含义是指:立法者在社会性规制领域,如何选择适当的规制路径?对此,美国学者斯蒂芬森教授(Matthew C. Stephenson)将立法者面临的选择比喻为“买彩票”。他认为,在解决社会公共性问题上,立法者必须作出的选择是:将解释和执行法律的权力授予行政机关还是法院?立法者由此便进入一个“政策彩票难题”(policy lottery),①或称为“代理权彩票难题”(delegation lottery)。②在本书的语境中,立法者将执法权授予行政机关,意味着选择了行政规制路径;将执法权授予法院,意味着选择了司法控制路径。在路径选择问题上,由于立法者不敢保证谁是更合适的规制者,因而选择规制路径也像是在买彩票。本书的研究目的就是要通过分析某些外在的迹象,来比较这两只彩票之间的差异,从而为路径选择提供指引。

二、研究意义

研究社会性规制中的路径选择是一个较大的选题,这里的“大”主要是指其涵盖范围较广,不仅涉及行政与司法在现代社会所承担的职能,而且涉及食品安全、环境污染、交通事故、工业生产事故等公共风险领域。较大的选题虽然使本书的论证相对抽象,但它是一个有现实意义的命题,笔者作出这一判断主要基于以下两点理由:(1)在社会性规制领域,由于行政规制路径与司法控制路径都能够用来规制公共风险问题,因而它们具有可比性,甚至具有可替代性;至于它们二者为何具有可比性,本书将通过分析两种路径的兴起历史和作用原理对该问题作出进一步的论证;(2)在某一特定规制领域或特定情况下,行政规制路径与司法控制路径在规制功能上具有优劣之分(只是它们没有被充分揭示出来而已,这正是本书致力于研究的内容),这是由它们二者的作用原理、实施工具、程序启动方式、信息获取、个案判断能力和政策判断的灵活性等特点所决定的。因此,两种路径在社会性规制领域具有一定的可比性,并且在功能上具有优劣之分,研究路径选择问题具有一定的理论和实

---

① See Matthew C. Stephenson, “Legislative Allocation of Delegated Power: Uncertainty, Risk, and the Choice Between Agencies and Courts”, 119 *Harv. L. Rev.*, 1035(2006).

② See Adrian Vermeule, “The Delegation Lottery”, 119 *Harv. L. Rev. F.*, 105(2006).

践意义。

(一)理论意义

本书所研究的路径选择问题,主要是法学基础理论层面的问题。就其理论意义而言,需要从规范层面和实证层面两个角度加以理解:

第一,在规范研究层面,本书将从法政策学的角度,致力于研究社会性规制中的路径选择理论,并尝试建立一个基本的分析框架,以此来检验行政规制与司法控制路径在不同领域的规制效果,这是本书研究的核心内容。如果这一分析框架能够成立,则它将为立法决策与制度设计提供借鉴。当立法者面对食品安全、环境污染、交通事故等领域的公共风险时,可以在比较两种规制路径的基础上,针对特定问题选择最佳的规制路径。此外,在对两种路径进行比较研究的基础上,本书将进一步分析个别学者新提出的"第三条道路",并从理论探讨的角度分析所谓的"第三条道路"是否可行。若"第三条道路"能够成立,它也许将成为法学界研究"国家治理能力现代化"的理论成果之一。

第二,在实证研究层面,本书将从解释论的角度,为现行法上规制路径选择现象作出理论上的解释与评价。就此而言,不管是在大陆法系还是英美法系,它们的现行法都存在行政规制与司法控制并存的现象,这在中国现行法上体现的尤为明显。例如中国的《食品安全法》《广告法》《环境保护法》《道路交通安全法》等法律,在规制路径选择问题上,基本都选择"双管齐下"的策略,兼用行政规制和司法控制这两种路径。本书研究的路径选择理论,将为既有立法中的路径选择现象作出解释,并对其进行初步评价。而且,在20世纪以来的立法中,不管是英美侵权法还是大陆法系的侵权法,均出现了较多突破传统法律的制度创新,例如惩罚性赔偿和无过错责任,这些制度创新与规制政策密切相关,本书研究的路径选择理论,将为这些制度创新作出理论上的解释。

(二)实践意义

本书研究的虽然是一个理论层面的问题,但它对于行政执法与法官的司法裁判也具有一定的参考价值。具体而言:(1)就司法控制路径而言,本书主要关注的问题是:如何借用私人诉讼和法官的司法裁判来规制公共风险。为此,法官在实践中除了坚持传统私法的矫正正义理念之外,还应当以特定的政策目标所确立的指导方针来处理当事人之间的纠纷。这将为学界关注的"公共政策进入司法裁判"现象提供一种正当化解释。例如,特定类型的案件是否受理、损害赔偿数额的判断、举证责任的分担等,都与社会性规制目标密切相关,法官在处理这些问题时,应当通过选择适用特定的司法技术或裁判方法,将社会性规制的目标融入司法裁判当中。从这个意义上讲,本书关于司法控制路径的研究,能够为法官自由裁量权的行使提供一个规制法视角下的解释思路。例如,在食品安全问题较严重的情况下,基于风险规制目的,法官可以通过自由裁量权来加大损害赔偿的数额,或者适度降低受害者的证明标准;再如,环境保护问题,当环境污染较为严重时,法官可以适度扩大起诉资格,通过私人诉讼来弥补行政规制的不足。(2)关于行政规制路径,本书将通过对命令—控制工具的研究,充分揭示行政规制路径的优缺点,并在此基础上为行政规制路径的改革提供思路。本书的研究将表明,在中国的行政规制实践中,应当引入合作模式或"软法"思想,推动中国的行政规制模式从传统的"命令—控制"模式向合作规制模式转型。这一思路对行政规制机关及其执法人员的执法工作将提供一定的参考意义。

(三)对中国经济法学的意义

本书对社会性规制的路径选择理论的研究,将成为中国经济法理论体系的组成部分。中国经济法学理论一般认为,经济法存在的理论基础在于克服市场失灵,如外部性、内部性、垄断、信息不对称、经济周期等。经济法克服市场失灵的手段被经济法学界总结为"干预""协调""调节"和"调制"等,①它主要包括以下两方面内容:一是通过市场监管克服市场失灵;二是通过宏观调控克服市场失灵。不管是市场监管还是宏观调控,其运用的规制工具主要是行政干预手段(对应于本书研究的行政规制路径),即由行政机关直接或间接介入市场运行,并以此应对市场失灵问题。这是中国经济法学理论体系的基本框架。但需要进一步指出的是,对市场失灵的克服与应对,既有民法的贡献也有经济法的贡献,而经济法主要是弥补民法在克服市场失灵问题上的不足。从这个意义上说,在克服市场失灵问题上,经济法应当是民法的补充。但问题是:经济法应当在哪些方面来补充或超越民法?这有赖于比较二者在克服市场失灵问题上的功能差异。本书对于行政规制路径和司法控制路径(本书主要关注民事司法)的对比分析,实际上正是在寻找两种路径在克服市场失灵问题上的优劣差异,从而进一步明确民法和经济法的角色分工。

---

① 详细内容请参见中国经济法常用的几本教材,杨紫烜主编:《经济法学》,高等教育出版社2007年版;李昌麒主编:《经济法学》,法律出版社2007年版;漆多俊主编:《经济法学》,高等教育出版社2007年版;张守文著:《经济法理论的重构》,人民出版社2004年版。

从中美比较的角度来看，中国经济法学界关于行政规制的研究重点，与美国20世纪70年代以前的规制理论极为相似。然而，对于美国20世纪70年代以后兴起的“放松行政规制”“公共规制的私人化”“合作规制”与公共规制的“第三条道路”，中国经济法学界尚未及时跟进。现在看来，美国20世纪70年代以后的公共规制理论的发展，主要是在“私有化”和“公共规制的私人化”浪潮的推动下进行的。因此，比较两种克服市场失灵的路径，对中国经济法的发展具有重要意义。

中国经济法学关于克服市场失灵问题的研究现状，可能与大陆法系的公、私法划分传统有关。由于大陆法系在理论研究上一直坚持公法与私法的划分，中国的法学研究更是依据民法、刑法、诉讼法等法律部门而展开。在中国，民法学和经济法学之间的纷争由来已久，按照一般的理解，平等主体之间的财产关系和人身关系是民法学的研究对象，因而经济法学者较少涉入该领域。由此带来的结果是，在市场失灵的克服路径问题上，经济法学较少关注司法控制路径，尤其是比较研究司法控制和行政规制路径的成果较为罕见。在这种情况下，本书的研究意义在于：以社会性规制为切入点，通过比较行政规制与司法控制的优缺点，并为这两种路径在克服市场失灵问题上的分工合作提供一个基本框架。

三、既有文献梳理

(一)中国关于路径选择问题的研究

中国的市场经济建设是近30年以来的事情，学术界关于社会性规制的研究与市场经济的发展紧密相关。从目前来看，中国关于社会性规制的研究成果虽然快速涌现，尤其是行政法学和经济法学关于行政规制路径的研究文献更是汗牛充栋，但专门就路径选择问题的研究则十分罕见。而且，中国目前关于社会性规制的研究成果，很多都是介绍和比较国外的相关理论，或者运用国外的某一理论框架，来分析中国存在的问题，中国学者在该领域具有开创性的理论成果并不多。

从专门研究社会性规制的著作来看，李月军的《社会规制：理论范式与中国经验》梳理了西方既有的规制理论，其中包括政府规制的市场失灵理论、公共利益理论、规制俘获理论和公共选择理论。[①] 在此基础上，作者运用新制度主义分析路径研究了中国煤炭安全生产领域的规制问题。概括来讲，作者通过分析制度结构中的行

① 参见李月军著：《社会规制：理论范式与中国经验》，中国社会科学出版社2009年版，第12～25页。

动者博弈及其绩效，揭示了行政规制路径无效的原因。从对策角度，作者提出了国家权力与社会权利之间的互动共生才是中国煤炭安全生产领域的问题化解之道。作者所指的“互动共生”与后文将要论述的“合作规制”具有相同的思路，这与社会性规制中的路径选择理论密切相关。至于如何让国家权力与社会权利实现“互动共生”，作者在结论中指出：这是未来研究的课题。①

在食品、药品规制领域，中国学者的已有研究成果相对较多，但对于不同规制路径之间的选择问题则较少涉及，少数提到该问题的文献也没有充分展开。以李光德的《经济转型期中国食品药品安全的社会性管制研究》为例，该书基于西方的交易成本理论、规制的部门利益理论和公共选择理论所建立的分析框架，具体分析了中国食品、药品规制过程中存在的问题及其成因、对策。关于规制路径选择问题，该书第二章第三节提道：“在特定情况下，是私法执行更好还是行政管制更佳？”②从其上下文来看，作者所指的“私法执行”与本书使用的“私法控制”同义。对于该问题，作者在总结科斯定理、执法激励性理论和法律的不完备理论的基础上，对行政管制（同“行政规制”，下同）与私法执行（同“司法控制”，下同）的选择适用作出了初步分析。作者对该问题的关注虽然已经触及社会性规制中的路径选择理论，但遗憾的是，作者的分析还停留在美国20世纪80年代关于行政规制与司法控制的“替代性分析”阶段。而且，作者对行政规制与司法控制路径的替代关系分析也没有超越美国学者既有的“替代性”关系理论。对于美国20世纪90年代盛行的，有关行政规制与司法控制的“互补性分析”或合作规制，作者并未提及，而这才是路径选择理论的最新且最重要的研究成果。

关于美国学者20世纪90年代提出的，行政规制与司法控制的“互补性分析”与路径合作问题，中国学者也有关注。宋华琳在《论政府规制与侵权法的交错》一文中，以药品规制为例，在收集整理美国学者既有研究的基础上，系统介绍了行政规制路径和司法控制路径在药品规制领域的共存与合作现象。例如，在中美两国的药品规制领域，普遍存在事前的行政规制（如药品许可、标准设定和强制信息披露）与事后的侵权法之间的合作，“它们一道共同捍卫着公众健康和公共福祉，只不过侵权法

---

① 参见李月军著：《社会规制：理论范式与中国经验》，中国社会科学出版社2009年版，第251～256页。

② 李光德著：《经济转型期中国食品药品安全的社会性管制研究》，经济科学出版社2008年版，第19页。

对行为人提出了比事先规制所设定条件更高的行为标准”。[①] 在其另外一篇同类型的文章中，作者以行政规制中的技术标准为例，进一步分析了行政规制与司法控制路径之间的合作，如技术标准与违约责任和侵权责任的认定密切相关。[②] 此外，在反垄断领域，有学者也介绍了行政规制与司法控制路径的并存与合作问题。例如，王健在《反垄断法的私人执行》一书中，将反垄断领域的行政规制称为“公共执行”，将司法控制或私人诉讼称为“私人执行”，并介绍了这两种路径的并存和合作。[③] 由于垄断规制不是本书关注的重点，这里不做过多介绍。不过，这些重要的文献存在一个共同的特点，即以现行法上的两种路径并行使用现象为逻辑起点，介绍国内外的合作规制理论和制度。但是，对于合作规制的理论基础——为何要合作？以及应当在哪些问题上合作？这些文献缺乏详尽的论证。这些都是研究路径选择理论所难以回避的问题，因为只有深刻揭示两种路径的优缺点，以及二者功能互补的地方，才能够为合作规制提供理论基础。建立在既有基础上，本书将致力于这方面问题的探讨。

以上著作基本代表了中国学者关于社会性规制问题的研究思路。具体来讲，中国学者主要运用西方的分析框架和分析工具，对中国社会性规制中的路径选择现象进行实证考察，或者解释中国社会性规制中存在的问题及其成因，或者借鉴西方的既有研究成果，提出中国社会性规制未来改革的方向。除上述文献之外，还包括沈芳的《社会性规制：规范理论与中国实践研究》（上海财经大学 2004 年博士学位论文）、尹栾玉的《社会性规制的经济分析》（吉林大学 2005 年博士学位论文）、潘伟杰的《制度、制度变迁与政府规制研究》（上海三联书店 2005 年版）等。纵观上述既有研究成果，并结合本书关注的理论重点，笔者将中国学者既有研究的主要内容和特点总结如下：

第一，关于社会性规制中的两种路径，中国学者重行政规制而轻司法控制，这与中国历史上的行政管制传统有关。需要说明的是，中国学者并非没有研究司法控制路径，只是与美国学者相比，中国学者对司法制度的研究，较少从公共规制的视角展开，中国学者更多的是从矫正正义的立场来研究侵权法与私人诉讼，而美国学者近年来更多关注的是侵权法的激励机制和威慑功能。但近几年来，在环境污染、消费

---

① 宋华琳：《论政府规制与侵权法的交错——以药品规制为例证》，载《比较法研究》2008 年第 2 期。

② 参见宋华琳：《论行政规制对司法的规范效应》，载《中国法学》2006 年第 6 期。

③ 参见王健著：《反垄断法的私人执行——基本原理与外国法制》，法律出版社 2008 年版，第 5 ~ 7 页。

者保护等领域,已经有学者开始在介绍美国理论的基础上,结合中国的立法情况研究司法控制路径。①

第二,相比较之下,中国学者对行政规制与司法控制分开研究者多,比较研究者少。仅有的一些比较研究要么只是介绍西方的理论,要么只是提到行政规制路径和司法控制路径的选择适用问题,②少有学者对该问题充分展开研究,提出有开创性理论成果的文献则更为少见。但近年来,在垄断规制领域该现象有所改观,③由于垄断规制不属于社会性规制的范畴,因而本书对此不作探讨。

第三,关于行政规制与司法控制的选择适用问题,中国学者重实证研究而轻规范研究,这与中国学术界的整体研究能力有关。中国学者对路径选择理论的研究,还停留在运用国外理论来实证考察中国现行立法的阶段,④较少运用理论模型来分析行政规制与司法控制路径的最佳适用条件。对此,许成刚与他人合作提出的"不完备法律理论"一定程度上弥补了这一不足,但他构建的理论模型主要还是源于英美学者的理论传统。⑤ 因此可以认为,中国学者关于规制路径选择的研究还较为薄弱。相比之下,美国的研究相对成熟,下文将以美国学者的研究为中心,进一步梳理路径选择理论的既有成果。

(二)美国关于路径选择问题的研究

1. 背景介绍:行政规制与司法控制的兴起

第一,行政规制的兴起(20 世纪 30 年代)。美国与欧洲国家不同,它没有一个定义清晰的中央集权式的行政机构,在 20 世纪以前的美国,普通法体系承担了大部

---

① 参见王明远:《环境保护私人检察官制度探讨》,载汤欣主编:《公共利益与私人诉讼》,北京大学出版社 2009 年版,第 169~183 页;肖建国:《民事诉讼中的私人执法》,载汤欣主编:《公共利益与私人诉讼》,北京大学出版社 2009 年版,第 273~321 页。

② 参见邓刚:《侵权之诉还是政府干预》,载《现代法学》2002 年第 1 期。

③ 作为例外,在反垄断研究领域,中国经济法学界已经开始对行政规制路径(或称为"公共实施")与司法控制路径(或称为"私人实施")进行对比研究。参见王健著:《反垄断法的私人执行》,法律出版社 2008 年版;参见刘水林:《反垄断诉讼的价值定位与制度建构》,载《法学研究》2010 年第 4 期;李剑:《反垄断私人诉讼困境与反垄断执法的管制化发展》,载《法学研究》2011 年第 5 期。

④ 参见宋华琳:《论政府规制与侵权法的交错——以药品规制为例证》,载《比较法研究》2008 年第 2 期;宋华琳:"论行政规制对司法的规范效应",载《中国法学》2006 年第 6 期。

⑤ See Chenggang Xu, Katharina Pistor, "Law Enforcement Under Incomplete Law: Theory and Evidence from Financial Market Regulation", London School of Economics and Political Science, Discussion Paper, No. TE/02/442, December 2002; Katharina Pistor, Chenggang Xu, "Incomplete Law", 35 *N. Y. U. J. Int' l L. & Pol.*, 931(2003).

分的规制功能。① 进入20世纪后,市场失灵的频繁出现迫使美国在联邦和各州建立行政规制机构,联邦贸易委员会和电力委员会都是这一时期的创造。以“罗斯福新政”为标志,美国行政规制的兴起在20世纪30年代达到第一个高潮。据初步统计,反1933年到1939年,“美国公务员队伍从572,000人增加到920,000人,政府财政预算从46亿美元剧增到88亿美元,与前一时期相比,这是巨大的增长。从规制机构来看,1930年到1940年有不少于17个新的行政机构被建立”。② 到了20世纪60~70年代,行政规制达到了第二个高潮,被称为“权利革命”时期。在理论研究方面,凯恩斯的国家干预主义为行政规制的兴起提供了理论上的支持和推动力(参见第一章)。

第二,司法控制的复兴(20世纪60~70年代)。到了20世纪60年代末,随着国家干预引发的“滞涨”问题越来越严重,人们开始对行政规制进行反思,目的在于否定国家过多干预,司法控制路径正是在这一时期逐渐复兴。司法控制的复兴以新自由主义法学和法律经济学的兴起为标志。新自由主义法学认为,“政府存在着比市场更为严重的缺陷,政府干预往往非但不能弥补市场缺陷,反而带来更多更大的问题”。③ 新自由主义法学派主张,通过私法对个人自由的保障可以实现自发型社会秩序,法官的司法行为在其中发挥着关键作用。此外,自科斯1960年的《社会成本问题》发表以后,法律经济学也开始在美国兴起。法律经济学从微观制度层面,论证了普通法在资源配置方面的效率特征(第一章详述),并进一步推动了司法控制路径的复兴。

2. 行政规制与司法控制的替代性分析(20世纪70年代至今)

行政规制与司法控制的“替代性分析”主要是指,学者将这两种规制路径作为具有替代关系的规制方法,其研究目的和结论大都支持其中某一种路径,要么是行政规制,要么是司法控制。替代性分析也因此可以称为一元论的观点,其中包括行政规制一元论和司法控制一元论。其中,支持行政规制路径的观点认为,通过普通法的演化来解决市场失灵只是一个“幻影”,而真正能够解决该问题的乃是通过制定法

---

① 参见[美]盖多·卡拉布雷西著:《制定法时代的普通法》,周林刚等译,北京大学出版社2006年版,第10页。

② [美]凯斯·R.桑斯坦著:《权利革命之后:重塑规制国》,钟瑞华译,中国人民大学出版社2008年版,第24页、第26页。

③ 张文显著:《二十世纪西方法哲学思潮研究》,法律出版社2006年版,第206页。

创制的国家干预措施。① 关于司法的角色与功能,有学者认为,司法能动固然不错,但必须以司法的实际能力为限,法院权力的过度扩张未必是件好事,其危险在于:“司法增强其能力,以配合其他机关在社会经济生活方面的工作,最后可能会变得和这些机关没有区别。”②尽管存在一些批评和质疑,但司法控制路径还是在反对国家过度干预的背景下而产生。尤其是受到法律经济学的广泛影响,大量美国学者转而关注司法在社会性规制中的功能。在这种情况下,替代性分析大多支持司法控制路径,以下将对相关理论观点进行梳理。

第一,替代性分析的起源与公共规制的私人化。

在20世纪70年代的美国文献中,将私人诉讼视为公共规制的工具,这在法律经济学界是一种标准的看法,此即社会性规制中的司法控制路径,其根源可以追溯至科斯关于外部性问题的研究。科斯在其《社会成本问题》中批评了庇古关于外部性问题的解决方案——庇古税制。他认为,通过产权界定并为其提供司法保护同样可以解决外部性问题,尤其是在交易成本为零的情况下,不管把权利界定给哪一方,只要产权界定清晰并保护周全,则当事人之间的谈判即可实现资源的优化配置。③这一观点被施蒂格勒称为“科斯定理”。在科斯定理的影响下,20世纪70年代的美国学者开始全面展开对普通法的效率性特征的研究。其中,以卡拉布雷西和波斯纳的研究最具代表性。在卡拉布雷西的一篇经典论文中,他比较了产权规则、责任规则和不可让渡性规则在解决外部性问题上的效果,并认为通过选择适当的普通法规则,可以有效规制外部性问题。④ 此外,在1970年出版的《事故的成本》一书中,卡拉布雷西全面介绍了风险或事故的司法控制路径,将“最小化事故的总成本”分成三个子目标,并检验了不同的侵权责任体制在降低事故成本方面的效果。⑤ 卡拉布雷西的研究成果产生了广泛影响,他系统描述了解决外部性的司法控制路径的作用原理

---

① See Ginsberg, Weiss, “Common Law Liability for Toxic Torts: A Phantom Remedy”, 9 *Hofstra L. Rev.*, 859, 928(1981).

② Donald L. Horowitz, *The Court and Social Policy*, Washington, D. C., The Brookings Institution, 1977, p. 298.

③ 参见[美]罗纳德·哈里·科斯:《社会成本问题》,载罗纳德·哈里·科斯著:《企业、市场与法律》,盛洪、陈郁译,上海三联书店2009年版,第104页、第117页。

④ See Guido Calabresi, A. Douglas Melamed, Property Rules, Liability Rules, and Inalienability: One View of the Cathedral, 85 *Harv. L. Rev.*, 1089(1972).

⑤ See Guido Calabresi, *The Costs of Accidents: A Legal and Economic Analysis*, Yale University Press, 1970. 中译本请参见盖多·卡拉布雷西著:《事故的成本》,毕竞悦等译,北京大学出版社2008年版。

和效果。同一时代的经济学家运用数学模型对侵权法的公共规制效果进行了检验，并得出了相似的结论：普通法规则在特定领域是解决外部性问题的成本最低的方法。[①] 由此，社会性规制中的司法控制路径，作为行政规制的替代性措施，从此在美国受到了广泛关注。

波斯纳在同一时期的研究也支持了司法控制路径，他全面介绍了侵权责任规则在解决外部性问题上的功能及其优缺点。[②] 但波斯纳研究的特点在于，他从比较研究的视角，明确提出了司法控制路径与行政规制之间的替代性关系。波斯纳认为，与行政规制相比，采用普通法进行社会控制的优点是较少依赖公共官员（只需必要的法官和其他法庭人员），主要依赖公民和他们委托的律师，服从法律的激励和威慑来自于对受害者的补偿。在著名的《法律的经济分析》一书中，有关行政规制与司法控制之间的选择，波斯纳认为："在市场机制失灵的情况下，人们认为有必要对此进行公共规制，选择仅仅是在自由市场和公共规制之间的选择。这种观察问题的方法会将人引入歧途。这实际上是公共规制的两种方法——私人诉讼的普通法体系和直接控制的行政规制体系之间的选择，这种选择需要在不同的环境下，权衡两种体制的优劣之后才能做出。"[③]此后，卡拉布雷西和波斯纳的观点，开始在食品和环境规制领域被学者广泛引用，简述如下：

首先，在药品规制领域，普利斯曼主张以侵权责任制度代替行政规制，其主要理由为：(1)与高昂的行政规制成本相比，行政规制所能防范的只是很小的风险；(2)行政规制的特点会滋长规制机构的保守态度，这将大大提高药品开发机构和生产企业的成本投入，并使那些无药可救的病人受到损害；(3)在竞争性市场上，通过优胜劣汰机制和法院的司法裁判可以给企业提供足够的激励和威慑机制。[④] 其次，在环境保护领域，科恩和罗宾认为："即便是制定的良好的行政规制政策也难以产生有效的结果，因为良好的政策必须通过一系列详细的规则和程序来实施。由于政府

---

① 在20世纪70年代，有学者运用经济学模型检验了卡拉布雷西的理论，参见John Brown，"Toward an Economic Theory of Liability"，2 *Joumal of Legal Studies*，323（1973）；Peter Diamond，"Single Activity Accidents"，3 *Journal of Legal Studies*，107（1974）；Klevorick，Alvin，"Four Tests for Liability in Tort"，14 *Joumal of Legal Studies.*，585（1985）。其结论也支持了解决外部性问题的司法控制路径。

② See Richard A. Posner，"A Theory of Negligence"，1 *The Journal of Legal Studies.*，29（1972）.

③ ［美］理查德·A. 波斯纳著：《法律的经济分析》，蒋兆康译，中国大百科全书出版社1997年版，第483页。

④ See Sam Peltzman，"An Evaluation of Consumer Protection Legislation：The 1962 DrugAmendments"，81 *J. Pol. Econ.*，1049（1973）.

执法人员缺乏激励去考量法律实施中的社会成本和收益,因而公共政策的实施是没有效率的。"①作为替代性的选择,"规制政策的有效实施可以通过转移法律实施权来实现,即将法律的实施权授予私人,他们有充分的激励来实施法律。从公共执法转向私人执法有三个优点:(1)私人一般比公共机关运行的更有效率;(2)选择正确的诉讼当事人比选择有效的结果要容易得多,如果政府将注意力集中于给当事人创设一个产权,并赋予其适当的经济利益,那么有效率的规制结果就会出现;(3)最重要的是,如果私人执法者被创设了适当的激励机制,则利益的驱动将会导向有效的规制效果"。② 除此之外,在消费者保护、企业重大生产事故、交通事故和高科技工业风险等领域,司法控制与行政规制路径的替代性关系都得到了广泛讨论。③

总结这一时期的相关文献,在解决外部性问题上,法律经济学者一般都将事前规制和事后责任视为具有替代关系的规制路径,决策者在它们二者之间进行取舍的依据是哪一种规制路径的成本更低。这一时期的规制路径选择理论与美国的"私有化浪潮"是一脉相承的,坚持替代性分析的学者,大多数都主张用司法控制路径取代行政规制。对于司法控制路径遭致的一些批评,有学者主张通过对司法制度的改革来弥补司法控制的不足。其中,以耶林和罗森伯格的研究具有代表性,他们二者的观点分别代表了两个不同的改革方向。耶林认为应当改造法院被动的角色,提高法院的事前决策能力,进一步扩大其司法审查范围,从而弥补司法控制路径的不足;④罗森伯格则认为,应当加大事后的惩罚力度来弥补司法控制的不足,对于引发大规模公共风险的行为,应当判决其承担更重的侵权责任,并使赔偿数额足以补偿该风险行为引发的所有社会成本,而不单单是有形的直接损害。他同时还建议修改法院

---

① Mark A. Cohen, Paul H. Rubin, "Private Enforcement of Public Policy", 3 *Yale J. on Reg.*, 167, 193 (1985).

② Ibid..

③ 美国20世纪70~80年代有关该问题的进一步讨论,请参见 Bazelon, "Science and Uncertainty: A Jurist's View", 5 *Harv. Envtl. L. Rev.*, 209 (1981); Bogen, Public Policy and Technological Risk, Microorganisms, 1980, p. 37; Cohen, "Innovation and Atomic Energy: Nuclear Power Regulation, 1966 - Present", 43 *Law & Contemp. Probs.*, 67 (1979); Kraus, "Environmental Carcinogenesis: Regulation on the Frontiers of Science", 7 *Envtl. L.*, 83 (1976); Merrill, "Risk-Benefit Decisionmaking by the Food and Drug Administration", 45 *Geo. Wash. L. Rev.*, 994 (1977); Pierce, "Encouraging Safety: The Limits of Tort Law and Government Regulation", 33 *Vand. L. Rev.*, 1281 (1980).

④ See Joel Yellin, "High Technology and the Courts: Nuclear Power and the Need for Institutional Reform", 94 *Harv. L. Rev.*, 489, 497 (1981).

的诉讼程序规则,为大规模侵权案件的私人诉讼和集团诉讼进入法院提供便利条件。① 前者被称为“加大事前的司法审查”(more before-the-accident review),后者被称为“加大事后的赔偿责任”(Stricter after-the-accident liability)。② 以上理论观点在美国20世纪70年代以后的制定法上也有体现,典型的如环境规制领域的“市民诉讼”(Citizen Suits)制度,③合同欺诈领域的“取得罚金之诉讼”(Qui Tam Actions)制度等。④ 这些制定法上的制度设计都旨在通过私人诉讼来解决外部性或内部性问题。

第二,替代性分析的新趋势:最优规制条件分析和经验研究。

行政规制与司法控制之间的替代性分析虽然持续至今,但与20世纪70年代的主流观点不同,近几年的替代性分析不再迷信司法控制的效率性,他们从批判的视角看待“科斯主义者”提倡的司法控制路径,⑤并在不同假设条件下分析行政规制与司法控制之间的最优选择。概括来讲,进入2000年以来,学术界关于规制路径的替代性分析主要有两个发展趋势:一是更加精细化的规范研究,这些学者在不同的假设条件下,分析两种规制路径的取舍和选择的条件,即最优规制条件分析,其中包括自由裁量权的视角、执法激励的视角、信息成本的视角等;⑥二是经验研究的兴起,随着规范层面的替代性分析的不断深入,有学者开始运用各国的经验数据,来考证行

① See David Rosenberg,“The Causal Connection in Mass Exposure Cases:A ‘Public Law’ Vision of the Tort System”,97 *Harv. L. Rev.* ,849(1984).

② See Peter Huber,“Safety and the Second Best: The Hazards of Public Risk Management in the Courts”,85 *Colum. L. Rev.* ,277,284(1985).

③ 美国首例市民诉讼条款在1970年的《洁净空气法案(Clean Air Act)》中通过,参见42 U. S. C. §7604(1995 & Supp. 2001). S. Rep. No. 1196,91st Cong. ,36 – 37(1970). 有关市民诉讼制度的演化,请参见 Jeffrey G. Miller, *Private Enforcement of Federal Pollution Control Laws*, John Wiley & Sons Inc,1987,PP. Parts I-III,13 Envtl. L. Rep. 10309(1983);. 14 Envtl. L. Rep. 10063(1984);14 Envtl. L. Rep. 10407(1984)。

④ See The qui tam provisions of the civil False Claims Act(FCA). 31 U. S. C. § § 3729 – 33(2001). 对该制度的进一步研究,请参见 Cass R. Sunstein,“What’s Standing After Lujan? Of Citizen Suits, ‘Injuries,’ and Article III”,91 *Mich. L. Rev.* ,163,175 – 76(1992)。

⑤ See Edward Glaeser,“Simon Johnson, and Andrei Shleifer, Coase Versus the Coasians”,116 *Q J Econ.* ,853 – 899(2001).

⑥ See Adrian Vermeule,“The Delegation Lottery”,119 *Harv. L. Rev. F.* ,105(2006);Robert Innes,“Enforcement Costs,Optimal Sanctions,and the Choice Between Ex-Post Liability and Ex-Ante Regulation”,24 *Intl Rev L &Econ.* ,29 – 48(2004);Marcel Boyer,Donatella Porrini,“Modeling the Choice between Regulation and Liability in Terms of Social Welfare”,37 *Canadian J Econ.* ,590 – 612(2004).

政规制与司法控制在不同国家的实际效果,并运用实证的数据来检验经验研究的成果。① 但从结论来看,不同学者的研究分别支持了不同的规制路径,这可能与一国的制度环境和学者选取的数据及其准确性有关。

3. 行政规制与司法控制的互补性分析(20 世纪 80 年代至今)

进入 20 世纪 80 年代之后,以萨维尔、柏林斯基和爱泼斯坦为代表的学者,开始从交易成本的视角质疑司法控制路径在解决外部性问题上的效率性。其中,以萨维尔在 1984 年发表的两篇经典文章为标志,②美国的规制路径选择理论从替代性分析发展到了互补性分析阶段。所谓“互补性分析”,是指与行政规制相类似,司法控制路径在实施中同样存在较多问题,例如,原告提起诉讼的激励不足和被告责任财产不足等,但同时司法控制与行政规制在很多领域能够实现优势互补,因而联合使用行政规制与司法控制才是最优的选择。到目前为止,美国理论界的互补性分析经历了两个发展阶段,一是从宏观上构建互补性分析的基本框架;二是从微观上研究最优的规制条件。

第一阶段:互补性分析框架的建立。

在互补性分析的第一阶段,萨维尔首次在《侵权责任还是安全规制》(Liability for Harm versus Rrgulation of Safety)一文中全面分析了侵权责任和安全规制各自存在的缺陷,并建立了二者相合作的分析框架,这也成为此后学者引用的经典文献之一。作者首先分析了侵权责任的缺点,当原告提起诉讼的激励不足时,将有违法行为逃避追诉,从而激励更多的潜在违法行为;③再如,当被告责任财产不足时,司法判决将难以得到完全执行,侵权责任将无法为潜在加害人提供有效预防的激励,从而导致潜在加害人的谨慎程度降低,萨维尔称之为“Judgement Proof Problem”。④ 此外,安全规制(同“行政规制”,下同)也存在问题,例如,行政机关掌握的有关违法行

① See Katharina Pistor, Chenggang Xu, “Incomplete Law”, 35 *NYU J Int' l & Politics.*, 931 - 1013 (2003); Edward Glaeser, Simon Johnson, Andrei Shleifer, “Coase Versus the Coasians”, 116 *Q J Econ.*, 853 - 899 (2001).

② See Steven Shavell, “Liability for Harm versus Rrgulation of Safety”, 13 *Journal of Legal studies.*, 357 (1984); Steven Shavell, “A Model of the Optimal Use of Liability and Safety Regulation”, 15 *Rand Journal of Economics.*, 271 (1984).

③ See Steven Shavell, “Liability for Harm versus Rrgulation of Safety”, 13 *Journal of Legal Studies.*, 357 (1984).

④ See Steven Shavell, “The Judgement Proof Problem”, 6 *International Review of Law and Economics.*, 45 (1986).

为的信息不足,以及高昂的行政执法成本等。在综合分析侵权责任和安全规制优缺点的基础上,萨维尔发现:侵权责任和安全规制在很多方面具有互补性的特征,因而联合使用侵权责任和安全规制才是最优的选择。对此,萨维尔提供了一个基本的分析框架,分析了四个因素影响下的规制路径选择理论,这四个要素包括信息成本、起诉动力、责任承担能力和执法成本。按照萨维尔的观点,侵权责任与安全规制相比,在信息成本和执法成本方面具有优势,但在起诉动力和责任财产不足问题上存在缺陷,而安全规制则恰好与此相反,因而联合使用侵权责任与安全规制才是最优的选择。① 萨维尔提出的这一理论框架在美国具有广泛的影响力,此后关于侵权责任与安全规制的"互补性分析"基本都以之为"基准模型"(benchmark)。②

建立在上述分析框架上,后来的学者分别从不同角度分析了两种路径之间的互补关系。例如,从信息视角的分析认为:"不管我们公共规制机构的人员多么有能力、多么具有奉献精神,也不管我们全社会付出多少的执法资源,现行的公共执法体制总是缺乏一种必不可少的有效发现并阻止潜在违法行为的资源——信息。掌握违法行为信息的人,往往是亲自接触违法行为的当事人。私人诉讼可以提供有用的信息资源。"③还有学者从不同部门法的角度分析了行政规制与司法控制的互补性(如环境规制)。④ 如上所述,以萨维尔构建的分析框架为基准,美国学者从不同角度,分析了司法控制的不足,并提出了两种路径的互补性特点与合作规制的基本框架。⑤ 对此,布雷耶总结道:"可能有人会主张,与引入政府规制相比,更好的方式或许是设计一种责任规则——其对污染损害费用负担的分配要能够导致问题的有效解决。然而,由法院实施的责任规则,尽可能对一些溢出的处理事实上具有理论与实践价值,但却无法充分地解决另外一些溢出。……不仅如此,法院对责任规则的

---

① 关于该分析框架,萨维尔在《侵权责任还是安全规制》一文中对其作出了理论分析,并在《责任与规制最佳使用的模型》一文中运用数学模型进行深化。参见 Steven Shavell, "Liability for Harm versus Rrgulation of Safety", 13 *Journal of Legal studies*, 357 (1984). Steven Shavell, "A Model of the Optimal Use of Liability and Safety Regulation", 15 *Rand Joumal of Economic.*, 271 (1984)。

② See Katharina Pistor, Chenggang Xu, "Incomplete Law", 35 *N. Y. U. J. Int' l L. & Pol.*, 931 (2003).

③ See Pamela H. Bucy, "Private Justice", 76 *S. Cal. L. Rev.*, 1, 4 – 5 (2002).

④ See Edward Brunet, "Debunking Wholesale Private Enforcement of Environmental Rights", 15 *Harvard Journal of Law & Public Policy*, 331, (1992); Michael S. Greve, "The Private Enforcement of Environmental Law", 65 *Tul. L. Rev.*, 339 (1990).

⑤ See Paul Burrows, "Combining Regulation and Legal Liability for the Control of External Costs", 19 *Int' l Rev L & Econ.*, 227 – 44 (1999).

实施也可能是不统一的、昂贵的，而且可能与集权式的行政导引具有同样多的有害副作用。因而，尽管在理论上存在一个处理溢出问题的私人权利体系，直接的政府干预仍然经常被相信是可欲的。”①

实际上，魏特曼早在1977年的文章中就从交易成本的角度，对行政规制与司法控制的替代性分析提出了挑战。他认为，事前规制与事后责任之间的权衡受到信息获取、保险和交易成本的影响，在这些因素的影响下，有时候联合使用事前规制与事后责任才是有效率的。② 此外，爱泼斯坦从普通法的“结构性特征”出发，分析了普通法规则的非效率性，并对“普通法的社会效果”提出了质疑。他认为，普通法规则将大量的案件置于普通法系统之外，受到规则不利影响的人也运用各种资源对抗规则的实施，甚至规避这些规则。因此，“普通法规则只构成法律跑马场的一小部分”，对于那些紧迫的社会问题，用行政管制措施代替司法裁判也许是更优的选择。③ 此外，还有学者从“规制俘获”的角度，④分析了合作规制的合理性。其基本思路为：单纯依赖行政规制可能出现行政机关被“俘获”的风险，以私人诉讼作为实施工具的司法控制路径刚好可以弥补该缺陷。私人诉讼的功能主要体现在如下几个方面：(1)威慑或制约潜在违法行为，以弥补公共执法资源的不足；(2)督促和监督行政规制机关积极执法，降低其“偷懒”的激励，以及被“俘获”的风险。⑤ 如上所述，众多学者从不同角度研究了行政规制路径与司法控制路径的互补性关系，并据此主张两种路径的合作才能达到社会最优。总结这一阶段的研究成果，学术界关于规制路径选择理论的研究逐渐从“替代性分析”走向“互补性分析”，支持合作规制的观点成为主流。

第二阶段：合作规制的最优规制条件分析。

---

① [美]史蒂芬·布雷耶著：《规制及其改革》，李洪雷等译，北京大学出版社2008年版，第37～38页。

② 需要说明的是，魏特曼将行政规制称为“输入监控”(Input Monitoring)；将司法控制称为“输出监控”(Output Monitoring)。详细内容请参见Donald Wittman，“Prior Regulation versus Post Liability：The Choice between Input and Output Monitoring”，6 *The Journal of Legal Studies.*，193(1977)。

③ See Richard A. Epstein，“the social consequences of common law rules”，95 *Harv. L. Rev.*，1717 (1982).

④ 关于“规制俘获”理论，请参见Richard B. Stewart，“The Reformation of American Administrative Law”，88 *Harv. L. Rev.*，1667(1975)；Samuel P. Huntington，“The Marasmus of the ICC：The Commission，the Railroads，and the Public Interest”，61 *Yale L. J.*，467(1952)。

⑤ See Matthew D. Zinn，“Policing Environmental Regulatory Enforcement：Cooperation，Capture，and Citizen Suits”，21 *Stan. Envtl. L. J.*，81，133－134(2002).

在承认两种规制路径的互补性关系基础上,理论界开始在假设条件下分析两种路径的最优适用条件,本书简称“最优规制条件分析”。在这一阶段,学者关注的焦点为,在特定假设条件下,理论上应当选择何种规制路径,或者两种规制路径应当如何进行合作,才能达到社会最优的规制效果。这一研究趋势将互补性分析推进到了第二个阶段,其中尤其以法律经济学家的贡献最大,以下将简要介绍这一阶段的主要研究成果。

与萨维尔关注的信息问题、执法成本、诉讼激励和责任财产不足等因素不同,克斯坦、尤伦和约翰逊合作发表的《事后责任 vs. 事前规制:替代还是互补?》一文集中关注了“不确定性”对规制路径选择的影响。这里的“不确定性”主要是指,潜在加害人对于法官是否将判决他们承担法律责任的预期不确定,即对诉讼结果的预期不确定,这将导致潜在加害人对法律所要求的行为谨慎标准的预期也不确定。作者在研究结论中认为,当潜在加害人对法律所要求的行为谨慎标准的预期不确定时,潜在加害人的实际谨慎标准可能高于社会最优标准,也可能低于社会最优谨慎标准,从而导致司法控制的非效率性。但由于行政规制恰好可以弥补这一缺陷,因而联合使用行政规制与司法控制是有效率的。此外,为使两种规制路径的合作达到社会最优,行政规制的标准应当低于其单独使用时的“社会最优标准”,不足部分由事后责任制度加以补充。[①] 该研究结论的意义深远,它不仅论证了两种路径合作的原因——不确定性,而且提供了合作规制的基准。

关于行政规制与司法控制的互补性分析,以上文献有一个共同的特点,即首先证明或假设司法控制路径在实施过程中存在执行错误,如起诉激励不足、责任财产不足、不确定性等,这是联合使用行政规制与司法控制的前提条件。但是,史密茨的观点认为,“如果潜在加害人的财富状况因人而异,则民事责任和社会性规制的联合使用就是社会最优的,此时的社会性规制标准应当低于其单独使用时的社会最优标准”。[②] 与既有研究相比,史密茨的创新性在于,他主张两种路径的合作,不是因为司法控制存在执法错误或缺陷,而是潜在加害人的财富约束不同。换句话说,只要潜在加害人的财富约束不同,就需要合作规制。

---

① See Charles D. Kolstad, Thomas S. Ulen, Gary V. Johnson, “Ex Post Liability for Harm vs. Ex Ante Safety Regulation: Substitutes or Complements?”, 80 *The American Economic Review.*, 888 (1990).

② Patrick W. Schmitz, “On the Joint Use of Liability and Safety Regulation”, 20 *Int' l Rev. L. & Econ.*, 371 – 382 (2000).

关于合作规制的标准,后来的学者将其进一步精细化。其中,《宽松的行政规制与严格的司法控制》一文集中回答了如下问题:在侵权责任和行政规制联合适用时,为什么二者的标准是不同的?用法律术语表述,为何违反行政规制的行为构成实质性的过失,而遵守安全标准的行为却不能够实质性地阻却过失的构成?对此,作者综合分析了司法控制和行政规制的优缺点后认为:"一旦侵权责任运行不畅(即侵权责任的阻滞功能被责任财产不足和逃避追诉问题所破坏),则加害人的预防标准将降低,同时,只有严重的加害行为才会受到追究。用数学模型来表达,当加害人的预期成本曲线处于两个局部最低点时(其中,一个在社会最优预防点上,另一个低于社会最优预防点),以上情况就会发生。从对策的角度,将行政规制标准设定在社会最优点之下能使后者无法实现,侵权责任作为事后的规制措施,能够实现社会最优规制的规制结果。"①按照这一制度设计,联合运用行政规制与司法控制,并将行政规制的标准设定在社会最优点以下,一方面,降低了行政规制的信息成本和执法成本;另一方面,通过侵权责任的追究促使潜在加害人的谨慎程度达到社会最优水平。

皮斯特和许成刚建立的"不完备法律理论",进一步发展了行政规制与司法控制的最优规制条件。他们认为,由于法律存在固有的不完备性,理论上必须对"剩余立法权"和"剩余执法权"进行适当配置,备选的代理人包括行政机关和法院。如何在行政机关和法院之间作出选择,实际上与本书研究的规制路径选择是同一个问题。对此,皮斯特和许成刚的观点认为,基于法院(被动执法者)和行政机关(主动执法者)的执法特点,"当法律不完备时,法院作为唯一的执法者难以实现法律的威慑功能。法院执法的常见结果是,执法水平低于最优标准。因为,即便违法行为和损害也已经发生,证据也已具备,法官仍需审查该行为是否落入法律规范的范围之内。同时,不完备的法律可能导致潜在加害人的谨慎程度高于或低于社会最优水平。"②为解决法院执法的非效率性问题,就需要行政机关的事前规制。行政规制功能优于

---

① Gerrit De Geest, Giuseppe Dari-Mattiacci, "Soft Regulation, Tough Judges", 15 *Sup. Ct. Econ. Rev.*, 2007, p. 119. 原文请参见 While under an imperfectly working tort liability system—i. e. a tort law system whose prevention function is undermined by judgment proof or disappearing defendants—injurers take too little precaution, it will still often be the case that only major violations (and not minor violations) are rewarding. Mathematically, this will occur when the injurer's expected expenses function exhibits two local minima, one at the socially optimal level of care and the other below that level. Regulation set below the optimal level can make the latter unfeasible, thereby enabling liability to induce socially optimal outcomes。

② Katharina Pistor, Chenggang Xu, "Incomplete Law", 35 *N. Y. U. J. Int'l L. & Pol.*, 931, 949 (2003).

司法控制,但行政执法的成本较高,而且可能出错(阻止了有利的行为)。如何权衡行政规制与司法控制的利弊得失?皮斯特和许成刚分析了几个重要的影响因素,包括:法律的不完备程度、潜在违法行为的可标准化程度、负外部性或预期损害程度、行政规制的成本、社会变化速度、事后立法的可接受程度等。① 皮斯特和许成刚构建的理论模型分析了这些因素影响下的剩余执法权配置方案。例如,当潜在违法行为能被标准化,且其可能导致的外部性损害较大时,应当用行政规制来弥补司法控制的不足;但是,当预期损害程度较低,且潜在违法行为的可标准化程度较低时,应当单独使用司法控制。

纵观学术界的研究成果可以发现:(1)关于合作规制的最优规制条件,各个学者的假设条件和研究视角各不相同,因而其结论也存在差异。但可以肯定的是,行政规制与司法控制路径的合作规制,虽然具有很大优势,但并非在所有情况下都是最优的选择。这就意味着,可能在个别情况下,单独运用行政规制或司法控制也许是可行的,这里的"个别情况",实际上正是单独规制的最优规制条件,美国学术界对此做出的研究,前文已有概述。(2)关于合作规制的标准,学术界的观点比较一致,基本都认为:行政规制的标准应当低于其单独使用时的社会最优标准,其余部分由事后责任制度作为补充,这样可以有效降低行政规制的高昂成本。这实际上也是美国当前食品、药品立法和司法裁判中的基本政策取向,②中国的立法和司法实践也基本如此。③ (3)关于规制路径的选择(包括司法控制、行政规制和合作规制),学术界已经构建的理论框架是一个开放的体系,它受到众多因素影响,既有研究提到的因素包括:信息成本、执法成本、起诉动力、责任财产不足、逃避追诉可能性、不确定性、财富约束、法律的不完备程度、加害行为的可标准化程度、社会的变化速度、预期负外部性、法律传统、执法激励、管制俘获、腐败、道德风险等,以上因素绝非完整,随着研究的深入,一定还有其他因素被揭示出,这就为本书的研究提供了契机。本书将在既有研究的基础上,结合中国的具体情况,选取在中国具有影响力的相关因素,进一步分析这些因素对中国社会性规制的影响,并以此丰富既有的理论体系。

---

① See Chenggang Xu, Katharina Pistor, "Law Enforcement Under Incomplete Law: Theory and Evidence from Financial Market Regulation", London School of Economics and Political Science, Discussion Paper, No. TE/02/442, December 2002.

② See Teresa Moran Schwartz, "Regulatory Standards and Products Liability: Striking the Right Balance between the Two", 30 *U. Mich. J. L. Reform.*, 434(1997).

③ 参见宋华琳:《论政府规制与侵权法的交错——以药品规制为例证》,载《比较法研究》2008 年第 2 期。

4.2000 年以来的新趋势:“第三条道路”的提出

正如前文所述,美国 20 世纪的公共规制法,经历了从罗斯福新政时期兴起的集权主义规制,到 70 年代出现的放松规制运动(deregulation)和公共规制的私人化(privatization)趋势。进入 21 世纪之后,公共规制法又面临新一轮革命。正如学者所言:“不同的法学流派正在突破传统的行政规制和司法控制模式,试图为新世纪发展出一个新的社会控制理论。”相较于 20 世纪 30 年代的罗斯福新政改革(New Deal),鲁伯将 21 世纪的规制法改革称为“新规制模式”(Renew Deal/ New Governance Paradigm)。① 这一概念是在总结既有相关概念基础上提出的,它们包括但不限于:“软法(soft law)”“回应型规制”(responsive regulation/ reflexive law)、“合作规制”(collaborative governance)、“新规制”(revitalizing regulation)、“协商型控制”(negotiated governance)、“合作执行”(cooperative implementation)等。②

鲁伯提出的新规制理论认为,新规制并非是从一种法律规则过渡到另一种法律规则,理解新规制理论的关键在于,理解规制模式的转型与持续性变革之间的关系。新规制模式的产生,伴随着更为开放的、灵活的、随时间而调整的规制理念。新规制模式的诞生同时受到两个因素的驱动:一是外生性因素的驱动,即新政治经济学的发展;二是内生性因素的驱动,即传统规制模式的内在缺陷及其改革。在这些因素的驱动下,新规制模式不再是单纯的“命令—控制”型规制,或纯私人化的规制,而是将公共部门、市场机制、非营利机构或市民社会融合在一起,形成了一个灵活的、综合性的公共规制模式。按照鲁伯的分析,新规制模式有如下特点:非官方因素和专家的参与;利益相关者的合作;多样化和竞争性的规制工具选择;替代性与补充性并存;去中心化和辅助性规制;各领域规制政策的融合;灵活性和非强制性加强;并强调适应性和动态的学习。新规制模式在环境保护、劳动者保护和高科技领域体现得

---

① See Orly Lobel, “The Renew Deal: The Fall of Regulation and the Rise of Governance in Contemporary Legal Thought”,89 *Minn. L. Rev.* ,342,343 - 344(2004).

② 相关概念的提出,请参见 Jody Freeman,“Collaborative Governance in the Administrative State”,45 *UCLA L. Rev.* ,1(1997);Michael C. Dorf,“Legal Indeterminacy and Institutional Design”,78 *N. Y. U. L. Rev.* ,875(2003);Dara O' Rourke,“Outsourcing Regulation: Analyzing Non-Governmental Systems of Labor Standards and Monitoring”,31 *Pol' y Stud. J.* ,1(2003);Daniel A. Farber,“Revitalizing Regulation”,91 *Mich. L. Rev.* ,1278,1280(1993);David A. Dana,“The New ‘Contractarian’ Paradigm in Environmental Regulation”,2000 *U. Ill. L. Rev.* ,35;Kimberly D. Krawiec,“Cosmetic Compliance and the Failure of Negotiated Governance”,81 *Wash. U. L. Q.* ,487(2003);Douglas C. Michael,“Cooperative Implementation of Federal Regulations”,13 *Yale J. on Reg.* ,535(1996)。

尤为明显。新规制模式的重要优势在于,它加强了效率和民主之间的互动与共生。

新规制模式之所以被称为社会性规制中的"第三条道路",是因为它构建了一个复合型的规制体系,明确提出了一种理论上的"杂交品种",将原来互不相容的规制理论综合起来,形成了一个新的规制方法,因而可以被视为社会性规制的"第三条道路"。① 按照鲁伯的观点,第三条道路融合了政府导向的、自上而下的规制模式和市场导向的单一思维模式,或者称为集权主义的命令—控制模式与契约自由模式的结合。新规制模式超越了"规制"和"放松规制"的二分法,以及规制和自治的二分法,创造了柔性的、回应型的规制模式。新规制模式的一个核心承诺是,在一定条件下,经济效率和民主正当性将朝着同一个方向发展。这也许将成为替代行政规制和司法控制的"第三条道路"。

至于所谓的"第三条道路"是否走的出来,这是本书将要进一步研究的问题,这里暂不对其进行评论和判断,仅就上述新规制理论及其思路来看,学术界提出的"第三条道路"是进入21世纪以来,社会性规制领域最具创新性的规制理念,它代表着学术界寻求新规制路径的努力方向。

四、本书的分析框架

社会性规制是市场规制的类型之一,因而学者关于市场规制的分析框架也可以适用于社会性规制领域。本书关于社会性规制问题的研究,遵循市场规制理论的基本分析框架,从笔者掌握的资料来看,该分析框架由美国联邦最高法院大法官布雷耶在其《规制及其改革》一书中最早提出。布雷耶法官认为:任何公共规制方案均建立在一个基本的原理之上:"确立规制目标;考查实现这些目标的备选方法;选择实现这些目标的最佳方法。"②依据布雷耶提出的分析框架,本书的结构安排将包括以下三部分:(1)确立社会性规制的基本目标;(2)考察实现社会性规制目标的备选路径;(3)选择实现规制目标的最佳方法。以下将对这一分析框架作出进一步解释。

(一)确立基本规制目标:最小化事故的总成本

社会性规制与经济性规制相对应,它主要针对市场上存在的外部性、内部性和信息不对称问题进行规制,其涉及的领域包括食品安全、药品安全、环境污染、交通

---

① See Orly Lobel, "The Renew Deal: The Fall of Regulation and the Rise of Governance in Contemporary Legal Thought", 89 *Minn. L. Rev.*, 342, 343 - 344(2004).

② [美]史蒂芬·布雷耶著:《规制及其改革》,李洪雷等译,北京大学出版社2008年版,第8页。

事故、企业生产事故等。这些领域有一个共同特点：它们都是在没有交易对价的情况下，强加给某人（或全社会）负担一定的额外成本，这将造成社会福利减少、资源配置无效率或不公平问题。而且，受害者往往是处于弱势地位的消费者和劳动者，甚至损害到社会公共利益。不管是消费者、劳动者还是社会整体利益，他们要么因为能力上的欠缺而无法维护自己的利益，要么因为利益代表主体的缺位而无法维护自己的利益，因而需要公共机关的规制来弥补这一缺陷，本书研究的社会性规制正是要解决这一问题。

关于社会性规制的基本目标，①首先需要明确的是，不管是在食品安全领域，还是在环境污染和交通事故领域，它们都存在内生性风险，这些风险不可能完全被排除。从社会性规制的角度来看，最佳的规制方案也只能将风险降低并维持在一个合理的水平，而不可能完全排除风险。布雷耶将其称为“最后10%问题”或“最后一英里问题”。② 在布雷耶看来，要清除最后10%的风险，所需付出的成本是极其高昂的，相对于其所增加的一点点公共安全而言，其成本与收益是极不相称的。因此，社会性规制的目标不是完全排除事故的风险，而是“最小化事故的总成本”。③ 最小化事故的总成本的含义为：为降低事故而付出的边际成本等于因此而获得的边际收益。用一个通俗的表达，即“用更低的成本建设更安全的社会。”这里的事故总成本包括三部分，卡拉布雷西称之为事故法的“三个子目标”，它们包括：（1）减少事故发生的数量与严重程度；（2）减少事故所造成的实际损失（含个人成本和社会成本）；（3）减少规制者的管理成本或实施成本。④ “最小化事故的总成本”由此可以具体化为：设计并选择最优的规制路径，将以上三类事故的社会总成本降至最低。

（二）考察备选的规制路径：行政规制与司法控制

确定社会性规制的备选路径，是构建路径选择理论的重要前提。从目前的情况

---

① 关于社会性规制的目标问题，中国现行立法在第1条都规定了相应的立法目标（如《消费者权益保护法》《环境保护法》《产品质量法》《食品安全法》《广告法》等），这些立法目标与本书研究的社会性规制的目标有一定的相关性。在理论界，已有学者对这些立法目标进行了梳理与评价，具体思路请参见宋华琳：《我们需要什么样的规例?》，载宋华琳主编：《规则研究》（第1辑），格致出版社、上海人民出版社2008年版。

② 参见[美]史蒂芬·布雷耶著：《打破恶性循环》，宋华琳译，法律出版社2009年版，第11页。

③ [美]罗伯特·考特、托马斯·尤伦著：《法和经济学》，史晋川等译，格致出版社、上海三联书店、上海人民出版社2010年版，第312页。

④ 参见[美]盖多·卡拉布雷西著：《事故的成本》，毕竟悦等译，北京大学出版社2008年版，第24～26页。

来看，得到学术界关注并在实践中运用的规制路径主要有三种：一是行政规制；二是司法控制；三是以非法律形式存在的社会规范。其中，社会规范是近几年来才受到关注的规制路径，社会规范主要在关系紧密的社会共同体内部发挥规制作用，①用埃里克森的话来说，社会规范能够实现“无需法律的秩序”。② 由于社会规范的产生依赖于特定社会团体之间的互动与历史积淀，它与立法者的政策判断与制度设计无关，而本书主要从立法者的视角出发，研究规制路径的选择及其相关制度设计问题。因此，本书不关注社会规范的规制功能，仅以行政规制与司法控制作为备选的规制路径。其中，行政规制路径是由行政机关运用国家公权力，直接或间接干预市场的运行，并以此来实现规制目的；司法控制路径是通过事前的权利、义务和责任配置，并以此激励当事人提起私人诉讼，借助法官的司法裁判来规制潜在违法行为。关于这两种路径的详细内容，将在第一章论述。

（三）选择最佳的规制路径：两种路径的比较

在确定了规制目标与备选的规制路径之后，本书的研究任务可以确定为：在比较两种路径优缺点的基础上，选择最佳的规制路径。实际上，最佳路径的选择与规制目标是一脉相承的，由于社会性规制的目标是“最小化事故的总成本”，这里的事故成本既包括事故所造成的实际损失，又包括为规制事故所付出的实施成本（或管理成本，下同）。因此，哪一个路径能以最低的实施成本降低事故的发生概率和事故损害，则它就是最理想的规制路径。因此，本书研究的关键就在于比较行政规制与司法控制在降低事故损害和节省实施成本方面的优缺点，并在比较的基础上，选择最佳的规制路径。

五、本书的研究思路

如何选择最佳的规制路径？这涉及本书的前提假设与研究思路。本书将在详细介绍行政规制路径与司法控制路径的作用原理与实施工具之后（参见第二章），作出以下假定：（1）行政规制标准的设定符合社会最优的规制标准——最小化事故的总成本；（2）司法控制的威慑程度和激励机制符合社会最优标准——最小化事故的

① 美国学者近年来关于社会规范的研究，请参见 Symposium，“The Legal Construction of Norms”，86 *Va. L. Rev.*，2000，p. 1577；Symposium，“Social Norms，Social Meaning，and the Economic Analysis of Law”，27 *J. Legal Stud.*，1998，p. 537；Symposium，“Law，Economics，& Norms”，144 *U. Pa. L. Rev.*，1996，p. 1643。

② 参见［美］罗伯特·C. 埃里克森著：《无需法律的秩序》，苏力译，中国政法大学出版社2003年版。

总成本。在这两个假设前提下,行政规制路径与司法控制路径在制度设计层面都能够有效规制公共风险,即它们在规制功能上是等价的,剩下的将是实施问题。在制度实施层面,如果这两种路径能够完全得到实施,则选择任何一种路径都是无差异的。但是,如果两种路径不能够完全得到实施,则路径选择就变得极为重要。选择何种路径,取决于谁的实施成本更低。对此,本书将运用新制度经济学的交易成本理论(为便于理解,本书称之为"实施成本"),①借助成本—收益分析工具,从法律实施的视角,通过比较两种路径的实施成本大小,来选择最佳的规制路径。在本书的语境中,实施成本最低的规制路径也即最佳的选择。笔者将这一研究思路总结为:"用更低的成本建设更安全的社会"。

社会性规制的目标是最小化事故的社会总成本,其中包括减少事故发生的数量与严重程度;减少事故所造成的实际损失;减少规制者的管理成本或实施成本。减少这三类事故成本也称为事故法的三个子目标。对于前两个子目标,它们主要依赖行政规制或司法控制制度本身的设计。法经济学的研究表明:只要行政规制或司法控制的制度设计完美无缺(安全标准和威慑程度),并假定这些制度设计能够完全得到执行(假定实施成本为零),则事故的发生数量与实际损害将实现最小化(第二章将展开分析)。这是法经济学自诞生以来一直致力于研究的课题,并取得了丰硕的成果。但其缺陷在于,这一研究主要关注实体性制度设计,并把法律制度的实施视为一个"黑箱",假定制度能够得到完全执行。换句话说,这一研究只关注前两个子目标,而将第三个子目标视为既定前提。在社会性规制领域,该研究思路可以概括为:只要能够找到最优的规制标准和威慑程度,则不管该制度由行政机关负责实施,还是通过司法裁判来实施,都无关紧要。与此相比,本书则假定两种路径的实体性制度设计能够符合社会最优规制标准的要求,然后从制度实施层面,以第三个子目标(减少实施成本)作为切入点,来寻找能够实现事故总成本最小化的规制路径。这一研究思路可以简单表述为:"用更低的成本建设更安全的社会。"这里所指的"更低的成本"主要是指上述第三个子目标——制度的实施成本最小化;"更安全的社

① 关于交易成本的概念和内含,学术界的定义各不相同。科斯……巴泽尔……弗鲁博顿认为:交易成本主要包括市场型交易成本和管理型交易成本(或政治型交易成本)。本书所指的交易成本,主要是指行政规制与司法控制路径在实施过程中的成本,简称管理成本或实施成本。参见[美]埃里克·弗鲁博顿、[德]鲁道夫·芮切特著:《新制度经济学:一个交易费用的分析范式》,姜建强等译,上海三联书店2006年版,第59页。

会”主要是指第一和第二个子目标——事故所造成的损害最小化。本书之所以将制度实施成本作为切入点,是因为制度实施成本就像物理世界的摩擦力一样,是实现理想规制效果阻力或障碍,减少制度的实施成本也将提高规制效果。由此,本书的研究思路可以概括为:以规制者的实施成本为线索,在比较行政规制路径和司法控制路径优缺点的基础上,选择制度实施成本最低的规制路径。

六、本书可能的创新

任何学术上的贡献都是边际性的,这就决定了本书也是在前人基础上,将研究的广度或深度向前推进一小步。本书若有创新可言,也一定是边际性的。

首先,从中国国内的研究来看,在社会性规制领域,学者主要关注的是行政规制及其规制工具的选择。对于司法控制路径,学界从规制视角进行的研究并不多。尤其是,将私人诉讼和司法裁判作为一种规制工具,在既有研究成果中尚不多见。本书致力于这方面的研究,在国内也许具有一定创新性。具体而言,本书可能的创新之处包括:(1)将私人诉讼和司法裁判视为公共规制的工具,并从比较的视角,分析了行政规制与司法控制的优缺点,以及二者之间的选择问题,这与中国的既有研究相比,将丰富中国的公共规制理论;(2)在解释论层面,本书将司法裁判视为公共规制的工具,并在工具主义视角下,对中国现行民事立法和司法中的创新性制度设计从规制角度作出解释,并对中国司法实践中不断增多的法官政策判断、“能动司法”或“柔性司法”现象作出解释。

其次,本书将系统总结美国的社会性规制理论和“法律实施理论”(law enforcement),其中包括“私人实施”(private enforcement)和“公共实施”(public enforcement),分别对应于本书研究的司法控制路径和行政规制路径。美国学者对路径选择理论的研究大多是在特定假设前提下,对其中某一个变量进行考察。本书则在综合比较多个变量的情况下,发现行政规制(对应于“公共实施”)与司法控制(对应于“私人实施”)的功能优势是相对的,这两种路径之间的选择不是所谓的“替代性”选择,而是“不完善事物之间的选择”。在此基础上,本书还将证实,两种路径之间的相对优势具有互补性的特点,这将为合作规制提供理论铺垫,同时也支持了美国理论界关于两种路径的“互补性”观点。本书将从规制视角出发,构建公法与私法合作的基本框架,该合作框架是理论上所谓的“合作规制”和“第三条道路”的制度化。如果以上思路没有问题,则相较于美国的既有研究而言,本书可能的创新之处在于：(1)关于路径选择理论，学术界已经构建的理论框架是一个开放的体系，它受到众多因素的影响，既有研究只选取了部分因素，本书将在既有研究基础上，结合中国的具体情况，选取在中国具有影响力的因素，进一步分析这些因素对中国的路径选择的影响，并以此丰富既有的理论体系，这将是本书对路径选择理论的边际性贡献；(2)此外，更重要的是，美国理论界提出的“第三条道路”如果能够成立，也只是停留在理念层面，本书基于合作规制而建立起的公法与私法的合作框架，将理论上停留在理念层面的“第三条道路”深入到制度层面，这可能成为本书的创新之处。

七、本书的基本结构

本书共分为五章，其核心内容有两部分：第一部分是介绍性的内容，包括第一章和第二章，这两章介绍了社会性规制的对象、目标、备选路径以及两种路径的作用原理和实施工具，这些内容为路径选择理论的构建限定了一个范围，同时也划定了路径选择理论的适用范围。第二部分是关于路径选择理论的构建，包括第三章、第四章、第五章，本部分比较了行政规制与司法控制的优缺点，并以成本—收益分析的视角，初步构建了路径选择理论。以下将简要介绍这五章的具体内容。

第一章的内容是铺垫性的，主要介绍社会性规制的对象、目标与备选路径。其中，规制对象是对本书研究范围的限定，它们涉及食品安全、环境污染、虚假广告、交通事故等领域，本书将这些领域存在的问题总结为两类：外部性和内部性。规制对象与规制目标是密切相关的，社会性规制的目标在于，用更低的成本建设更安全的社会。这一规制目标的实现，有赖于规制路径的选择。在本书的研究中，备选路径包括行政规制路径和司法控制路径。

第二章进一步细化并限定了行政规制与司法控制路径所涵盖的范围，并在此基础上分析了两种路径的作用原理和实施工具。其中，行政规制的作用原理源于凯恩斯的国家干预理论，以及政府规制的公共利益理论和规制俘获理论；司法控制的作用原理主要源于20世纪60年代兴起的法经济学，法经济学者用经济学工具分析了法律责任的威慑功能和激励效果，这是司法控制路径的基本原理。此外，关于两种路径的实施工具，行政规制的实施工具类型较多，本书主要研究行政规制中的命令—控制工具，而司法控制路径的实施工具主要关注私人诉讼。

第三章从实施成本的视角，分析了实践中的各种因素对两种规制路径实施效果的影响。概括来讲，关于行政规制路径，具体分析了行政规制中的权力配置、规制机关对其执法人员的有限控制、规制者的信息获取成本、规制工具的实施成本和被规制者的对策行为对规制效果的影响;关于司法控制路径,具体分析了私人诉讼的启动障碍、诉讼成本、被告责任财产不足问题、诉讼和解和法官的机会主义倾向对规制效果的影响。

第四章在比较行政规制与司法控制路径实施成本基础上,初步构建了路径选择理论的基本分析框架。路径选择理论旨在寻找那个能够“以更低的成本建设更安全的社会”的规制路径。通过对比两种路径的优缺点可以发现,行政规制路径与司法控制路径之间的选择是“两种不完善事物之间的选择”,因为没有哪种路径是完美无缺的,它们在实施中都存在较高的实施成本。

第五章的研究发现,虽然行政规制与司法控制路径都存在缺陷,但它们在很多问题上的优缺点是互补的,这就为两种路径的合作提供了一个基本思路。两种路径之间的合作包括信息共享、技术性问题的合作、事前与事后的合作、政策判断上的合作、避免机会主义问题的合作等。更为重要的是,在政策判断能力上,行政规制与司法控制路径的优势互补现象,为公法与私法的合作与接轨提供了一个基本的分析框架。以上关于两种路径的合作方案又被学者称为公共规制的“第三条道路”。本书的研究一定程度上支持了“第三条道路”的可行性。

最后是本书的结论。本书研究结论认为:行政规制与司法控制路径之间的选择是“两种不完善事物之间的选择”;在此基础上,由于两种规制路径在很多领域又存在优势互补现象,因而合作规制在未来将大有可为。

第一章　社会性规制及其备选路径

第一节　社会性规制的对象

社会性规制与经济性规制一样,都起源于市场机制失灵,是市场神话破灭之后,政府所采取的补救或应对措施。关于人们对市场机制的信赖,应当追溯至1776年亚当·斯密出版的《国民财富的性质和原因研究》,他在著作中提出了"看不见的手"理论,认为在竞争条件下,私人的利润最大化行为通过市场机制,将使经济活动达到社会最优状态。遵循这一原理,20世纪30年代以前,西方经济学居统治地位的经济学家积极倡导自由竞争或自由放任,并坚信"供给本身会创造自己的需求",政府只充当"守夜人"角色。这一经济思想体现在法律制度上,即私法成为规范市场交易行为的最主要手段,所有权绝对、契约自由和过错责任成为统领法律制度的基本原则。然而,在经历了一个半世纪之后(18世纪中期到20世纪初期),这一主流思想和法律制度,因市场失灵的频繁出现而走到了尽头。关于市场机制的失灵,在不同时间、空间上有不同的表现。概括来讲,主要包括垄断、公共物品供给不足、外部性、内部性、市场不完善、信息不足、失业、通货膨胀、经济失衡和分配不均等。其中,公共物品供给不足、失业、通货膨胀、经济失衡等,属于经济性规制的对象,而外部性、内部性和信息不对称,则是社会性规制的对象,下文将重点介绍后者。

一、外部性

负外部性是社会性规制的首要对象。关于外部性，有学者将其定义为："某种外部性是指在两个当事人缺乏任何相关的经济交易的情况下，由一个当事人向另一当事人所提供的物品束（commodity bundle）。"①外部性的这个定义所强调的是，物品束在当事人之间的转移，是在缺乏任何经济交易的情况下发生的。换句话说，接受者和供给者之间缺乏任何相关的谈判和对价。其中，外部性可分为正外部性和负外部性两种，正外部性典型的例子是义务教育，而负外部性典型的例子是噪声和有害气体的排放。这里的负外部性，正是社会性规制的主要对象（下文除特殊说明外，外部性即指负外部性）。

关于外部性的产生原因，古典经济学认为，理性经济人总是在一定条件下追求自身利润的最大化，在没有外在约束的情况下，个人最优决策的目标是个人收益最大化。然而，在现实世界中，当一个人选择某种行为时，不仅涉及个人的收益与成本，而且可能给其他人带来收益或成本（社会成本），这里的收益或成本即正或负的外部性。外部性之所以需要规制，是因为：理性人的决策总是基于私人成本与私人收益的比较作出的，个人最优决策在边际私人成本等于边际私人收益点达到，而帕累托效率意味着社会最优在边际社会成本等于边际社会收益点达到。因此，现实生活中经常出现的情况是，理性人的个人最优决策一般不等于社会最优决策。由此带来的影响是："当私人成本或收益不等于社会成本或收益时，就会产生外部性。"②此外，信息不完全和信息不对称也是产生外部性的原因。依据科斯在其《社会成本问题》一文中的研究结论，③如果当事人所掌握的信息完全、充分，并且在当事人之间呈对称分布（交易成本为零的科斯世界），则当事人可以通过私人谈判来避免外部性的发生。

外部性的存在使得个人最优不等于社会最优，为追求社会最优，往往需要外在力量来规范和调整个人的决策和行为。以商业广告为例，市场上的经营者为了追求个人利润最大化，他们就会通过一定的媒介和形式发布商业广告，以推荐自己并诱

---

① ［美］丹尼尔·F. 史普博著：《管制与市场》，余晖等译，上海三联书店1999年版，第56页。

② ［美］保罗·萨缪尔森、威廉·诺德豪斯著：《经济学》（第17版），萧琛等译，人民邮电出版社2004年版，第616页。

③ 参见［美］罗纳德·哈里·科斯著：《企业、市场与法律》，盛洪、陈郁译，上海三联书店2009年版，第104页。

使消费者前来磋商或购买商品。此时,如果商业广告披露的是真实且重要的信息,则消费者无须付费而获得有价值的商业信息,这是一种正外部性。但是,如果经营者发布的是虚假或引人误解的信息,则消费者可能受到该信息的"骚扰",甚至因信赖该信息而作出错误的决策和选择,这是典型的负外部性。对于后者,发布虚假广告的经营者可能因此而获得收益,但受到虚假广告误导而作出错误选择的消费行为,将带来如下成本:(1)消费者因选择错误而受到的实际损害,如产品存在瑕疵或缺陷;(2)消费者为弥补损害所花费的谈判成本或诉讼成本;(3)潜在消费者为避免损害所花费的防御成本,如确认广告是否真实的调查费用;(4)消费者投错货币"选票"而引发"劣币驱逐良币"现象,并造成市场规模的逐渐萎缩。以上四类成本即经营者发布虚假广告对消费者或全社会所增加的额外成本,下文简称社会成本。

按照理性经济人假设,私人在作出决策时,显然不会将上述社会成本考虑进去,由此带来的结果是,理性经济人的最优选择,显然不符合"帕累托标准"下的社会最优选择,即便是在"卡尔多—希克斯效率标准"下,加害人(如排污企业或虚假广告发布者)的收益往往难以弥补因此而带来的社会成本。在这种情况下,除非有外在约束的存在,否则,经营者的个人最优决策不等于社会最优决策。这里所谓的"外在约束"正是本书所要研究的规制路径。对此,可选的路径有两条:(1)司法控制路径,其基本的原理是通过责任制度的设计,将某行为造成的外部社会成本,强加给行为人自己承担,从而使得外部性予以内部化;(2)行政规制路径,其基本原理是运用行政权直接禁止或限制可能产生外部性的行为,或者将外部社会成本强加给行为人自己承担,从而解决外部性问题。例如,对外部性行为进行事前审查,对于"携带"社会成本的行为,政府可以选择对其加以禁止或限制;或者按照外部成本的大小征收等额的税款。因此,从理论上看,行政规制和司法控制都可以有效规制负外部性,但在实践中,这两种路径的实施效果可能存在较大差异,这也将成为本书关注的重点。

二、内部性

除了外部性之外,内部性也是社会性规制的重要对象。关于内部性,这是美国学者史普博首先提出的概念,他认为,"内部性是指由交易者所经受的,但没有在交易条款中说明的交易成本和效益"。[①] 简单地说,就是未在价格中得以反映的经济

---

① [美]丹尼尔·F. 史普博著:《管制与市场》,余晖等译,上海三联书店1999年版,第64页。

成本或效益。与前述外部性概念相比,内部性必须有交易合同的存在为其前提条件。内部性的产生往往是因为交易双方当事人没能预见到所有可能发生的意外情况,从而导致交易一方当事人无须付出对价,但却从中获得收益或负担成本。据此,内部性也可以进一步分为负内部性和正内部性,其中,负内部性是指不反映在交易合同中的成本;而正内部性则是指不反映在交易合同中的收益。负内部性的一个典型例子就是产品缺陷给消费者造成的损害,而这里的产品缺陷往往在交易合同中并没有约定"对价"。此外,司法实践中的合同欺诈往往都属于负内部性问题。正内部性的一个例子是劳动者接受的非正式上岗培训,这种好处也不一定在劳动合同中约定"对价"。其中,负内部性问题是社会性规制的重要对象(下文除特殊说明外,内部性指负内部性)。

关于内部性产生的原因,新制度经济学派已经进行了深入的研究,其核心观点可以概括为:交易成本的普遍存在。这里的交易成本主要体现为交易过程中的信息成本和交易发生后的维权成本。其中,信息成本包括交易一方当事人寻找交易相对人、调查交易相对方的诚信状况和机会主义倾向、识别交易客体的特质,以及预测可能发生的意外情况所需付出的成本;而维权成本主要是指交易双方当事人为确保合同条款的有效履行所付出的防御成本和诉诸法律的成本。此外,史普博将引发内部性的交易成本总结为三类:(1)在存在风险的条件下签订意外性合约(contingent contract)的成本;(2)当缔约者行为不能完全观察时所发生的监督成本;(3)交易者收集他人信息和公开自身所占有的信息时发生的成本。① 关于信息成本,学术上的认识经历了一个漫长的过程。在新古典经济学时期,理论上有一个重要假设——完全信息,新古典经济学假设市场交易所需要的信息可以通过价格机制无成本地自由传递。这一假设在前现代时期基本是务实的,因为人们可以通过肉眼来辨认产品的质量、成分、性能和材质等关键信息,并为个人决策提供指引,而且"物以稀为贵"可以保证人们高价买来的一般都是"好东西"。但随着现代工业的发展,产品的多样化和技术含量的提高使得人们难以用肉眼获得真实准确的信息,由此带来的结果是,市场交易中的信息出现了不完全、不对称和信息错误等现象。这是因为:市场主体获知和处理信息都是需要成本的,而信息再生产的成本却极低,这表明信息具有"公共产品"的属性,因而"搭便车"现象普遍存在,从而导致整个市场上的信息获取不

---

① 参见[美]丹尼尔·史普博著:《管制与市场》,余晖等译,上海三联书店1999年版,第65页。

足和不充分；而且，在市场交易中，交易双方所掌握的信息是不对等的，掌握更多信息的经营者基于自身利益的考虑，在很多时候不愿意披露一些关键信息，同时，市场上的价格信号也不能及时传递所有重要的信息，由此导致交易双方所掌握的信息存在不对称现象。在信息不对称的情况下，掌握更多信息的经营者基于自身成本和收益的考虑，有时候还倾向于披露和传递虚假或引人误解的信息，而且，在信息优势一方的作用下，市场上的价格信号有时候也可能传递虚假信息。1970 年阿克洛夫的开创性论文《柠檬市场：质量、不确定性与市场机制》全面分析了信息不对称的负面影响，其中包括内部性、逆向选择和道德风险。① 当市场交易所需的相关信息存在不完全、不对称或信息错误时，内部性问题就会产生。

由于上述交易成本或信息成本的普遍存在，理性经济人在签订合同时难以将所有可能发生的情况都规定在合同条款当中，由此产生“不完全合同”，不完全合同将导致交易双方当事人不能完全分配交易所产生的收益或成本，这里的不完全分配现象即所谓的“内部性”。内部性问题在一定程度上可以归因于当事人之间的信息不对称，因而信息的供给和获取成为解决内部性问题的重要方式。如果当事人之间的信息充分且对称分布，则内部性问题将通过当事人之间的私人谈判得到解决，因而不需要法律对其进行规制。“三鹿奶粉事件”集中反映了信息不对称引发的内部性问题，在该事件中，三鹿集团作为奶制品经营者，显然比普通消费者更了解奶制品的成分，及其对消费者的健康可能造成的损害。经营者基于个人成本和收益的考虑，显然不愿意主动披露有关三聚氰胺超标及其危害性的信息。作为普通的消费者，他们显然不可能通过肉眼直接观察到奶制品中是否含有三聚氰胺，考虑到普通消费者的经济实力，他们在购买奶制品前对奶制品进行技术监测又要花费高昂的成本，因而不会主动进行技术监测。由此导致的结果是，单纯依靠市场机制和价格信号显然不能实现当事人之间的信息对称。信息不对称将进一步引发诸多负面影响，例如，消费者因信息弱势而购买了含有三聚氰胺的奶粉，并因此受到伤害，这是典型的内部性问题。在实践中，正是由于信息不完全和不对称现象的存在，内部性问题才浮出水面，这也成为世界各个国家的风险规制法所重点关注的对象。

解决内部性问题的法律对策主要有如下两个方面，(1)传统民法通过合同法或

① See Akerlof, G. “The Market for Lemons: Quality, Uncertainty and the Market Mechanism”, 84 *Quarterly Journal of Economics*, 488, 488 - 500(1970).

侵权法制度的设计，并借助当事人的私人诉讼和法院的司法裁判，将那些没有得到公平分配的成本或收益在当事人之间进行重新配置，从而解决内部性问题。同时，对于潜在的交易当事人来讲，上述民事责任作为事后的救济机制，将为其提供威慑和激励，从而促使他们积极避免内部性的发生。这也是本书有待研究的内部性的司法控制路径；(2)随着工业化的推进，传统民法提供的规制手段在解决内部性问题时存在不少弊端，为此，政府开始设立行政规制机关，直接或间接地对私人交易和合同内容进行干预，并以此来解决内部性问题。例如，行政规制机关对产品生产者的产品质量、工作场所安全设定的标准，以及对特定产品提出的信息披露要求，此即本书所要研究的内部性问题的行政规制路径。

三、社会性规制的具体领域

社会性规制所涉及的领域非常广泛。日本学者植草益经过梳理，将社会性规制划分为如下四个类型：公共物品规制、非价值物品规制、外部性规制和信息对不称规制。其中，上述每一种类型又可具体分为诸多具体的规制领域，例如，公共物品规制主要涉及消防安全、环境保护、自然灾害防治、文物保护、健康、卫生、教育、公共福利等；非价值物品规制主要包括麻醉药品取缔和枪支弹药取缔；外部性规制主要包括公害防治、产业灾害防治、劳动灾害防治、交通安全等；信息不对称规制涉及所有与消费者保护相关的领域，如食品安全、药品安全、虚假广告规制等。① 上述分类基本涵盖了社会性规制所涉及的主要领域，但这一分类也存在一些问题，例如，上述分类中列举的“外部性规制”和“公共物品规制”所涵盖的具体领域存在重叠；同时，“信息不对称规制”的分类标准也存在问题。建立在上述分类基础上，根据本书研究的需要，笔者将植草益所指的“公共物品规制”排除在本书研究范围外，②并将社会性规制分为外部性和内部性规制两种类型，它们二者之间既有差异也有共性。

第一，外部性和内部性之间的共性在于：二者都是在没有交易对价的情况下，强加给某人负担一定的额外成本，由此造成的社会福利减少、资源配置无效率或不公平问题，正是社会性规制需要解决的核心问题。本书关于路径选择问题的研究，正

---

① 参见[日]植草益著：《微观规制经济学》，朱绍文等译，中国发展出版社 1992 年版，第 284～286 页。

② 本书之所以将“公共物品规制”排除在研究范围之外，是因为：一方面，在植草益分类体系中，公共物品规制的重要类型——环境规制，已经被纳入“外部性规制”中进行研究；另一方面，除环境保护之外的其他公共物品，在理论上主要由政府提供，其规制路径相对单一，因而其路径选择问题也较为简单。

是要寻找解决该问题的最佳方案。外部性和内部性问题之间的共性，正是本书将其结合在一起进行研究的原因。

第二，关于内部性和外部性之间的差异，这是本书将其进行分类的原因。具体而言，相关当事人之间是否存在交易合同，是外部性和内部性之间存在的本质差异。依据这一标准，如果当事人之间存在交易合同（如消费者保护领域的食品、药品规制，即存在前置性的买卖合同），则其属于内部性问题；反之，如果当事人之间不存在交易合同（如环境保护领域的受害者与排污企业之间，并不存在合约安排），则其属于外部性问题。[①] 外部性和内部性之间存在的这一差异，将在它们各自的最佳规制路径上有所反映，这也是本书将其进行分类的主要原因。在分类的基础上，笔者通过表1列举了外部性和内部性问题在实践中的具体类型，这其实也是本书研究的路径选择理论的适用对象和范围。

表1　社会性规制的对象及其所涉具体领域

性质	类型	具体领域	相关法律、法规举例
外部性	环境保护	环境保护	《环境保护法》《排污费征收使用管理条例》
		大气污染	《大气污染防治法》《汽车排气污染监督管理办法》
		水污染	《水污染防治法》《淮河流域水污染防治暂行条例》
		噪声污染	《环境噪声污染防治法》
		固体废弃物污染	《固体废物污染环境防治法》《城市放射性废物管理办法》
	事故防范	交通事故	《道路交通安全法》
		工业生产事故	《民用核设施安全监督管理条例》《核材料管制条例》《核材料管理条例》《核电厂核事故应急管理条例》
内部性	消费者保护	广告规制	《广告法》《广告管理条例》《医疗广告管理办法》
		消费品安全	《食品安全法》《产品质量法》《消费者权益保护法》
		服务安全	《消费者权益保护法》《基本医疗法》（草案）

① 当然，外部性和内部性的分类标准并不彻底，其中也存在不够明确的"模糊地带"，例如广告规制，如果广告受众仅仅是受到虚假广告的影响，但最终的交易合同并未成立，此时的虚假广告与"噪声污染"一样，其引发的是外部性问题；反之，如果广告受众受到虚假广告的影响，并陷入错误，且交易合同也因此得以成立，则此时的虚假广告引发的是内部性问题。

正如表1所示,外部性和内部性问题涉及的具体领域较多。其中,(1)外部性的典型领域包括环境保护和意外事故防范两种,而环境保护又包括大气污染、水污染、噪声污染、固体废弃物污染等;主要的意外事故则包括核工业事故、企业生产事故和交通事故。在这些具体领域,我国基本都有相应法律、法规或部门规章,这些法律规范的目的之一,乃在于解决该领域的外部性问题。(2)内部性的典型领域是消费者保护,其中涉及广告规制、消费品安全和服务安全。世界各国的社会性规制之所以重点关注消费者,是因为消费者是现代工业社会中的弱势群体,由于他们在信息能力和谈判能力上的弱势,导致他们在市场交易中容易受到损害,例如产品缺陷给消费者造成的损害,这些都是社会性规制所面临的内部性问题。通过上表可以发现,社会性规制涉及的领域较为广泛,但是"针对环境中的风险、工作场所的风险和所消费产品的风险"而进行的健康、安全与环境规制,通常被看作政府社会性规制的三大核心领域。美国学者甚至用"健康、安全与环境规制"来定义政府的社会性规制。①对于上述规制领域,我国诸多部门法都存在相应的规定,从理论研究角度,现行法提供的规制路径是否能够有效解决这些领域的问题,以及其规制路径是否合理,则有待进一步研究。

第二节　两种备选的规制路径

一、行政规制路径

(一)国家干预思潮的产生与发展

20世纪初,随着自由市场的诸多弊端陆续表现出来,资本主义世界展开了一场大讨论,讨论的焦点为,政府是否有必要干预市场经济运行?以及应当以何种手段干预经济运行?② 在这一时代背景下,福利经济学之父庇古通过对国民收入的规模和分配等问题的研究,得出结论认为,经济福利取决于国民收入总量及其分配,而国民收入总量同资源配置密切相关,经济福利则有必要也有可能在资本主义条件下通

---

① 参见[美]吉帕·维斯库斯等著:《反垄断与管制经济学》,陈甬军等译,机械工业出版社2004年版,第6页。

② 参见胡代光、厉以宁、袁东明著:《凯恩斯主义的发展和演变》,清华大学出版社2004年版,第1~10页。

过政府干预措施得以增进,这是庇古福利经济学思想的核心内容。[①] 关于政府对市场的干预问题,庇古认为,古典经济学家信奉市场"看不见的手"能够导致资源最佳配置的信条,但市场实际上存在诸多障碍,使生产资源不能在各种用途之间得到最佳配置,从而影响了经济福利的增进。对此,庇古在其1920年出版的《福利经济学》一书中明确指出:"在任何产业中,如果有理由相信,自利的自由运行将会导致实际使用的资源数量不等于能带来国民所得最大化所需的数量时,那么,从表面上看就有理由进行政府干预。然而,这仅仅是表面上的理由,我们还应当考虑政府机构进行有益干预可能会受到的限制……对于政府的'工作效率'和'社会责任意识'问题,如果由专门的政府特别委员会经营或控制,则这种反对理由就不存在了。其广泛的结果是,政府机构在构成和运作方式上的现代发展,使他们已经能够对产业进行有益干预,而这在以前是无法实现的。"[②]此之,福利经济学将政府干预作为解决市场失灵问题的"万能钥匙",常见的干预措施包括价格管制、工资管制、征税和转移支付等。庇古的干预思想不仅影响了经济学家的理论模型,也影响了20世纪初的法律制度,例如,科斯在《社会成本问题》中多次提到的"庇古税制"即为政府干预的典型。

1929~1933年爆发的世界性经济危机和大萧条,使自由市场存在的缺陷以更激烈的方式表现出来,极大地冲击了自由主义经济理论。在这一背景下,1936年凯恩斯的《就业、利息和货币通论》的出版,使自由市场与国家干预之间的讨论暂告结束。凯恩斯在其著作中系统回答了政府干预经济活动的必要性和应当采取何种干预措施的问题。凯恩斯认为,由于受到消费倾向的影响,边际消费倾向使人们在每一收入增量中,用于消费的部分所占的比重是递减的,用于储蓄的部分所占的比重是递增的,这样,消费的增长赶不上收入的增长,从而引起消费需求的不足。同时,对于投资而言,随着投资的增长,预期利润率将会下降,并对投资的引诱力降低,从而引起投资需求不足。消费需求和投资需求不足共同构成了"有效需求不足"理论。[③] 凯恩斯据此来反驳"萨伊定理"主张的"供给本身会创造需求",并提出了"需求本身

---

① 参见晏智杰著:《边际革命和新古典经济学》,北京大学出版社2004年版,第345页。

② [英]亚瑟·赛斯尔·庇古著:《福利经济学》,何玉长、丁晓钦译,上海财经大学出版社2009年版,第172~174页。

③ 参见[英]约翰·梅纳德·凯恩斯著:《就业、利息和货币通论》,高鸿业译,商务印书馆2009年版,第253~256页。

会创造自己的供给”的观点。关于对策问题,凯恩斯认为,要实现总需求与总供给的均衡,并实现充分就业,就必须依靠国家公权力的干预来刺激消费和投资需求的不足。凯恩斯的理论在西方世界很快得到大多数学者的认同,并成为西方经济学的正统,政府对市场的干预思想也随之得到了立法者的认同。实际上,在凯恩斯的前述著作出版之前,美国、瑞士、法国、德国等国家已经开始运用国家公权力对自由市场进行干预,其中尤其以美国1933年实行的“罗斯福新政”最具代表性。从时间上看,英国经济学家凯恩斯的上述著作,比美国的“罗斯福新政”要晚三年时间。这也解释了凯恩斯理论为何一经发表,很快就得到了学者和政策制定者的认可。至此,市场经济的运行需要国家干预的思想在西方资本主义理论和实务界成为主流观点。

实际上,从资本主义历史发展的角度来看,国家对市场的干预和市场经济一样,都经历了一个从肯定到否定、再到否定之否定的发展过程。资本主义先后经历了重商主义时期、自由竞争时期、垄断时期三个阶段。在每一个阶段,国家对市场进行干预的目标、程度和方式都存在差异。在重商主义时期,为加速资本原始积累、消除封建壁垒、统一市场、壮大商业资本,资本主义国家开始对土地、劳资关系和对外贸易进行了大范围的干预,尤其是对土地和劳资关系的干预更是通过暴力手段来实现;在资本主义自由竞争时期,被奉为正统的自由主义经济学认为,市场主体的个人理性能够带来集体理性,自由市场能够通过“看不见的手”的调节来实现供需均衡,国家只负责保护私人产权和人身安全的责任,对于经济运行则不得进行干预,资本主义国家由此认为,干预越少的政府就是越好的政府;在垄断资本主义时期,正如前文所述,国家干预又以新的形式出现,尤其是20世纪30年代爆发全球性经济危机之后,资本主义国家开始对市场经济进行了全面干预,先是从宏观上的经济调控,然后再到微观上的市场规制。在全面国家干预影响下,资本主义世界20世纪60年代末出现了“滞胀”现象,促使人们对国家干预行为进行反思,各资本主义国家开始放弃对经济运行实施“粗放式”干预,寻求适度的干预。以上资本主义发展历程表明,市场经济在不同阶段表现出的市场失灵问题,决定了国家干预的程度和方式。

凯恩斯提出的国家干预理论虽然起源于宏观经济调控,但该理论的影响力却远远超出了宏观经济调控或经济性规制领域,逐渐扩展到社会性规制领域,①并对整个

① See Orly Lobel,“The Renew Deal:The Fall of Regulation and the Rise of Governance in Contemporary Legal Thought”,89 *Minn. L. Rev.*,342,364(2004).

市场经济运行和法律制度都产生了深远影响,市场经济存在的外部性、内部性、信息不对称、垄断、失业、通货膨胀、宏观经济失衡等市场失灵问题都主要通过政府干预手段来解决。从国家对市场进行干预的具体领域来看,在罗斯福新政时期,美国新设的政府规制机构主要在金融、贸易、电力、公共投资、社会保障等领域,其规制目的在于解决有效需求不足、通货膨胀、失业等宏观经济运行问题,而这些领域正是凯恩斯国家干预理论所涉及的核心领域,是凯恩斯理论在美国的实践。到了20世纪60~70年代的"规制国"兴起时期,凯恩斯的市场干预理论进一步影响了微观的市场规制领域。在这一时期,美国制定法设立了大量的市场规制机构,其规制领域主要是产品质量、消费者保护、空气和水污染、工作环境风险和劳工保护等,政府对微观市场进行规制,是凯恩斯的国家干预理论扩大适用范围的结果。从20世纪的法律史来看,凯恩斯的国家干预理论影响深远,它不仅为世界各国的市场规制制度提供了理论基础,而且大大促进了两大法系公法制度的发展,尤其是在英美法系国家,立法机关频繁出台的制定法以及因此而设立的政府规制机构,不断侵蚀着普通法的传统领地。就本书的研究对象而言,凯恩斯的国家干预理论为市场规制提供了一条行政规制路径。

(二)行政规制的其他相关理论

1.行政规制的公共利益理论及其批判

在既有理论当中,系统论证行政规制的理论,首先应当是行政规制的公共利益理论。该理论主张,行政规制是对市场失灵的回应,由于市场是脆弱的,市场机制存在大量的内部性、外部性和信息不对称等问题,哪里有市场失灵,行政规制的公共利益理论就主张在哪里实施相应的政府干预,以矫正市场失灵。政府常用的政策工具包括服务费率的制定、价格干预、标准制定、税收等。与市场机制的脆弱性相比,行政规制的公共利益理论假定,代表公共利益的政府是仁慈的、全知的、守信的,政府没有自己独立的利益追求,它能够在各种社会利益的冲突中保持中立,因此,弥补市场机制的缺陷、实现资源优化配置的职责自然应当由政府来承担。① 然而,在现实中,政府完全代表公共利益的假设并不一定成立。换句话说,市场失灵需要行政规制并不意味着政府就会及时作出反应,而政府实施的规制政策也未必就是针对市场

---

① 关于市场规制的公共利益理论的总结与评述,请参见 Richard A. Posner,"Theories of Economic Regulation",5 *The Bell Journal of Economics and Management Science.*,335,(1974)。

失灵作出的。

针对行政规制的公共利益理论,有学者批评指出:行政规制的公共利益理论实际上是以一种规范化分析(什么时候应该出现规制)推出了实证理论(什么时候出现规制)。[1] 因此,行政规制的公共利益理论只能算是一个不完整理论,它至少存在两个问题:一是该理论假设行政规制出现在它应该出现的地方,这种分析缺乏对行政规制的实际运作状况的考察,由于规制是通过政府的立法和规制机构的活动来实现,而该理论却将行政规制的运作视为一个"黑匣子";二是公共利益理论并没有阐述潜在的净社会福利收益如何促使立法者通过并实施管制立法。在实践中也存在大量反驳公共利益理论的证据。波斯纳曾总结说,经济学家的理论和实证研究表明,行政规制并不必然伴随着外部性或内部性而出现。[2] 随着经济学家对公共利益理论的批评越来越多,新的规制理论随之产生。

2. 行政规制的其他相关理论

学术界还有一些规制理论虽然发端于经济性规制,但由于经济性规制与社会性规制在规制主体和作用原理方面的相似性,后来的学者也将这些理论运用于解释社会性规制现象,例如行政规制的部门利益理论和规制俘获理论。[3] 本书将对这些理论的主要内容作一简要介绍。

行政规制的部门利益理论建立在对公共利益理论的批判基础上,由施蒂格勒开创,并得到普利斯曼、施莱弗等学者的进一步发展。施蒂格勒于1962年发表了《管制者能管制什么》,并为行政规制的部门利益理论作出了开创性的贡献。概括来讲,施蒂格勒的研究主要有如下两点启示:[4]第一,施蒂格勒的研究开始关注行业规制的实际效果,并提出了一个检验规制效果的方法。通过对1912~1937年受规制和不受规制的供电企业的价格、规模的考察,施蒂格勒得出的结论认为:未能发现对电力公用事业的规制有任何显著的效果。他对规制无效的解释是,规制的无效与环境有关,政府在规制过程中难以获得规制所需要的有关价格、成本和收益等方面的信息,正是这些因素导致规制没有达到预期效果。第二,施蒂格勒提出了规制是为产业集

① 参见[美]吉帕·维斯库斯等著:《反垄断与管制经济学》,机械工业出版社2004年版,第183页。

② See Richard A. Posner, "Theories of Economic Regulation", 5 *Bell J. Econ. &Mgmt. Sci.*, 335(1974).

③ See Matthew D. Zinn, "Policing Environmental Regulatory Enforcement: Cooperation, Capture, and Citizen Suits", 21 *Stan. Envtl. L. J.*, 81, 108 - 111(2002).

④ 参见[美]乔治·J. 施蒂格勒著,库尔·特勒布、托马斯·盖尔·穆尔编:《施蒂格勒论文精粹》,吴珠华译,商务印书馆2010年版,第306~355页。

团利益服务的观点。既然规制无效,那么政府为何还要实施规制?施蒂格勒认为,规制或许是一个产业积极争取的,也可能是政府强加给一个产业的。对此,理论上更应当关注前者。与此相关的问题是,谁因规制受益,谁因规制受损,规制采取什么形式,以及规制对资源配置的影响。施蒂格勒运用经济学的"供给—需求"分析框架,产业集团和政治家为谋取各自利益的交换过程:假定规制的需求方是产业集团,需求方提供政治家需要的资源(如竞选经费)和选票;而规制的供给方是政治家,政治家提供产业集团所需要的规制措施和方法(补贴或市场准入等),在"交易"过程中,政治家提供的规制措施能够满足产业集团的需求。由此得出的结论是,行政规制,与其说是保护公共利益免受损害,不如说是保护了生产者免受竞争的压力,并对不同利益集团的收入进行了再分配。

施蒂格勒的研究具有开创性,他不仅解释了行政规制的运作过程,而且对行政规制作出了新的解释。但同时,施蒂格勒建立的模型和分析框架过于简化,他对政治家单一目标函数的假定不太符合复杂的政治实践。例如,政治家要赢得选民的支持,而产业集团的选票只占少数,这就意味着政治"交易"过程比想象中的要复杂的多。为此,普利斯曼进一步发展了施蒂格勒的规制模型,指出政治家(立法者或规制者)的目标函数是实现政治支持的最大化。政治家要赢得选举,就要采取赢得选民的政策,并需要得到参加竞选活动所需要的捐助。在竞选过程中,单个选民对选举结果几乎没有影响,但各种组织却能与政治家进行讨价还价,结果是,经济组织支持政治家的竞选,而政治家则赞成经济组织所偏好的公共政策。① 由此,施蒂格勒的规制理论经普利斯曼的发展,被理论界称为行政规制的部门利益理论。由于该理论解释了利益集团与政治家之间的"交易"过程,以及政治家被"收买"的结果,因而该理论又被形象地称为"规制俘获理论"(theoy of regulatory capture)。后来的学者进一步发展了规制俘获理论,并通过理论模型进一步解释了规制机关被俘获的原因,例如"规制的过桥收费理论""铁三角联盟""旋转门理论"等。② 规制俘获理论同时也构成了公共选择理论的核心内容,这些理论都致力于解释行政规制过程及其效果。

① See Sam Peltzman, "Toward a More General Theory of Regulation", 19 *J. L. & Econ.*, 211(1976).

② 规制俘获理论的发展与文献梳理参见 Matthew D. Zinn, "Policing Environmental Regulatory Enforcement: Cooperation, Capture, and Citizen Suits", 21 *Stan. Envtl. L. J.*, 81, 108 – 111(2002)。中文梳理请参见席涛著:《美国管制:从命令—控制到成本—收益分析》,中国社会科学文献出版社 2006 年版,第 17 ~ 24 页。

综上所述,行政规制的公共利益理论与规制俘获理论分别从不同层面研究了行政规制。其中,公共利益理论从规范层面回答了什么时候、哪些领域需要政府的规制;规制俘获理论或公共选择理论则从实证层面解释了行政规制为何在某些领域有效,而在其他领域无效的原因。学者针对行政规制的进一步研究,揭示了更多的影响行政规制效果的因素。

(三)制度上的回应:规制立法和规制机构的扩展

在20世纪初期的美国,联邦官僚体系开始膨胀,原先由国会、各州和普通法法院行使的权力大量被转交给总统及其领导的行政机构,全国性的规制立法和独立的规制机构迅速增多,而且,福利、补助在政府开支中占有越来越大的比例,这一现象被简要地称为"福利国家"的诞生。新建立的行政规制机构往往集传统上分立的立法权、裁决权和行政权于一身,美国国会1887年建立的州际商业委员会是现代管制机构最原始的形态。正如美国法律史学者所言,"火车头的第一声轰鸣宣告了一场法律革命的开始,不仅如此,它还宣告了经济放任主义和法律达尔文主义已经不适合蓓蕾初绽的工业经济,亚当·斯密'无形的手'不仅看不见,而且对于依靠铁路运走其粮食的农民来说也是不存在的"。[①] 美国的这场"法律革命"最突出的两个特点是,规制性立法的增多和规制机构的扩张。20世纪30年代的"罗斯福新政"时期和60~70年代的"规制国"(regulatory state)兴起时期,美国通过制定法设立了众多新的行政规制机构,并授予独立的行政规制权,以解决各类市场失灵问题,由此扩大了行政规制路径的适用范围。

相比之下,大陆法系国家在20世纪之前基本都建立了相对完整的行政实体法和相应的政府部门。面对20世纪不断出现的社会问题,大陆法系国家主要通过政府规制职能的扩张来加以应对。"在大陆法系国家的传统观念中,行政执法被认为系实现社会公共利益的最主要且最有效的途径。欧洲大陆法系各国普遍具有行政国家的特点,具有政府主导的经济形态,他们非常重视政府或准政府组织的公共执法,他们通过立法构建起广泛而周密的行政实体法体系,以规范公共领域的秩序。政府组织在各个环节都发挥着积极的监管作用,并控制公共性的大众侵权行为的发生和蔓延。"[②]在这一法律传统的影响下,大陆法系国家在应对诸如外部性、内部性

---

① [美]伯纳德·施瓦茨著:《美国法律史》,王军等译,法律出版社2007年版,第148页。

② 赵红梅著:《私法与社会法——第三法域之社会法基本理论范式》,中国政法大学出版社2009年版,第264页。

和信息失灵等社会性规制问题上，主要是通过政府职能的扩张和多样化的政府干预手段来实现的。政府干预职能的扩张也带来了行政规制机构的不断扩张，由此扩大了行政规制的适用范围。

二、司法控制路径

（一）私人诉讼的社会控制功能

在初民社会和古代社会，不仅侵权法、财产法、合同法和家庭法是由私人实施的，而且，刑事法律也是由私人负责实施。① 这里的"私人实施"除了私人之间的"复仇"之外，最主要的实施方式即通过私人诉讼。"在好几个世纪中，英国议会和市政当局曾为查获违法者和对其定罪支付补助金。在违法行为被处以罚金的情况下，罚金就在英王和实施者之间进行分割。"②初民社会的事实表明，通过普通法或私人诉讼同样可以实现社会控制功能，随着历史的进化，才出现了法律的公共实施制度。正是基于这一历史事实，贝克尔和施蒂格勒才开始思考，难道法律实施不可以全面私人化吗？③ 从美国法律发展史来看，"在监管型政府兴起的第一个高潮（1887～1917年）之前，普通法是维持社会秩序的主要支柱，侵权法是普通法的精髓。普通法被认为是市场机制的一部分，因为合同与侵权方面的诉讼都基于当事人的成本——收益判断和自主选择，并没有政府机构的直接干预"。④ 然而，随着资本主义进入垄断阶段后，各种社会问题大规模涌现，与凯恩斯处于同一时代的美国法学家庞德，也亲眼目睹了这些社会问题，如何解决这些问题自然成为了推动法学理论发展的重要动力。

面对大量存在的社会问题，以庞德为首的社会法学派认为，法律是一种社会制度，是进行社会控制的主要手段，人们既通过经验发现它们，又有意识地创造和发展它们，通过法律的社会控制是一个系统的社会工程。⑤ 与凯恩斯的国家干预理论不

① 参见［美］理查德·A.波斯纳著：《正义/司法的经济学》，苏力译，中国政法大学出版社2002年版，第179～236页。

② ［美］理查德·A.波斯纳著：《法律的经济分析》（第7版），蒋兆康译，法律出版社2012年版，第542页。

③ See Gary S. Becker, George J. Stigler, "Law Enforcement, Malfeasance, and Compensation of Enforcers", 3 *The Journal of Legal Studies*, 1, 1 – 18 (1974).

④ Edward L. Glaeser, Andrei Shleifer, "The Rise of Regulatory State", 41 *Journal of Economic Literature*, 401, (2003).

⑤ 参见［美］罗斯科·庞德著：《通过法律的社会控制》，沈宗灵译，商务印书馆1984年版，第53～54页。

同,庞德法律思想的特点在于,从普通法的社会控制功能出发,强调普通法的社会效果,主张运用政治、经济和其他社会科学的知识和分析方法,来分析普通法的实际效果和预期效果之间的差距,从而帮助法院调整美国的普通法传统,以适应当代社会控制的需要。[①] 由此可以发现,庞德的社会控制理论以普通法的进化和改良作为解决现代社会问题的重要途径。对此,庞德曾经在《现代城市中的司法管理》一文中明确指出,现代都市的发展给普通法带来了麻烦,但普通法或法律的传统因素正在明显地进行着转变,"我们法律的传统因素正逐渐地被当代的经济学和社会科学所吸收和改造,以适应现代社会的需要"。[②] 至于普通法如何应对现代社会需要的问题,即普通法进化的技术,庞德认为,在世纪之交,能够满足社会需要的法律不可能出自19世纪具有极端个人主义的普通法,他认为普通法之根是实用主义、司法经验主义和创造性的解决问题,普通法的两个基本原理是遵循先例和法律至上,这可以保证法律的确定性,同时,法院可以依赖规则和学说的类推而不断进化。对此,他在早期的一份判决意见中写道:"我们的制度原理在于法律,这个法律并非由法律判决所执行的实际规则所构成,而是这些规则所遵循的一些原则构成;那些古老的原则被适用于新的案件,由此所产生的规则因不断变化的条件和新的事实要求而不断地被修改。"[③]在20世纪初期,庞德的理论几乎成为美国法庭上的官方学说,美国普通法为应对社会问题,也在默默地进行着演化,这也为规制法提供了另一条路径——司法控制。

庞德的社会控制理论虽然为解决社会问题提供了新的路径,但普通法的进化速度与社会问题的爆发相比,显然是极其缓慢的。与此相对应,凯恩斯提出的政府直接干预理论则可以实现"立竿见影"之效果。因此,在20世纪30年代,随着制定法的频繁出台,美国设立了大量的行政规制机构,试图通过行政规制来应对经济危机。面对行政机构及其权力的不断扩张,庞德认为,当前的美国正走向行政绝对主义(administeative absolutism),他质疑新政政策的合理性,呼吁行政权力应该受到司法的制约。他认为以国家公权力刺激经济是对个人财产的极大威胁,罗斯福新政干预

---

① See Roscoe Pound, "The Scope and Purpose of Sociology of Law", 24 *Harvard Law Review.*, 591 (1911).

② Roscoe Pound, "The Administration of Justice in the Modern City", 26 *Havard Law Review.*, 324 (1913).

③ Williams v. Miles, 68 Neb. 463, 470. 转引自[美]罗斯科·庞德著:《普通法的精神》,唐前宏等译,法律出版社2010年版,第26页。

了正常的历史进程和社会有机发展，甚至阻碍了司法的复兴。[①] 而且，新政所带来的行政权力的大规模扩张和行政规制法的迅速发展更是引起了崇尚普通法司法传统的庞德的忧虑，很多在庞德看来应当由普通法解决的问题，现在也由行政机关负责，而且更严重的是，美国新兴起的行政规制行为缺乏有效的司法控制。[②] 因此，当1940年罗斯福总统否决了《沃尔特—洛根法案》(Walter-Logan Bill)时，[③]庞德称这次否决是“彻底与马克思主义的法律消亡论保持一致。”[④]在庞德看来，“似乎没有别的制度像我们称之为普通法的英美法律传统那样富有活力和坚韧顽强的性格”，[⑤]面对美国社会出现的新问题，应当保持制定法与普通法之间的平衡，普通法可以通过自身的进化和发展来应对现代社会出现的新问题。正如庞德的研究者所言，“庞德创立的社会法学具有自由主义、改良主义、社会福利主义、实用主义的色彩，既符合法社会化的时代潮流，又体现美国法律制度的特点。所以，30年代以来，几乎成为美国法庭上的官方学说”。[⑥] 20世纪的法律实践也验证了庞德对普通法(或私法)进化所作出的预言，例如，产品责任制度的发展、财产权和契约自由的法律限制、惩罚性赔偿制度的出现、无过错责任的普遍化等，都成为规制市场失灵和其他社会问题的有效方式，本书称之为社会性规制的司法控制路径。

(二)进化型社会秩序理论

到了20世纪60年代末，随着国家干预引发的“滞涨”问题越来越严重，人们开始对国家干预进行反思，以否定国家过多干预，并主张恢复和发展新自由主义的观点呈现出复兴的趋势。以哈耶克为代表的新自由主义法学派主张进化型的社会秩序，认为“社会并非一种人工设计的秩序，而是一种进化型的秩序，这意味着社会不能由某个权威集中控制，只能由千百万人自由行动”。并且认为政府应当保持中立，“政府存在着比市场更为严重的缺陷，政府干预往往非但不能弥补市场缺陷，反而带来更多更大的问题，如公营经济的低效率、庞大的财政赤字、高额通货膨胀率与失业

---

① See David Wigdor, *Roscoe Pound-Philosophy of Law*, Greenwood Press, 1974, pp. 272 – 274.

② 参见[美]罗斯科·庞德著:《法理学》(第2卷)，封丽霞译，法律出版社2007年版，第35页。

③ 1939年由两位民主党议员Francis E. Walter和William Logan提出的法案，主要内容是通过司法审查和赋予个人更为广泛的正当程序权利，以规范行政程序，限制联邦行政机构自由裁量权的滥用。

④ See David Wigdor, *Roscoe Pound-Philosophy of Law*, Greenwood Press, 1974, p. 275.

⑤ [美]罗斯科·庞德著:《普通法的精神》，唐前宏等译，法律出版社2010年版，第1页。

⑥ 张文显著:《二十世纪西方法哲学思潮研究》，法律出版社2006年版，第102页。

率等”。[①] 依据哈耶克的论述，反对政府干预的主要理由在于，“虽然我们能够通过修正一般规则而促进自生秩序，并能借各种组织的努力来促成这种结果，但是我们却不能用命令的方式来改进这一结果，因为命令完全扼杀了其成员利用自己的知识追求各自目的的可能性”。[②] 对于实现社会秩序所依赖的规则问题，哈耶克论证了公法和私法在促进社会秩序方面的功能。他认为，私法和公法分别对应于“普遍的正当行为规则和政府的组织规则”。私法体系并非仅仅是为了个人的利益，人们对个人利益的追求将带来社会公益之效果，即秩序的生成。由于私法的发展是一个不断进化过程，它对自发秩序的形成和个人自由的保障有着极其重要的功能。对于罗马法关于公法和私法的理解，哈耶克指出，“那种认为唯有公法服务于普遍利益、私法之保护个人利益的观点，乃是对是非的完全颠倒”。[③] 因此，私法规则对进化型秩序的生成起着极重要的促进作用，同时，在进化型秩序的形成过程中，法官的司法行为也发挥着极重要的作用，“尽管正当行为规则就像它们使之成为可能的行动秩序一样，最初都是自生自发的产物，但是它们的不断完善却需要法官做出刻意审慎的努力”。[④] 法官司法行为的职责主要有两个方面，首先是对妨碍或侵扰秩序的行为进行矫正；其次，借助法官造法（judge-made law）将法律规则在进化过程中可能导向的“死胡同”中解救出来，从而维护一种不断展开的行动秩序。

（三）法经济学的贡献：责任制度的威慑功能

社会法学派和新自由主义法学派的观点，有力地支持了社会性规制中的司法控制路径，但上述理论都是宏观层面展开的研究，缺乏微观上的制度分析。相比之下，法经济学研究司法控制路径的亮点在于，以理性经济人假设和效率标准出发，从微观的视角研究了事后责任制度的威慑功能。下文将以法经济学的既有研究成果为基础，进一步介绍司法控制路径的作用原理。

在法经济学看来，责任制度的激励机制和威慑功能（deterrence function）是司法控制路径发挥规制工具的关键所在。对此，学界的认识经历了一个从宏观到微观的发展历程。从宏观的角度，较早关于法律的威慑功能的论述可以追诉至边沁的《惩

① 张文显著：《二十世纪西方法哲学思潮研究》，法律出版社2006年版，第206页。

② ［英］弗里德里希·冯·哈耶克著：《法律、立法与自由》（第1卷），邓正来等译，中国大百科全书出版社2000年版，第74页。

③ 同上书，第209页。

④ 同上书，第160页。

罚的基本原理》,边沁在该书第三章"惩罚的效果"部分指出:"痛苦和快乐是激发人类行为的源泉,当一个人感受到或者推断某个行为将会导致痛苦的结果时,在一种力量驱动下,他们倾向于放弃实施此类行为。如果有明显的证据表明,这一痛苦的程度或价值超过了该行为可能导致的预期收益,此人将会完全拒绝实施该行为。该行为所可能导致的痛苦也将因此得到避免。"①边沁从功利主义哲学角度,揭示了法律上的惩罚可以对人类行为选择构成强大的激励,从而引导人类行为的走向,最终实现法律惩罚的威慑功能。

自边沁之后,有众多经济学家和法学家开始关注法律责任的激励机制和威慑功能。他们对法律责任制度的论证已不再是泛化的道德说教与自然正义的诉求,而是通过规范分析或实证分析,来研究责任制度的激励效果,其研究范围涵盖了刑事责任、民事责任和行政责任。其中,在贝克尔的推动和影响下,法律惩罚理论从宏观认识发展到了微观上的制度分析。贝克尔的贡献在于,运用经济学模型构建了违法行为所造成的社会成本的公式,并构建了使这一损失降至最低的资源支出与法律惩罚规模的公式,将这两个公式结合在一起,就可以运用法律责任来改变潜在违法者的成本——收益结构,从而引导其行为选择,最终将违法行为的数量和规模控制在社会最优水平上。换句话说,即让法律惩罚达到最佳规模、违法行为减少到社会可接受的最佳数量。除此之外,决定法律惩罚最优标准的因素还包括执法成本、惩罚的性质(罚金还是监禁)以及行为人的对策行为。②

建立在贝克尔研究的基础上,施蒂格勒进一步发展了该理论,他集中研究了法律责任制度的实施问题,以及不同的实施方式和实施程度对潜在违法行为的威慑效果。他指出,所有的行为规范都需要执行和实施(包括公共实施和私人实施),而法律实施者的行为和激励是影响法律责任威慑功能的主要因素。运用经济学方法,施

① Jeremy Bentham, *The Rationale of Punishment*, Nabu Press, 2010, pp. 19 – 20. 原文如下:"Pain and pleasure are the great springs of human action. When a man perceives or supposes pain to be the consequence of an act, he is acted upon in such a manner as tends, with a certain force, to withdraw him, as it were, from the commission of that act. If the apparent magnitude, or rather value of that pain be greater than the apparent magnitude or value of the pleasure or good he expects to be the consequence of the act, he will be absolutely prevented from performing it. The mischief which would have ensued from the act, if performed, will also by that means be prevented."

② See Gary S. Becker, "Crime and Punishment: An Economic Approach", 76 *J. Pol. Econ.*, 169, 176 (1968). 更全面的分析请参见[美]加里·S. 贝克尔著:《人类行为的经济分析》,王业宇等译,上海三联书店 2008 年版。

蒂格勒构建了法律实施者的理性执法模型,分析了最佳的执法标准,以及各种影响执法的因素,并指出:法律执行或实施上的变化,将导致公共政策变得更为灵活。① 贝克尔和施蒂格勒的研究成果具有开创性,他们建立的法律惩罚理论模型不仅分析了社会最优惩罚规模,而且分析了社会最优执法标准,被后来的学者称为"基准模型"。② 建立在这一基准模型基础上,柏林斯基和萨维尔将其进一步精细化,分析了公共执法中的各种影响因素与社会福利最大化之间的关系,并找到了公共执法的最佳标准。③ 除了这些著名的法经济学家外,其他众多学者也对法律责任制度的威慑功能展开了深入研究,尤其是在环境规制领域,自20世纪末期以来,强调利用私人诉讼来规制环境问题的观点,大有复兴之势。④ 概括来讲,目前的研究成果主要从比较公共执法与私人执法的角度,分析了法律实施中所需的信息与激励机制、私人执法的"搭便车"问题、公共执法的规模效应以及执法者的"软执法"现象。这些相关研究成果的关注重点在于,分析各种因素对法律责任制度的威慑功能产生的影响。综上所述,法律经济学的研究进一步支持了社会性规制中的司法控制路径,法律经济学的迅猛发展,甚至被学者称为"经济学帝国之势",它以前所未有的影响力和解释力,将社会性规制中的司法控制路径推向了高潮(下文将进一步介绍其作用原理)。

(四)司法控制路径的制度回应

在上述法学思想的广泛影响下,20世纪的司法制度为应对各种社会问题进行了一系列改革,其中,既有理念上的改革也有制度上的创新和实践。⑤ 例如,为规制外部性问题,各国陆续建立环境公益诉讼和集团诉讼制度,并设置相应的诉讼激励措施;为应对日益严重的产品质量问题,各国陆续出台了无过错责任制度,以及产品责任的加倍赔偿制度;为制约市场主体的垄断行为,各国陆续建立反垄断私人诉讼制

---

① See George J. Stigler, "The Optimal Enforcement of Laws", 78 *J. Pol. Econ.*, 526, 526 - 29 (1970). Gary S. Becker, George J. Stigler, "Law Enforcement, Malfeasance and Compensation of Enforcers", 3 *The Journal of Legal Studies.*, 1, 1 - 18 (1974).

② Katharina Pistor, Chenggang Xu, "Incomplete Law", 35 *N. Y. U. J. Int' l L. & Pol.*, 931 (2003).

③ See A. Mitchell Polinsky, Steven Shavell, "The Economic Theory of Public Enforcement of Law", 38 *J. Econ. Literature.*, 45 (2000).

④ See Karol Boudreaux, Bruce Yandle, "Public Bads and Public Nuisance: Common Law Remedies for Environmental Decline", 14 *FORDHAM ENVTL. L. J.*, 55 (2002) "Public nuisance law can be robust in dealing with environmental harms"; Michael S. Greve, the Demise of Environmentalism in American Law., 115 (1996).

⑤ See Peter Cane, "The Anatomy of Private Law Theory", 25 *Oxford Journal of Legal Studies*, 217 (2005).

度和惩罚性赔偿制度,诸如此类。这些制度都是司法在应对现代社会问题上所作出的突破和创新,同时也是前述理论学说在法律上的实践。

第一,实体法上的制度回应:权利—义务的重新配置。在法律制度层面,两大法系均对司法控制路径作出了回应。实体法上的制度回应主要有:(1)现代契约法从契约到身份的进步,典型的如劳动者和消费者概念的出现。在现代契约法上,雇主或经营者承担的义务,很多已不再是合同的约定,而是根据其介入的雇佣关系和消费关系。在司法裁判中,"法院自己也开始架空契约自由观念,采取的方式是对那些同意某项具体交易,具有某些特殊关系或处于某种地位的人强加一些条款,或者拒绝对当事人自由加入的契约给予强制执行"。[①] 梅因关于从身份到契约的进步的论断,在工业化时代出现了变化,契约自由在更多的领域开始让位于社会福利和弱势群体的倾斜保护,因而有人惊呼,"契约像上帝一样,已经死了",[②]而身份关系却在逐步显现。(2)财产权利开始适度让位于社会公共利益。在日益"拥挤"和科技含量不断提高的工业化时代,财产权利人对财产的使用或处分不当,极有可能产生废气、辐射、有毒和有害物质,为应对这些问题,神圣不可侵犯的财产权利,在20世纪也开始适度让位于社会公共利益,例如,现代民法对所有权施加的限制,以及诚实信用原则和禁止权利滥用原则等。(3)侵权法上严格责任的扩大化与惩罚性赔偿的出现。侵权法的资源配置功能在于通过事后责任的运用,将行为的外部性予以内部化。在工业化引发的风险领域,人类行为的外部性和信息不对称程度加剧,例如产品缺陷可能给全社会造成难以弥补的巨大损失、高速铁路可能对沿线的居民造成大范围损害、恶劣的工作环境随时存在人身安全风险。在这些领域,过错责任已经不符合效率标准,因而严格责任的适用范围开始逐渐扩大。与此同时,立法者为激励私人诉讼,并提高损害赔偿责任的威慑效果,食品安全领域也开始出现惩罚性赔偿制度。此外,社会性规制领域的刑法也出现了相应的制度创新。

第二,程序法上的制度回应:更为开放地获得司法救济。在司法裁判的工具性价值指引下,美国人把相对开放地获得司法救济和宽泛的证据开示制度作为实现公共利益的核心机制。[③] 在制度层面,普通法诉讼程序的改革包括:(1)放宽诉讼当事

---

① [美]伯纳德·施瓦茨著:《美国法律史》,王军等译,法律出版社2007年版,第197~198页。

② [美]格兰特·吉尔摩著:《契约的死亡》,曹士兵等译,法制出版社2005年版,第1页。

③ 参见[美]史蒂文·苏本等著:《美国民事诉讼的真谛》,蔡彦敏等译,法律出版社2002年版,第46~51页。

人的范围，让更多的私人诉讼进入法院，并使大规模的集团诉讼成为可能。美国建立较为发达的公益诉讼或集团诉讼，旨在借此实现规制目的。(2)辩诉程序变得更为宽松，这就为提起涉及复杂的社会和经济问题的多数当事人、多个诉讼请求的诉讼创造了便利条件。(3)更为宽松的证据开示制度，这为当事人提供了一个便利的信息获取机制，使拥有少数资源的诉讼当事人得以挑战和对抗那些实力强大的对方当事人。在美国的诉讼理论中，发掘与争议有关的信息主要是诉讼当事人的责任，而在大陆法系国家则主要是法院的任务，美国坚持这一模式主要是基于对政府的不信任传统，他们倾向于相信，在规范不适当的私人活动中，诉讼个人会比政府做得更好，这也是美国诉讼程序变得更为宽松的原因。因此，更开放地获得司法救济是美国普通法诉讼程序改革的主要趋势，其动因在于借助个人对私益的追求以及私人诉讼和司法裁判来实现社会规制效果。

综上分析发现，不管是社会法学派、新自由主义法学派还是法经济学派，他们都主张通过司法与法律责任制度，来解决现代工业化所带来的各种社会问题。他们通过揭示行政规制的缺陷和政府失灵的事实，极力赞扬司法的社会控制功能和秩序促进功能。这些理论认为，司法在现代社会中的生命力依然强劲，它可以通过自身的进化和发展，来应对现代社会的公共风险。此即本书所谓的司法控制路径。与行政规制路径相比，司法控制路径是在反对过多行政干预的基础上发展起来的，尤其是哈耶克提出的进化型社会秩序理论，更是旗帜鲜明地反对行政干预。由此，行政规制和司法控制相并列，成为了两种备选的规制路径。

第三节　中国的问题与现状

中国与西方资本主义国家在市场经济、法律制度与社会背景等方面虽然存在较大差异，但在社会性规制领域，中西方面临的问题却比较类似。中国作为新兴市场经济国家，虽然没有经历资本主义国家走过的“重商主义—自由竞争—管制—放松管制”的发展历程，但在改革开放30年以来的跨越式经济发展过程中，也出现了大量的外部性、内部性和信息不对称等市场失灵问题。为应对这些问题，我国的立法者和具体的实践者都在进行着积极探索，以寻找问题的应对之策。下文将对中国的经济和管制历史进行简要梳理，为构建中国的社会性规制及其路径选择理论提供一个基本的背景。

一、历史上的中国:弱市场与强政府格局

关于社会性规制,中国的情况比较特殊。中国近代史上并没有像美国和欧洲国家那样,经历了1个多世纪的自由市场发展时期,更没有经历自由资本主义向垄断资本主义的过渡,因而不存在如下发展历程:资本主义的原始积累—对自由市场的信任—自由市场的缺陷逐步显现—规制市场失灵的各种思潮和制度演化。实际上,中国18世纪到20世纪中期的历史是建立在农业文明基础上的政权更迭和政治动荡的历史,"重农抑商"的思想使中国并不存在发展较为成熟的全国性市场经济的条件。中国的市场一直是局部的,具有较强地域性的小市场,并建立在熟人社会的基础上,其交易对象也主要是简单的农产品和手工业制品,这是中国近代史上有关市场交易的基本特征。在这一简单的商品经济中,当事人之间的交易契约可以自我实施(self-enforcing)。对此,西方经济史学界的研究表明,"在部落、原始社会和小社群中,交换双方相当了解,且进行着重复交易。在这样的世界里,稠密的社会关系网络使得可计量的交易费用极低,欺诈、卸责、投机行为等所有现代工业组织中会出现的问题,在这里都极为罕见,甚至不会出现。"①正是基于这一原因,典型的市场失灵问题(如信息不对称、外部性、内部性和垄断等)在中国历史上基本是不明显的。

关于社会性规制的对象,笔者认为:(1)就信息不对称而言,由于中国近代以前的市场交易,主要是农产品和手工业制品在地域性较强的市场上进行交易,由于这些产品的技术含量普遍较低,买卖双方通过肉眼观察和个人经验基本可以识别并获取产品的质量、成分、色泽、规格等重要信息,理性经济人可以通过这些显而易见的产品特征来获取交易所需的信息,因而不存在显著的信息不对称问题。(2)关于内部性问题,由于熟人社会一直是中国社会的一个基本特征,而且,古代中国的产品交易市场具有极强的地域性特征,并建立在熟人社会的基础上,买卖双方在长期或无限次的博弈中,往往更加注重长远利益,而且可以增进买卖双方的信任,因而相互合作才是双方共同利益最大化的选择。此外,儒家思想的深远影响进一步增进了熟人之间的信任,这就降低了市场交易中的外部性程度。(3)关于外部性问题,近代以前的中国一直是一个农业文明的国家,产品交易的对象主要是农产品和手工业制品,

① [美]道格拉斯·C.诺斯著:《制度、制度变迁与经济绩效》,杭行译,格致出版社2008年版,第77页。

这些产品基本都来自各个农户的农民或手工作坊的工人之手，这些农产品和手工业制品对环境、消费者和工人产生的影响一般不大，产品可能存在的瑕疵和缺陷仅仅是个别现象，产品生产过程对工人和社会环境产生的影响一般不大，因而其外部性问题也不严重。

关于国家公权力对市场的干预问题，由于中国一直是行政权主导的社会，古代的地方官更是“行政兼理司法”，这一状况在20世纪初的法制改革中虽然有所改观，但行政权在整个国家公权力体系中仍然处于核心地位。在强大的行政权主导下，政府对市场进行严格管制更是普遍现象。典型的如：中国自秦汉以后推行“市坊”制度，将商业区与居民区分开，并设市官专司市场之管理。[①] 在严格的“市坊”分区管理体制下，商人只能在“市”区从事商业活动，任何人不得将其延伸到坊间。如《隋书·令狐熙传》（卷五六）记载：“禁游食，抑工商，民有向街开门者，杜之。”对于坊间自发形成的夜市和草市问题，《唐会要·市》（卷八六）中曾记载：“京夜市，宜令禁断。”除此之外，中国古代更是明确规定了破坏“坊市垣篱”的处罚措施，如《唐律疏议》（卷八）规定：“越官府廨垣及坊市垣篱者，杖七十，侵坏者亦如之。”[②]尽管中国自宋代开始逐渐突破严格的“市坊”制度，但“重农抑商”的传统却一直持保留下来。在19世纪末20世纪初的洋务运动和清末改革中，中国开始大规模引进西方先进技术，发展了一批近代工业企业，一定程度上带动了市场发展。但由于是在社会动乱时期，这些企业多半都是基于政治需要而建立的，且大部分属于国有，典型的市场经济并未发展起来。在这一时期，不管是中央政府还是各军阀控制下的地方政府，行政权对市场的干预没有放松过。因此，中国历史上的市场交易一直笼罩在行政管制的阴影之下，在有市场经济萌芽的地方，市场缺陷问题也主要是通过行政干预加以解决。

二、改革开放后的问题与行政管制传统

现代以前的中国虽然存在地域性较强的交易市场，但作为市场交易基础的民法制度却一直没有建立起来。虽然在清末和民国时期有过民法典的起草和实施，但由

---

① 《汉书·百官公卿表》：“景帝二年，分置左、右内史。右内史武帝太初元年更名京兆尹，属官有长安市、厨两令丞，又都水、铁官两长丞。”其中的“市令”即市官，直接隶属于“京兆尹”。参见班固著：《汉书》，张广明注释，浙江古籍出版社2000年版，第274页。

② 钱大群撰著：《唐律疏议新注》，南京师范大学出版社2007年版，第273页。

于战乱的影响,实际上根本没有得到落实,更不可能形成民法传统。战乱结束后,紧接着便是全面否定市场作用的计划经济时代。在计划经济时代,行政权不仅全面干预经济,而且成为配置社会资源的最主要手段。在法律上,计划经济时代的中国全盘接受苏联的民法理论,公私法的划分被否认或回避。① 因此,计划经济时期的中国根本不存在自由交易的市场,更不存在市场经济赖以生存的法律基础——私法制度,所有的资源配置问题都通过政府直接干预来解决。

自改革开放以来,中国开始逐渐从计划经济向市场经济转型,政企的职责开始逐步分离,公有制以外的经济成分日益壮大,全国性的市场开始形成。由于中国是一个行政权主导的社会,市场经济赖以生存的私法制度从此开始萌芽。在这一时期,中国私法制度的形成和市场机制的引入经历了三个阶段:②(1)从1978年改革开放至1986年《民法通则》颁布,这是民法学界为民法的生存而与经济法学者争论时期,同时也是中国引入市场机制的发端;(2)从1986年《民法通则》颁布到1992年邓小平南行,是对民法私法属性的艰难探索时期,同时也是中国引入市场机制的艰难探索时期;(3)从1992年邓小平南行至今,是民法的私法性质被明确提出并得到论证的时期,同时也是市场机制在中国的确立时期。至此,中国的市场经济体制及其赖以存在的私法制度才进入快速发展时期。正是在这一时期,中国的市场经济伴随着产权改革与放松管制进程而逐步发展起来,市场经济的私法基础也开始逐步建立,但产权保护仍有待进一步加强。

中国改革开放后的市场经济毕竟处于起步阶段,浓重的政府管制色彩尚未褪去,政府还在"放手"与"管制"之间徘徊,缺乏产权保护的市场又陷入"一放就乱"的连锁反应中。典型的如商业广告市场,20世纪末期才逐步开放并发展起来的广告市场,在这二三十年间就经历了从放松管制到不断加强管制之间的转变。具体而言,在建设社会主义市场经济的大潮中,中国的广告管制也逐渐解除,这一方面推动了中国广告产业的发展,但同时也造成了虚假和引人误解广告的泛滥现象,尤其是大量涌现的恶俗广告(如保健品、美容、减肥、性病广告等),甚至被指"影响了社会主义精神文明建设"。国家工商行政管理机关随之开始加强监管,例如,强制要求广告经营者和广告发布者设立广告审查员制度,并规定广告发布前的内容审查制度等,但

① 参见马俊驹、杨琴:《论社会主义市场经济与民法的完善》,载《法学评论》1999年第4期。
② 参见江平、张楚:《民法的本质特征是私法》,载《政法论坛》1998年第6期。

这些制度并没有取得显著成效，国家工商总局随之又开始禁止发布特殊类型的广告（如性病广告），并禁止在公共场合和大众传媒上发布烟草、酒类广告等。同时，国家工商总局又以“运动”方式开展违法广告“严打”活动。但是，由于网络媒体和户外媒体的异军突起，使政府的管制措施未能取得显著成效。在大众传媒上被禁止发布的广告，又在网络媒体或以“城市牛皮癣”的方式再现，由于网络媒体的技术特点，导致政府管制在面对网络媒体时显得力不从心，再加上高昂的执法成本，政府的管制范围很难深入城市户外媒体的各个角落。由此可以发现，中国广告市场从管制到开放的转变带来了虚假广告的泛滥，为解决这一问题，政府又开始进一步加强管制，但严格的管制措施并没有取得显著成效，我们目前的广告市场依然存在较大问题。

中国广告市场中存在的问题只是中国市场经济的一个缩影，类似现象在其他众多领域也存在，如不正当竞争、产品质量、医疗服务、知识产权保护、金融市场等。尤其是产品质量领域，改革开放以来爆发的产品质量问题更是层出不穷。据学者统计，从2003年5月至2007年7月，中央电视台《每周质量报告》栏目共报道了200多期产品质量缺陷问题。[①] 涉及食品、医药、奶粉、日用品、饮料、服装、保健品、油漆、汽车配件、玩具、鞭炮、建筑、化肥、茶叶、啤酒、葡萄酒、铅笔、婴儿用品、汽车、电梯、能源、眼镜等，以上产品缺陷问题涵盖了人们日常生活所涉及的大多数产品，在地域上更是波及了中国大多数省份。而且，市场失灵的典型表现，如外部性、信息失灵和垄断等问题，在以上领域均有所体现。从既有的危害后果来看，尤其是“甲醇勾兑白酒”事件、“阜阳奶粉”事件和“三鹿奶粉”事件，更是造成了巨大的人员伤亡和经济损失。“在中国，构建社会主义和谐社会要求政府转变以GDP为中心，片面追求经济增长的速度，把注意力转移到解决国民健康、环境保护、社会公平等基本问题上。这些内容都属于政府社会性规制职能的范畴。当前我国日益加剧的环境污染问题，禁而不止的煤矿矿难问题，层出不穷的假酒、假药和有毒食品问题的存在，反映了我国政府社会性规制职能的缺失和社会性规制能力的不足，不利于社会主义和谐社会的建设。”[②]为此，我国出台了相应立法，其总体趋势是进一步加大产品质量的行政规制力度，其中包括规制工具或手段的增多、行政处罚力度的加强等，这也是我国历史上的政府管制传统对市场失灵问题作出的第一反应。

---

① 参见应飞虎著：《信息、权利与交易安全：消费者保护研究》，北京大学出版社2008年版，第29～41页。

② 黄新华：《论政府社会性规制职能的完善》，载《政治学研究》2007年第2期。

综上可知，中国市场经济刚刚起步就出现了一系列市场失灵问题，当前的主要应对措施仍然是加强政府管制，形成这一状况的原因有：(1)历史上的管制传统形成的惯性；(2)中国的政治体制使然：人民代表大会制度是我国的政体，"议行合一"是这一政体的核心，行政机关在该体制下享有较大权力（如宽泛的授权行政立法），而且，司法对行政的制约更是被限制在狭小范围内（仅限于具体行政行为的合法性审查）；(3)社会转型期的需要：社会转型期出现的各种问题急需要进行规制，而行政权具有效率上的优势，它可以针对社会问题及时作出反应，因而行政管制在中国具有生存的土壤；(4)以经济建设为中心的国策的影响：经济建设以行政权为主导，司法权至多发挥"保驾护航"的作用，因而用行政管制手段来处理经济建设中出现的问题成为当然之理；(5)对司法权性质的认识不够全面：司法在中国一直被视为解决纠纷的手段，对于司法的公共规制功能，理论和实务界的关注相对较少，从而造成决策者严重依赖行政管制解决社会问题的状况。①

然而，从行政管制的实施效果来看，更严格的管制措施并不意味着更有序的市场秩序，它表明在应对市场失灵问题上，政府绝不是万能的，与市场失灵一样，政府也会失灵，这已成为共识。但在实践中，由于受到公权万能假设的影响，政府失灵往往不被充分认识甚至被忽视，这会导致在市场与政府之间进行一种非此即彼的选择，当存在市场失灵时，立刻寻求政府的帮助，而不管政府的实际能力如何，市场失灵成为公权干预的充分必要条件。"事实上，并不是所有的市场失灵都能由政府解决，政府行为的设定应该考虑其自身能力的大小，量力而行，在有些情况下，政府面对市场失灵只能望洋兴叹，而公权力万能假设会导致在制度设计和选择中忽视实现层面的政府能力问题，从而导致政府对市场的干预过度或不当。当市场存在失灵时，目前更多的选择是'有问题，找市长'，而不是'有问题，找市场'，这往往使问题更复杂。关于某些负外部性问题的解决，在理论上存在着'政府干预'和'侵权之诉'两种路径，这两种路径各自有着对方所没有的独特功能、优势和劣势，因此在实践中，就存在着政府干预和侵权之诉的最佳路径的选择问题。"②对此，现行法上虽然出现了两种路径并存现象，但它是否建立在比较分析和路径选择基础上，这里不得而知。

---

① 参见时延安：《权力作用范围的交叉，还是规范评价的重叠?》，载戴玉忠等主编：《犯罪与行政违法行为的界限及惩罚机制的协调》，北京大学出版社2008年版，第376页。

② 邓刚：《侵权之诉还是政府干预》，载《现代法学》2002年第1期。

三、规制路径探索：两种路径并行使用

对于中国在市场经济建设中出现的上述问题，立法者和学术研究者都在进行着积极探索，他们面对的核心问题是：如何有效规制中国广泛存在的市场失灵问题？学界对该问题的思考推动了中国经济法学的诞生。① 因此，简要梳理中国改革开放以来经济法学与民法学、行政法学之间的争论即可明了国内学者对市场规制路径的探索历程。概括来讲，早期的经济法学者认为，经济法存在的目的是解决市场失灵问题，这已成为我国经济法存在现实基础。从经济法的调整对象来看，早期的学者认为，经济法的调整对象既包括横向的市场交易关系，又包括纵向的市场管理关系，即所谓"纵横统一"经济法论；从其规制市场失灵的手段来看，既包括直接的行政管制手段，又包括权利义务配置手段。这一观点成为中国经济法诞生时期影响较大的学说，它大有"吞噬"民法学和行政法学之势，因而得到这众多学者的"围剿"，并遭致较多批评。② 此后，随着上述经济法观点遭致的批评越来越多，尤其是1986年《民法通则》的出台，宣布平等主体之间财产关系和人身关系是民法的调整对象之后，经济法学者开始对自己的观点进行修正，他们不再认为与市场经济相关的纵向和横向关系都由经济法调整，而是在承认民法和行政法独立存在的基础上，研究行政规制手段和司法控制手段在解决市场失灵问题上的局限性，认为民法或行政法在解决市场失灵问题上都存在难以克服的局限性，并以此说明经济法在解决市场失灵问题上的各种优势，从而论证经济法独立存在的必要性。③ 对此，如果我们抛开学科归属争议不谈，从解决实际问题（市场失灵）的角度来看，国内经济法学者的理论探索表明，解决市场失灵一方面需要公法上的管制；另一方面需要私法自治。因此，不管经济法学与民法、行政法学之间的"地盘划分"状况如何，公法和私法都是解决市场失灵的手段，只是其作用方式和具体功能不同而已。

---

① 参见肖江平著：《中国经济法学史研究》，人民法院出版社2002年版，第148～181页。

② 参见王全兴著：《经济法基础理论专题研究》，中国检察出版社2002年版，第69～78页。

③ 参见李昌麒、应飞虎：《论经济法的独立性——基于对市场失灵最佳克服的视角》，载《山西大学学报》2001年第6期；应飞虎：《市场失灵与经济法》，载《法学》2001年第6期。

表2 行政规制与司法控制在中国法上的并行使用现象

	行政规制路径		司法控制路径	
	规制制度	实施方式	规制制度	实施方式
食品规制	营业许可；安全标准设定；风险评估；信息规制；食品检验；行政处罚等	由工商局；食品药品监督管理局等部门主动负责实施	10倍民事赔偿、无过错责任、连带责任等制度	提高行为谨慎标准，并以私人诉讼作为实施工具
药品规制	新药上市许可；营业许可；药品价格管制；处方药的用途管制	由食品药品监督管理局、卫生局等部门主动负责实施	无过错责任制度	提高行为谨慎标准，并以私人诉讼作为实施工具
广告规制	广告内容审查；特殊广告禁止；广告监测；违法公示；行政处罚；强制更正	由工商局、食品药品监督管理局等部门主动负责实施	广告内容拟制进入契约、广告欺诈的双倍赔偿；连带赔偿责任等制度	以私人诉讼作为实施工具，并以此威慑潜在违法行为
交通事故	驾驶资格许可；限速标准；扣分等行政处罚	由公安机关交通管理部门主动负责实施	与有过失、肇事逃逸者承担全责等制度	提高行为谨慎标准，并以私人诉讼作为实施工具
环境规制	排污许可；征收排污费；环境标准设定；监督检查；行政处罚措施	由环境保护部门、海洋行政部门等部门主动负责实施	无过错责任、举证责任倒置等制度	提高行为谨慎标准，并以私人诉讼作为实施工具

第一，关于行政规制路径。由于传统中国缺乏私法观念和有效的产权保护体系，在改革开放初期就出现了严重的市场缺陷或失灵现象。如何解决这一棘手问题，成为决策部门不得不面对的难题。我国历史上“弱市场与强政府格局”造就了政府管制的传统，在这一制度惯性的影响下，我国现行法主要通过加强政府管制力度作为应对之策。正如表2所示，在广告、食品、药品和环境保护领域，政府管制成为我国立法应对市场失灵的常规路径，其管制手段主要包括两类：(1)直接干预手段，如限制市场准入、价格管制、事前审查、事后监督、强制改正、行政处罚、标准设定、征收排污税等，这些都是我国政府常用的行政管制工具，其特点是国家公权力对市场的直接介入，此类管制手段的效率较高，但这也成为其弱点所在，因为直接管制手段使用不当将对市场机制的运行构成较大损害；(2)间接干预手段，随着实践经验的积累和管制理论研究的深入，又出现了一类新的行政干预手段，如政府的信息发布、强

制信息披露、信息提供激励、行政指导等，此类干预手段具有更加柔性的一面，其作用机理在于辅助市场主体作出最优决策，从而实现规制目的。在实践中，以上两类市场干预手段常常在某一领域配合使用，这是行政规制自身的进化和发展。

第二，关于司法控制路径。传统民法制度基本保持政治中立，对市场主体的产权进行均等保护，因而成为自由市场存在和发展的法律基础。对于中国而言，正在建设中的社会主义市场经济缺乏私法观念和完善的规则体系，作为市场交易前提的产权界定和产权保护不够周全，因而很多领域出现了一系列市场缺陷或失灵问题。为此，经济学和法学界的研究成果指出，中国必须"回填"一个基本的私法制度，以清晰界定并有效保护产权，这是中国市场经济发展的必要条件。在认识到这一改革方向后，中国的私法制度开始进入快速发展阶段。尤其是进入 21 世纪以来，立法者大量吸取和借鉴两大法系的先进立法和实践经验，作出了很多制度创新，例如，表 2 中列举的惩罚性赔偿制度、排污权交易、无过错责任等。在司法理念方面，进入 21 世纪以来，随着"风险社会"的来临，各种公共风险和"现代型诉讼"频繁出现，为应对这些问题，中国的理论和实务界提出了"能动司法"理念，要求司法要发挥其"能动性"，并认为"能动司法应当建立在对司法的本质属性与时代使命的准确把握基础上，在政治功能与审判职能之间保持必要的张力和平衡。"①因此，不管是在司法制度层面还是在司法理念层面，传统民事司法保持的"政治中立"或政策无涉传统，被逐渐突破，司法制度也因此承担起更多的政治职能和公共规制职能。正是基于这一理由，我国台湾地区学者苏永钦将民事司法称为"辅助管制的工具"。②

从我国当前的立法来看，大量单行立法都在第一条宣示立法目的，如《消费者权益保护法》《产品质量法》《食品安全法》《广告法》《环境保护法》等。在特定立法目的指导下构建的民事司法制度，基本都承担着特定的公共规制目的。具体来看：(1)关于惩罚性的 3 倍或 10 倍赔偿制度，该制度已经远远超出了对损害的填补功能，而是激励受害者提起民事诉讼，从而制约经营者行为，最终实现风险规制之目的；(2)关于连带责任制度，我国现行法在虚假广告的民事责任制度中规定了广告主、广告经营者、广告发布者以及广告代言人之间的连带责任制度，该制度突破了合

① 吴英姿：《风险时代的秩序重建与法治信念——以"能动司法"为对象的讨论》，载《法学论坛》2011 年第 1 期。

② 参见苏永钦：《民事立法者的角色》，载苏永钦著：《民事立法与公私法的接轨》，北京大学出版社 2005 年版，第 9～10 页。

同的相对性，目的旨在通过更为严格的责任制度设计来控制经营者的广告发布行为，从而实现规制目的。此外，在食品安全领域，中国现行法也规定了生产者和销售者之间的连带责任，其原理同上。诸如此类，现行法中发挥规制功能的民事司法制度普遍存在，司法控制路径已经成为与行政规制路径相并列的社会性规制路径。

综上所述，中国作为发展市场经济较晚的国家，由于缺乏市场经济的私法基础，产权界定不清与产权保护不周导致短期内爆发大量的市场失灵现象。为解决这一问题，在改革开放以来的立法中，立法者一方面制定了大量的行政规制制度；另一方面又创造性的地移植了大量具有特定政策导向的司法制度，试图通过“双管齐下”的方式有效解决现代社会的公共风险问题。从目前的情况来看，社会性规制的两种路径并行使用现象，甚至成为了改革开放以来制度设计的一般范式。立法者在应对公共风险问题时，除了“毫不犹豫”地使用行政规制外，往往也会对私法自治制度进行改进，以实现“辅助管制”的目的。因此，行政规制和司法控制已成为我国应对外部性和内部性问题的两种常规路径。

第二章　两种路径的原理与实施工具

在明确了规制对象、规制目标与备选规制路径之后，本书将转入研究路径选择问题。最佳规制路径的选择，是以规制目标为指引，在比较两种备选路径的优劣差异基础上所作出的选择。因此，对两种路径进行比较研究是完全必要的，这里的比较包括两部分：一是制度设计层面的比较，其核心内容是比较两种路径的功能与作用原理；二是制度实施层面的比较，其核心内容是考察两种路径的实施效果。在比较两种路径的功能差异与实施效果的基础上，路径选择理论的关键内容可以描述为：用更低的成本构建更安全的社会。

本章将首先从制度设计层面，研究行政规制路径和司法控制路径何以能够规制现代社会的外部性和内部性问题。这有赖于对其作用原理和实施工具进行介绍。本章的研究将表明，不管是行政规制还是司法控制，只要其实体性制度设计符合社会最优规制标准，它们都可以有效规制外部性和内部性问题。换句话说，如果不考虑制度实施问题，仅从制度设计层面来看，行政规制与司法控制都可以最小化事故的总成本，只是其实施工具不同而已。法律经济学针对这两种路径的早期研究，大多是从制度设计层面展开的。

行政规制与司法控制路径的作用原理与实施工具存在较大差异。概括来讲：(1)行政规制路径建立在政府万能的假设基础上，由政府对风险行为的成本—收益进行评估，在此基础上决定是否禁止或限制风险行为，并由行政机关负责实施该决定。在这一过程中,个人完全处于被动地位;(2)司法控制路径建立在理性经济人假设基础上,认为个人最懂得自己行为的成本和收益,并能够以个人利益最大化为目标来决定是否实施风险行为。在这一过程中,政府所要做的仅仅是为风险行为进行合理"定价",并由个人根据该"价格"来决定是否实施风险行为,这里的"定价"实际上即法律责任。这正是两种路径的作用原理,以下将展开分析。

第一节 两种路径的研究范围限定

一、两种路径的涵盖范围

本书旨在通过比较行政规制路径与司法控制路径之间的优劣差异,在此基础上选择最优的规制路径,因而有必要对两种路径所涵盖的内容加以澄清。

第一,行政规制主要通过政府的直接限制或禁止来应对公共风险,其涵盖范围主要包括事前的命令—控制工具和事后的行政处罚。行政规制路径的基本原理可以概括为:由政府对风险行为的成本—收益结构进行分析,在此基础上根据社会收益最大化原则(或事故总成本最小化)来决定是否禁止或限制风险行为,并由行政机关负责实施该决定。在行政规制过程中,潜在加害人和受害人完全处于被动地位,关于是否实施风险行为的决策完全由政府来决定(政府决定或集体决定),因而行政规制是一种"管制型"的规制方式。在行政规制工具系谱中(参见图1行政规制工具系谱),常见的行政规制工具包括信息工具、经济工具、命令—控制工具以及相应的行政处罚措施。其中,信息工具是一种辅助性的规制工具,而经济工具更多地使用在经济性规制领域,在行政规制工具系谱中,它们二者的"管制"色彩相对较弱;相比之下,行政规制中的命令—控制与行政处罚的"管制"色彩相对较强。

第二,司法控制主要通过事后责任的威慑来实现规制目的,其涵盖范围主要包括侵权责任和刑事责任。司法控制路径的威慑功能可以概括为:运用事后责任为风险行为进行"定价",让潜在加害人根据其自身的成本—收益分析,自行决定是否实施风险行为(个人决定或市场决定),若实施风险行为,则需要支付相应的对价(承担法律责任);若不实施风险行为,则无须承担法律责任。在这一过程中,政府可以通过调整法律责任与诉讼成本的大小来改变风险行为的"定价",从而激励行为人采取措施降低事故的总成本,最终实现规制目的。在上述过程中,政府只是通过法律责任为潜在加害人和受害人提供激励,政府不直接参与是否实施风险行为的决策;

相比之下，潜在加害人和受害人则发挥着积极主动的角色，他们可以通过成本—收益的衡量，自行决定是否实施风险行为。因此，与行政规制相比，司法控制路径是一种“市场型”的规制方法。在实施层面，司法控制路径包括侵权责任和刑事责任两种，其中，侵权责任具有显著的“市场型”特征；而刑事责任则隐含了大量的政府决策或集体决定，例如，刑事责任虽然也允许潜在加害人在承担责任和避免实施风险行为之间作出选择，但对于风险行为的“定价”（责任大小）则完全由政府决定，它不像民事责任那样，需要根据受害者的实际损害来确定风险行为的“价格”。从这个意义上来说，刑事责任相当于“政府定价”，而侵权责任相当于“市场定价”，它们之间的差异见表3：

表3　侵权责任、刑事责任、行政责任与命令—控制之间的比较

比较项目	“市场型”规制	混合体制		“管制型”规制
	侵权责任	刑事责任	行政处罚	命令—控制
规制目标	最小化事故总成本	禁止或限制风险行为	禁止或限制风险行为	禁止或限制风险行为
作用原理	风险行为的市场定价	风险行为的政府定价	风险行为的政府定价	政府直接取代市场
实施方式	一般威慑	威慑补充	威慑补充	直接禁止或限制
决策权归属	风险行为的私人决策	风险行为的私人决策	风险行为的私人决策	风险行为的政府决策
规制时机	事后规制	事前或事后规制	事前或事后规制	事前规制
程序启动	私人启动	公共启动	公共启动	公共启动

通过表3可以看出，司法控制路径中的侵权责任是一种典型的“市场型”规制工具，而行政规制中的命令—控制属于典型的“管制型”规制工具；在这两个极端的规制模式之间还存在两种“混合体制”，它们分别是刑事责任和行政处罚，之所以称之为“混合体制”是因为：刑事责任和行政处罚分别在不同方面具有“市场型”和“管制型”规制的部分特征。例如，一方面，刑事责任和行政责任在实施方式上都属于责任威慑的范畴，在决策权归属问题上，刑事责任和行政责任制度都将是否实施风险行为的决策权留给潜在加害人，并由潜在加害人自行决定是否实施风险行为，这使它们二者更接近于“市场型”规制手段；另一方面，在规制目标上，刑事责任和行政责任

都以直接“禁止或限制风险行为”为目标；在程序启动方式上，它们二者都由公共机关来启动规制程序，这使它们更接近于“管制型”规制手段。正是从这个意义上，本书将刑事责任和行政处罚称为“市场型”与“管制型”规制手段之间的两种“混合体制”。下文将进一步比较两种规制路径所涵盖的侵权责任、刑事责任、行政处罚和命令—控制，并在此基础上确定本书的研究范围。

1. 规制目标上的比较

从规制目标角度来看，民事责任主要通过损害赔偿制度的实施，为潜在加害人的风险行为进行“定价”，并由潜在加害人根据其自身的成本—收益衡量，自行决定是否实施风险行为或者采取预防措施（市场决定或个人决定），从而将公共风险行为的外部成本予以内部化，最终实现最小化事故总成本的规制目标（第二章详述）；相比之下，刑事责任、行政处罚和命令—控制，虽然也是运用成本—收益的分析方法，但它是由政府进行总体上的成本—收益衡量，并在此基础上作出是否禁止或限制风险行为的决策（政府决定或集体决定）。因此，刑事责任、行政处罚和命令—控制工具，以直接“禁止或限制风险行为”作为规制目标；而民事司法则以最小化事故总成本为规制目标。

2. 作用原理上的比较

如表3所示，从作用原理来看，上表列举的四种规制手段在作用原理上也存在重大差异。其中，(1)侵权责任作为公共风险的规制手段，其作用原理为“风险行为的市场定价”，具体含义是指：法律对公共风险行为的规制主要依赖市场的价格机制（这里的“价格”即侵权责任大小），对于潜在加害人来讲，事后的侵权责任相当于实施风险行为的对价（责任大小依据损害程度而定），是否实施风险行为，完全由潜在加害人根据自己的成本—收益衡量而定；而政府（主要指法院）在这一过程中，仅仅为侵权责任的实现提供司法保障，并为潜在加害人提供一个可置信的威慑。正是从这个意义上讲，侵权责任发挥规制功能的作用原理在于“风险行为的市场定价”。(2)相比之下，刑事责任和行政处罚之所以能够发挥规制功能，其作用原理与侵权责任基本类似，即通过价格机制来激励行为人降低事故的成本，只不过刑事责任和行政处罚制度的“定价”方式是“政府定价”，即由政府通过总体上的成本—收益衡量，来确定风险行为所应支付的对价（刑事责任和行政处罚的程度），这里的“对价”由政府根据风险行为的潜在收益来确定，其目的旨在使责任数额等于或大于风险行为的潜在收益，从而以价格机制阻止潜在加害人实施风险行为，并最终实现规制目的。

例如，《刑罚修正案》(八)第133条之1规定："在道路上醉酒驾驶机动车的，处拘役，并处罚金。"这里的"拘役"和"并处罚金"实际上即醉酒驾车行为的"政府定价"。(3)与上述三种责任制度不同，行政规制中的命令—控制工具之所以能够发挥规制功能，其理论依据不再是"价格"机制，而是由政府决策直接取代行为人的私人决策("政府直接取代市场")。具体而言，行政规制中的命令—控制工具，是由政府在成本—收益衡量的基础上，作出是否禁止或限制特定风险行为的决定，并由行政机关及其执法人员通过行政命令的方式来落实该决定，从而实现风险规制目的，这是典型的"管制"手段。

3. 制度实施方式上的比较

从实施手段角度来看，行政规制中的命令—控制具有典型的"管制"色彩，它由行政机关运用公权力"直接禁止或限制"风险行为，从而实现规制目标。例如，行政机关要求排污企业必须安装特定的污染控制设备，或者要求食品生产企业必须符合特定的产品质量标准；相比之下，侵权责任、刑事责任和行政处罚，都是运用法律责任来威慑潜在加害人(本书简称"责任威慑")。责任威慑的重要特点在于：它将是否实施风险行为的决策留给潜在加害人自己。对此，美国学者卡拉布雷西称之为"一般威慑"或"市场方法"。① 当然，侵权责任、刑事责任和行政处罚也存在区别，尤其是在传统法教义学看来，这三种责任形态更是存在天壤之别。② 但在本书看来(法经济学的进路)，侵权责任、刑事责任和行政处罚的主要差别在于其责任程度和设定依据不同。具体而言：侵权责任的大小与威慑程度由受害人的实际损害来决定，侵权责任制度的目标是将行为的外部性予以内部化，也即卡拉布雷西所谓的"一般威慑"；相比之下，刑事责任和行政处罚所提供的威慑，是以"禁止或限制风险行为"为目标，与侵权责任提供的"一般威慑"相比，刑事责任和行政处罚所提供的威慑可以称为"威慑补充"——在填补损害的基础上加大责任程度。尤其需要注意的

---

① 参见[美]盖多·卡拉布雷西著：《事故的成本》，毕竞悦等译，北京大学出版社2008年版，第59页。

② 关于行政责任与刑事责任的区别，理论上存在质的区别说、量的区别说、质量区别说、法律规范区别说和构成要件区别说等观点，详细梳理请参见戴玉忠、刘明祥主编：《犯罪与行政违法行为的界限及惩罚机制的协调》，北京大学出版社2008年版；杨解君、周佑勇：《行政违法与行政犯罪的相异和衔接关系分析》，载《中国法学》1999年第1期；周佑勇、刘艳红：《试论行政处罚与刑罚处罚的立法衔接》，载《法律科学》1996年第3期。关于刑事责任与侵权责任之间的区别，理论上存在法益侵害说、规范违反说、社会危害性理论、社会相当性理论和可罚的违法性理论等观点，有关这些观点的详情梳理与评价，请参见于改之著：《刑民分界论》，中国人民公安大学出版社2007年版，第100～203页；陈灿平著：《刑民实体法关系初探》，法律出版社2009年版，第46～59页。

是,刑事责任和行政处罚的依据不再是受害人的实际损害,而是加害人的潜在收益,“威慑补充”的目的是要保证责任数额等于或大于加害人的潜在收益,并以此阻止加害人实施风险行为。

4. 决策权归属上的比较

表3中所指的“决策权归属”是指:在特定情况下,决定是否实施风险行为的决策权的归属状况。根据侵权责任、刑事责任、行政处罚与命令—控制的作用原理差异,决策权可能归属于潜在加害人或者政府。具体来看,(1)对于侵权责任、刑事责任、行政处罚制度而言,它们三者的作用原理都是前述“价格机制”或“市场机制”;其实施方式都是“责任威慑”,即通过法律责任的实施为风险行为进行“定价”,并将决策权留给潜在加害人自己——由潜在加害人根据法律责任的大小自行决定是否实施风险行为,因而风险行为的决策权归属为“私人决策”;与此同时,政府在这一过程中仅仅通过调整法律责任的大小,来间接影响私人决策。(2)对于行政规制中的命令—控制工具而言,其作用原理是所谓的“政府直接取代市场”,即由政府在总体上的成本—收益衡量之后,决定是否可以实施风险行为,并由行政机关及其执法人员主动实施这一决定。在这一过程中,潜在加害人和受害人完全处于被动地位,关于是否实施风险行为的决策完全由政府掌控,也即表3中所指的“风险行为的政府决策”。从风险规制角度来看,风险行为决策权归属上的差异,将对不同规制手段的实施效果产生重大影响。

5. 规制时机上的比较

从规制时机来看,侵权责任制度是在事故发生后才启动规制程序,本书称之为“事后规制”。事后规制的重大优势在于针对性强,它可以将有限的法律资源使用在最需要的地方,避免对无辜者进行规制;但其劣势也相当明显,例如事后规制存在一定的滞后性和威慑不足的问题(参见第三章)。相比之下,命令—控制工具则属于“事前规制”,事前规制的重大优势在于:它可以实现事前的预防效果;但其劣势也相当明显,例如,事前规制的“一刀切”处理可能存在针对性不强的问题(参见第三章)。此外,作为“混合体制”的刑事责任和行政处罚,则既存在事前规制也存在事后规制。具体来看:(1)就事后规制而言,在食品安全、环境污染和交通事故等社会性规制领域,大多数的行政处罚和刑事责任都是在损害后果发生后而实施的,因而事后规制是其主要形态。但需要说明的是,行政处罚虽然表现为事后的规制手段,但它主要是为了辅助事前的命令—控制制度得以落实,而选择的另外一种成本相对较低的实施方式而已。(2)在食品安全、环境污染和交通事故等社会性规制领域,行政处罚和刑事责任也存在事前规制的情形,例如,我国2011年颁布的《刑罚修正案》(八)和《道路交通安全法》关于"醉驾"的规制,即为典型的事前规制——只要有"醉驾"行为,不管其是否造成事故都要接受行政处罚并承担刑事责任。①

6. 规制程序的启动方式比较

如表3所示,从规制程序的启动方式来看,侵权责任的程序启动方式主要由私人启动,理论上又称为"私人实施";而刑事责任、行政处罚和命令—控制工具的程序启动方式主要由公共机关启动,理论上又称为"公共实施"。② 由于规制程序的启动是发挥规制效果的首要前提,因此,不同规制路径在规制程序启动方式上的差异,将在制度实施成本与规制效果上有所反映(第三章详述)。

二、本书研究范围的限定

通过上文的比较可以发现,行政规制中的命令—控制与司法控制中的侵权责任,分别处于"管制型"和"市场型"规制工具的两个极端。其中,命令—控制工具具有最强的管制色彩;而侵权责任制度则具有最显著的市场特性。在这两个极端之间,还存在两种混合体制,即刑事责任和行政处罚,它们二者分别在不同方面具有"管制型"和"市场型"规制工具的部分特征。限于篇幅,本书无法将表3中的所有规制工具一一进行研究,这里需要对研究范围作出如下限定:

第一,关于行政规制路径,本书集中研究命令—控制工具。从行政规制的作用

① 中华人民共和国第十一届全国人民代表大会常务委员会第十九次会议于2011年2月25日通过了《刑法修正案》(八),自2011年5月1日起施行。此次修正在《刑法》第133条后增加一条,作为第133条之1:"在道路上驾驶机动车追逐竞驶,情节恶劣的,或者在道路上醉酒驾驶机动车的,处拘役,并处罚金。"《最高人民法院、最高人民检察院关于执行〈中华人民共和国刑法〉确定罪名的补充规定》(五)(法释〔2011〕10号)将本条的罪名确定为"危险驾驶罪"。2011年4月28日公安部下发了《公安部关于贯彻实施〈刑法修正案〉(八)和〈关于修改〈道路交通安全法〉的决定〉的通知》,该文件中指出,各省、自治区、直辖市公安厅、局,新疆生产建设兵团公安局对《刑法修正案》(八)设置的"危险驾驶罪"中的"醉酒驾驶"和"追逐竞驶"的行为要高度重视并认真查处。随后,公安部公开透露,在《刑法修正案》(八)和修改后的《道路交通安全法》施行后,公安部门对经核实属于醉酒驾驶机动车的一律刑事立案。至此,"醉驾"行为将"一律入刑",不管其是否造成交通事故。参见邢世伟:《公安部:警方对醉驾一律刑事立案》,载《新京报》2011年5月18日第7版。相关学术探讨,请参见周详:《"醉驾不必一律入罪"论之思考》,载《法商研究》2012年第1期;陈伟:《醉驾:"一律入刑"还是"区别对待"》,载《法制与社会发展》2012年第1期。

② See Gary S. Becker, George J. Stigler, "Law Enforcement, Malfeasance, and Compensation of Enforcers", 3 *The Journal of Legal Studies.* ,1,1－18(1974).

原理来看，行政规制路径是由政府直接取代市场来实施的规制，它是一种“管制型”规制路径。在行政规制工具系谱中，命令—控制工具的管制力度最强，因而它最能够代表行政规制的“管制”特点。为此，本书将以命令—控制工具为中心来研究行政规制路径的优劣得失，以及在此基础上的路径选择。

第二，关于司法控制路径，本书集中研究侵权责任制度。从作用原理来看，司法控制路径通过法律责任制度，给潜在加害人的风险行为进行“定价”，让潜在加害人根据其行为的成本—收益衡量，自行决定是否实施风险行为。在这一过程中，政府只是保障法律责任的实现，从而为行为人提供可置信的威慑和激励，它不直接参与决策；相比之下，潜在加害人和受害人则发挥着积极主动的角色，因而司法控制路径是一种“市场型”的规制路径。而且，与刑事责任相比，侵权责任最能够体现司法控制路径的市场导向型特征，因而本书以侵权责任为中心来研究司法控制路径的优劣得失，以及在此基础上的路径选择。

三、如何处理两种混合体制

关于“市场型”和“管制型”规制工具之间的两种混合体制——刑事责任和行政处罚，鉴于篇幅上的限制，本书将无法对这两种混合体制进行专门研究，这固然是个缺憾，但该缺憾不应当被放大化，因为它不会对路径选择理论的整体结论产生重大影响。其原因在于，笔者之所以将行政处罚和刑事责任视为介于“市场型”和“管制型”规制之间的“混合体制”，是因为它们二者分别在不同方面具有“管制型”和“市场型”规制的部分特征。具体来看：(1)在作用原理上，刑事责任和行政处罚都是基于“市场机制”或“价格机制”来发挥规制作用，只是其定价方式属于“政府定价”；在实施方式上，它们二者都属于责任威慑的范畴，只不过它们是在侵权责任一般威慑的基础上加大威慑程度而已，即表3所指的“威慑补充”；在决策权归属上，它们都将是否实施风险行为的决策留给潜在加害人。以上这些特点使刑事责任和行政处罚在作用原理、实施方式和决策权归属上更接近“市场型”规制。(2)在规制目标上，刑事责任和行政处罚都以“禁止或限制风险行为”为目标；在程序启动方式上，它们二者都由公共机关来启动规制程序，这使得它们二者在规制目标和程序启动方式上更接近“管制型”规制。(3)在规制时机上，刑事责任和行政处罚主要是事后实施的规制，但近几年来也开始出现事前规制的案例，例如，中国现行法对“醉驾”的规制。

由此可以看出，刑事责任和行政处罚作为一种“混合体制”，它们分别在不同的方面具有“市场型”和“管制型”规制的部分特征。这一特征具有重要的理论意义，它将意味着：本书针对侵权责任（“市场型”规制手段）和命令—控制工具（“管制型”规制手段）的研究结论，分别在不同方面可以适用于两种混合体制。例如，(1)在制度实施方式上，刑事责任和行政处罚类似于侵权责任，它们都是通过责任威慑来实现规制目的，只是其威慑程度存在程度差异而已，因而本书针对侵权责任的威慑机制的研究（如责任财产不足或被告消失问题），可以部分适用于这两种混合体制；(2)在规制时机上，刑事责任和行政处罚既存在事前实施也有事后实施的情况，因而本书关于事前规制和事后规制的研究（如事前规制的信息问题和事后规制的威慑不足问题），可以部分适用于这两种混合体制；(3)在决策权归属问题上，刑事责任和行政处罚与侵权责任类似，它们都属于私人决策，因而本书关于私人决策的研究（如个人利益最大化与当事人预期问题），可以部分适用于两种混合体制；(4)在规制程序启动方式上，刑事责任和行政处罚类似于命令—控制工具，它们都由公共机关来启动规制程序，因而本书关于公共启动方式的研究（如执法人员的“偷懒”和机会主义倾向），可以部分适用于这两种混合体制。因此，本书关于责任威慑理论、事前与事后规制的差异、个人最大化行为的影响、当事人的预期、私人执法与公共执法的差异等方面的研究结论，可以部分适用于刑事责任和行政处罚这两种混合体制。从这个意义上来说，本书只集中研究行政规制中的命令—控制工具与司法控制中的侵权责任制度，不至于影响全书关于路径选择理论的整体结论。

第二节　行政规制的原理与实施工具

一、行政规制的作用原理

不管是外部性还是内部性，它们都属于市场失灵现象，而市场失灵是由于市场难以通过自身的调节机制（如价格机制、信誉机制等）来实现资源的有效配置。换句话说，即市场机制本身不具有自足性，不能够通过自身的作用机制来实现自我修正。在这种情况下，除非有外力作用于市场，否则，问题仍被留在原处甚至进一步加剧。这里的“外力”究竟为何？外力由谁来实施？如何实施？这些问题正是解决市场失灵的关键所在。

从理论和实践中的做法来看，人们的分析思路通常是以维护公共利益作为逻辑起点。不管是外部性、内部性还是其他的市场失灵现象，受损害的基本都是特定群体的公共利益(如消费者群体)。解决市场失灵的最终目的或价值也在于保护公共利益。然而,由谁来代表并维护公共利益?一般来讲,由直接受益者或当事人来代表并维护其自身的利益,这符合经济效率原则,因为只有当事人自己才有最强大的动力去维护自身的利益。但是,对于一个大型集团来讲,事实却并非如此。奥尔森的研究表明,公共利益虽然与该集团中的任何个体都休戚相关,但由于公共利益的"公共物品"属性,人们在维护公共利益方面总是有"搭便车"的激励,当大集团中的每一个人都以"搭便车"的心态来对待公共利益,则"搭便车"现象便成了"集体行动的杀手",从而发生无人去维护公共利益的结果。① 面对这一悲剧性的结果,人们回到了"社会契约论"所构建的理论模型,主张由政府作为公共利益的当然代表者,②并通过政府的行政执法来维护公共利益,这是当今市场经济国家解决市场失灵问题的主要手段。

当资本主义世界在19世纪末至20世纪初面临市场失灵问题困扰的时候,作为市场运行基础的普通法或民法越来越显得捉襟见肘,自由资本主义所信仰的"个人理性将导致集体理性"的神话也从此破灭。继而,人们再次想到了政府。以罗斯福新政为代表的新政改革派希望通过政府干预来解决市场失灵。他们实际上也这么做了,而且效果不错。这大大增强了国家干预主义者的信心。

国家干预主义者相信,市场是脆弱的,它时刻面临着外部性、内部性、信息不对称、垄断等问题的困扰。与此同时,国家干预主义者假定:政府是社会公共利益的忠实代表者,政府是仁慈的、守信的、全知全能的,政府完全无私地代表公共利益。哪里有市场失灵,哪里就应当出现政府干预,以矫正市场失灵。只有在这一假定前提下才可以进行具体的规制工具设计,并通过这些规制工具,将事故的风险降至最低。政府常用的规制工具包括直接禁止、价格干预、费率限制、标准制定、征税、补贴等。以外部性为例,当某个企业的排污行为带来外部性问题时,政府通过测知该行为的社会成本,并征收等额的税收,就可以将外部性内部化,此即所谓的"庇古税"。③ 因此,市场规制的公共利益理论认为,全知全能的政府在面对市场失灵时,只要选取了正确的规制工具即可解决市场失灵。这是行政规制的作用原理,同时也是公共利益

① 参见[美]曼瑟尔·奥尔森著:《集体行动的逻辑》,陈郁等译,上海三联书店1995年版,第3页。

② 参见李友根:《社会整体利益代表机制研究》,载《南京大学学报》(哲学社会科学版)2002年第2期。

③ See Kyle D. Logue, "Coordinating Sanctions In Tort", 31 *Cardozo L. Rev.*, 2313 (2010).

理论早期的观点。①

以环境污染和食品安全规制为例。行政规制的公共利益理论假定,政府能够第一时间发现排污行为或生产有毒有害食品的行为,并能够准确判断该行为所导致的私人成本——收益结构,以及该行为引发的社会成本。这里的社会成本正是有待规制的负外部性问题。由于理性经济人"总是在一定约束条件下追求目标函数的最大化",②当某一行为所导致的私人利益大于其所付出的私人成本,则理性经济人就会选择实施该行为。但在现实世界中,当一个人选择某种行为时,不仅涉及个人的成本和收益,而且可能给其他人带来成本或收益(社会成本或社会收益)。从资源配置的帕累托效率标准来看,"理性人的决策是基于私人成本与私人收益的比较做出的,个人最优决策在边际私人成本等于边际私人收益点达到;而帕累托效率意味着社会最优在边际社会成本等于边际社会收益点达到。因此,除非一种行为没有外部性,否则,理性人的个人最优决策一般不等于社会最优决策"。③ 据此,如果追求私人利益最大化的行为却给社会其他人带来了额外的成本,则行政规制的直接目标在于,运用特定的行政规制工具将行为的社会成本强加给行为人承担,或者直接禁止该行为的发生。例如,排污企业向大气、河流排放的污染物,以及环境污染给周围居民带来的额外成本即典型的社会成本,对此,行政规制的常见做法即向排污企业征收与社会成本等额的环境污染税,或者作出等额的行政罚款,从而将行为的外部成本内部化,或者运用国家公权力直接禁止企业的排污行为。对于信息不对称问题,政府可以运用信息规制工具强制要求掌握信息的一方披露信息,或通过政府的教育与指导来弥补弱势一方的信息量或信息能力的不足。外部性或信息不对称问题因此得到解决。

综上可以发现,行政规制路径的作用原理可以简单表述为:由代表社会公共利益的政府,通过评估风险行为的成本——收益结构,以社会公共利益最大化为目标,选择社会最优的规制标准与规制工具,并由行政机关负责实施。该作用原理建立在以下几个假设条件下:(1)假设政府无私地代表着社会公共利益,并能按照社会公共利益的需要行事;(2)假设政府掌握充分的信息,并能通过成本—收益分析找到社会

① 对该理论的总结,参见 Richard A. Posner, "Theories of Economic Regulation", 5 *The Bell Journal of Economics and Management Science.*, 335(1974)。

② [冰岛]思拉恩·埃格特森著:《经济行为与制度》,吴经邦等译,商务印书馆 2004 年版,第 13 页。

③ 张维迎著:《信息、信任与法律》,生活、读书、新知三联书店 2006 年第 2 版,第 77 页、第 82 页。

最优的规制标准(或行为谨慎标准);(3)假设政府能够根据社会最优的规制标准,选择适用相匹配的实施工具;(4)假设行政机关及其执法人员在执法过程中能够不折不扣地保证行政规制工具的落实。以上假设条件虽然与社会实际情况不一定吻合,但行政规制的公共利益理论从规范研究的视角,相对完整地表述了行政规制工具在应然状态下的作用原理,并为市场失灵的行政规制路径提供了理论上最有影响力的辩护。

关于行政规制路径,中国的情况稍有不同。中国没有经历从自由资本主义向垄断资本主义的过渡阶段,中国的市场经济是在计划经济背景下,在政府的推动和主导下构建起来的。受到公权力结构、传统文化、民意和学术认知的影响,中国市场经济建设中出现的市场失灵问题也主要通过行政规制路径加以解决。尤其是在商业广告、食品安全、药品安全和环境保护等领域,行政规制工具成为我国法律应对市场失灵问题的常规手段。下文将通过描绘行政规制工具系谱,进一步介绍行政规制的实施工具。

二、行政规制工具系谱概览

行政规制路径具有事前规制的特点,这里的事前规制主要是指,由政府在事故发生之前,以事故总成本最小化为目标,通过成本—收益分析,确定一个社会最优的行政规制标准,并由行政机关负责实施该标准。

行政机关作为行政规制路径的实施者,实践中常用的实施工具为命令—控制工具(command-and-control),[①]这也是现行立法上管制力度最强的一类实施工具,也是世界各国最常用的行政规制工具。为完整展示行政规制工具系谱,下文将主要的行政规制工具都进行介绍,但后文的路径选择理论,主要以命令—控制工具为中心展开。除了命令—控制工具之外,现行立法上也出现了不少管制力度相对较弱的新型规制工具,如信息工具和经济工具。从政府干预市场的强弱程度来看,信息工具干预力度最弱,经济工具次之。为便于研究,下文以公权力干预市场的强弱为标准,展示出行政规制工具系谱,如图 1 所示:

---

① See Kyle D. Logue, "Coordinating Sanctions In Tort", 31 *Cardozo L. Rev.*, 2313, 2325(2010).

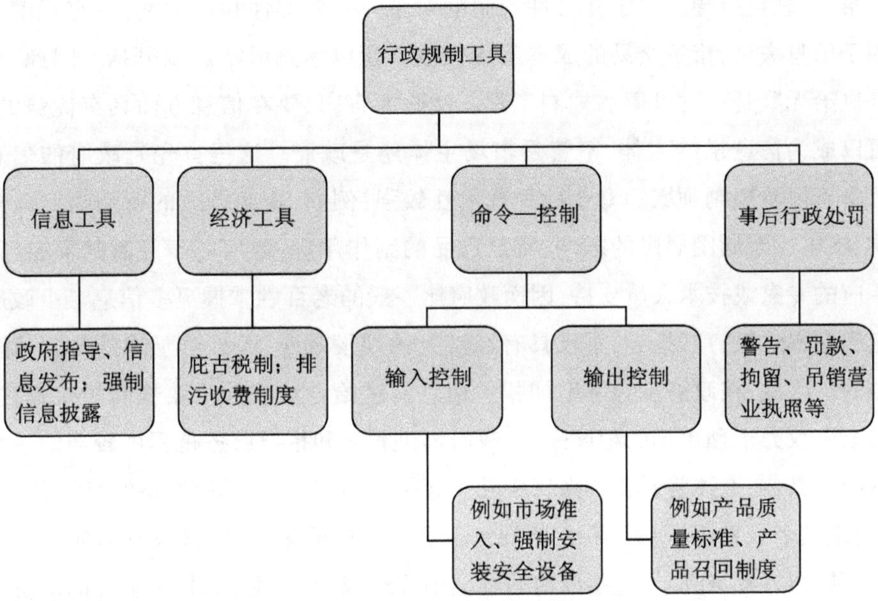

图 1　行政规制路径的实施工具系谱

(一)信息工具

基于信息视角的行政规制，包括政府提供的教育指导、信息发布、强制信息披露制度和信息提供激励制度，学者称之为市场规制中的“信息工具”，①本书继续沿用这一表述。由于市场失灵的集中表现和主要原因之一是信息失灵，因而从信息视角进行的规制越来越受到理论界的重视。世界银行的研究报告指出：“随着经济越来越复杂，远距离的复杂交易必不可少，传统的信息机制就变得不够了。如果没有替代的机构存在，将会导致市场的严重无效甚至瘫痪。因此，政府必须确保对市场而言至关重要的信息的收集和分享，以帮助消费者验证质量，这些信息如果没有政府介入，便无法得到。”②信息工具不同于传统的行政规制工具，它是一种新生的“市场友好型”规制工具，它通过向市场主体提供信息来辅助其作出更理性的决策，信息工具的柔性特征可以避免政府直接干预市场运行所带来的诸多负面影响，以下详述：

---

① 参见[英]安东尼·奥格斯著：《规制：法律形式与经济学理论》，骆梅英译，中国人民大学出版社 2008 年版，第 123 页；应飞虎、涂永前：《公共规制中的信息工具》，载《中国社会科学》2010 年第 4 期。

② [美]世界银行编著：《1998/99 世界发展报告——知识与发展》，蔡秋生译，中国财政经济出版社 1999 年版，第 149 页。

第一,教育指导。由于社会性规制的对象——外部性和内部性,一定程度上可归因于信息失灵,市场交易的成本又往往被学者以信息成本加以概括。因此,加大信息供给无疑是一种可用的规制工具。就此而言,只要在信息方面具有优势的人,都可以成为信息供给主体,不管是市场主体还是政府。这里首先是政府的信息供给。由于风险规制领域的专业性和技术性较强,例如,企业排放的污染物对人类的影响、核电厂对周围居民的影响、特定药品的副作用等,政府基于规制的需要,往往有相应的专家或技术人员支持,因而政府比一般的老百姓掌握更多信息。由政府对特定问题提供教育和指导,不仅具有经济上的规模效应,而且对于降低公共风险是有益的。因此,在政府主导下增加相关信息的供给自然成为行政规制的工具之一。从国家公权力干预市场的程度来看,政府提供教育和指导服务是程度较弱的一种行政规制工具,在上述管制工具系谱中处于起始端,它甚至不具有典型的"管制"色彩。我国《消费者权益保护法》第 13 条规定了消费者的受教育权,该权利对应的义务主体除了经营者外,还应当包括政府与社会中介组织。[①] 一般来讲,更理性的消费选择往往建立在更多的信息基础上,因而政府提供的教育和指导成为弥补市场缺陷的有效手段。实践中,政府通过各种方式教育指导消费者辨识消费品的质量、真伪、质地等相关信息已经成为常见现象,尤其是政府提供的鉴别货币真伪的信息更是频繁出现在各类大众媒体上。

第二,政府的信息发布。政府为实现特定的规制目的,有选择地发布特定的市场信息,以引导生产者和消费者的行为选择。例如,由政府定期发布的环境污染指数、核电厂的风险信息、消费品质量报告、投资指导目录等信息。以广告规制为例,我国自 2001 年起就建立了广告监测和信息发布制度,[②]由特定行政机关对商业广告进行定期监测,并向社会统一发布广告监测信息。该制度旨在利用政府的公权力优势,对商业广告的真实、合法性进行甄别,并通过发布这些监测结果来辅助消费者作出理性的消费选择,同时也是对违法广告主实施的"惩罚"。除此之外,现行《广告管理条例施行细则》第 17 条还规定了强制发布"更正广告"制度,[③]这是对违法广告进行的"广告",是以信息形式对违法广告主实施的"惩罚"。以上这些都是典型的信

① 参见应飞虎著:《信息、权利和交易安全》,北京大学出版社 2008 年版,第 11 ~ 118 页。

② 参见《国家工商行政管理总局关于定期统一发布广告监测信息的通知》,工商广字〔2001〕第 112 号。

③ 参见《广告管理条例施行细则》国家工商行政管理总局令〔2004〕年第 18 号第 17 条。

息规制工具。

第三,强制信息披露。经营者为了自身的利益考虑,很少有提供关于危险产品信息的动力,因为披露危险信息可能减少产品的总购买量。为此,强制经营者进行信息披露,成为解决信息不对称问题的有效途径。强制信息披露的理论基础在于,经营者通常掌握更多的信息,而消费掌握的信息量相对不足,且处理信息的能力较为缺乏,强制信息披露的目的在于通过当事人之间的信息沟通与交流,弥补消费者在信息方面的弱势,从而“辅助”消费者作出更理性的选择。“研究表明,(信息)公开常常是一个有益的并且效率高的策略。”①强制信息披露制度在消费者保护和食品安全领域尤为常见,例如,我国《消费者权益保护》《产品质量法》《食品安全法》和《广告法》都规定了经营者的信息披露义务,其中包括主动披露和被动的“询问—告知”。此外,在《广告法》中还有一种事后强制信息披露,即“责令发布更正广告”。

第四,信息提供的激励机制。第三种常见的信息规制工具是信息提供激励制度。与强制信息披露不同,信息提供激励制度并不具有强制性,它通过特定的制度设计来激励拥有更多信息或获取信息成本更低的人来提供所需信息,从而弥补信息不足或降低信息搜集成本。典型的如我国法律中常见的举报或检举制度,由于执法成本的限制,政府不可能在任何一个角落都设置市场“警察”,而广大市场参与者距离信息源更近,集体的力量是一种可资利用的重要信息资源,这在食品安全和环境污染规制领域体现的尤为明显。

(二)经济工具

经济工具主要是指政府通过财政、税收、金融、外汇、投资、价格、政府采购等制度,来对市场的运行进行干预。自美国罗斯福新政以来,经济规制工具开始在各市场经济国家普遍使用,由于其功能上的优势,这些制度成为世界各国最常用的行政规制工具。与前述信息工具相比,经济工具的政府干预色彩更浓,是一种典型的公法上的“管制”工具。市场规制中的财政、税收、金融、外汇、投资价格、政府采购等经济工具的广泛使用,主要源于经济学的研究成果,它们分别具有不同规制功能和作用机理。另需说明的是,由于经济工具更多运用在宏观经济调控领域,因而不是本书重点研究的对象,但为了介绍一个相对完整的规制工具系谱,这里仅介绍与社会

---

① [美]凯斯·R.桑斯坦著:《风险与理性——安全、法律及环境》,师帅译,中国政法大学出版社2005年版,第323页。

性规制相关的“庇古税制”。

如何实现外部性的内部化,众多经济学家和法学家提出了各种不同的政策建议。其中,影响力较大的当属英国经济学家庇古(A. C. Pigou)的研究,他认为政府可以根据污染排放的数量,按比例向排污企业征收环境污染税,适当计算并征收的税款可以将环境污染带来的社会成本强加给排污企业自己承担,从而显示企业真实的生产成本,并通过价格信号反映出来。庇古提出的这种税收规制工具被后来的经济学家称为“庇古税”或“矫正税”。① 庇古税是一种典型的将外部性实现内部化的方法(cost-internalizing),也是规制环境污染问题的常用工具。② 从目前世界各国的立法来看,包括美国和中国在内的诸多市场经济国家的环境保护法基本都建立了排污权征税制度。

(三)命令—控制工具

行政规制机关对市场主体实施的“命令—控制”,在上述规制工具系谱中处于终端,是公权力对市场干预程度最强的一种规制工具。此类规制工具在实施中既有不少优点,也有较多缺点,如果使用不当,极有可能背离规制者的预期目标。关于命令—控制工具的具体类型,有学者将实践中常用的命令—控制工具分为以下两类:“输入控制”(input control)和“输出控制”(output control):③

第一,输入控制是指行政规制机关要求行为人必须实施或不得实施特定的行为,或者必须安装特定的安全设备,从源头上控制公共风险和事故。由于受到管制思想的影响,中国现行法上存在大量的输入控制制度。例如,在食品安全规制领域,行政规制机关可能要求食品生产企业必须使用特定的生产设备或食品质量控制流程,并以此来规制公共风险行为;在环境污染规制领域,行政规制机关可能要求排污企业必须安装特定的废气、废水控制设备,从而将污染物的排放量控制在合理的范围内;在交通事故规制领域,行政规制机关可能要求驾驶员必须系上安全带,并要求其不得超过最高限速标准,从而降低事故的发生概率和严重程度。诸如此类,这些规制工具都有一个共同的特点,即规制时机选择在风险行为的“输入”环节,通过对各种投入要素的限制来实现规制目标。在所有行政规制工具当中,输入控制是政府

---

① 参见[美]曼昆著:《经济学原理》(第3版),梁小民译,机械工业出版社2006年版,第179页。

② See Kyle D. Logue,“Coordinating Sanctions In Tort”,31 *Cardozo L. Rev.* ,2313(2010).

③ 参见[美]理查德·A.波斯纳著:《法律的经济分析》(第7版),蒋兆康译,法律出版社2012年版,第550~551页。

干预力度最强的行政规制工具，它是一种典型的事前规制工具。从中国现行法来看，药品上市许可，医疗、药品、医疗器械和保健品广告发布前的内容审查，①食品添加剂的使用许可，都属于输入控制手段。

第二，输入控制是指行政规制机关要求行为人的行为结果或产品必须符合特定的质量或技术标准，从“输出”环节对公共风险行为进行规制。中国现行法上也存在大量的输出控制制度。例如，在食品安全规制领域，行政规制机关可能要求生产者生产的食品，在成分、品质、包装等方面必须符合特定的技术标准；在环境规制领域，行政规制机关可能要求排污企业的污水、废气的排放量或某些有害成分必须符合特定的标准。诸如此类，这些规制工具有一个共同的特点，即规制时机选择在风险行为的“输出”环节，通过对各种产出要素的限制来控制公共风险行为。虽然输出控制是从行为结果着眼实施的规制，但如果以事故是否发生作为参照系，输出控制仍然是一种事前的规制工具。这是输出控制手段区别于司法控制的重要特点，以下的产品召回制度为例进行分析。

缺陷产品召回制度是一种典型的输出控制手段，它诞生的时间并不长。在20世纪60年代，由于汽车工业的发展和汽车在美国的逐渐普及，汽车安全事故与人身伤亡事件也不断攀升，在消费者组织等力量的推动下，美国国会于1966年通过了《国家交通及机动车安全法》，规定了召回制度。此后，随着美国汽车召回的实践和其他各国在汽车等产品领域召回制度的建立，召回制度渐成世界性的现象。从中国现行法来看，在食品、药品、汽车和玩具生产领域已经确立了缺陷产品的召回制度，其中包括主动召回和强制召回两种方式。缺陷产品的召回制度在食品安全、药品安全、机动车事故、环境保护等社会性规制领域，发挥着重要的规制作用。缺陷产品召回制度虽然是一种输出控制手段，它具有行政规制的重要优势——事前避免损害的发生。因而也被称为“预防性法律责任”。②

在实践中，不管是输入控制还是输出控制，行政规制中的命令—控制工具基本都有以下几个特点：（1）从实施时机来看，命令—控制工具是在事故发生前所实施的规制手段，是预防性的风险规制工具，这是其重要优点所在；（2）由于命令—控制工

---

① 参见《医疗广告管理办法》（2006年）；《药品广告审查办法》（2007年）；《药品广告审查发布标准》（2007年）；《医疗器械广告审查办法》（2009年）；《医疗器械广告审查发布标准》（2009年）；《保健食品广告审查暂行规定》（2005年）。

② 参见李友根：《论召回制度与预防性法律责任》，载《法商研究》2011年第6期。

具是国家公权力对市场的直接干预,它直接限制了市场行为,改变了市场主体的成本—收益结构,是一种“管制”力度最强的规制工具。这在实践中既有优点也有缺点,其显著优点是效率较高;其缺点在于:命令—控制工具较强的“管制”力度极易激发市场主体的对策行为(例如,要求企业提高产品质量的强制性技术标准,可能导致此类产品退出市场),对策行为的存在将影响行政规制的实施效果;(3)从实施方式来看,命令—控制工具要求有专门的行政执法人员负责实施,他们要像市场“警察”一样时刻监控市场主体的行为,这也将大大提高命令—控制工具的实施成本,例如,广告发布前的内容审查制度,需要占用大量的执法人员和时间成本,高昂的执法成本势必影响规制工具的实施效果;(4)由于命令—控制工具直接限制并改变了市场主体的成本—收益结构,在个人利益最大化的驱动下,行政规制机关被“俘获”,以及执法人员的腐败和“寻租”问题也将随之出现,这也将大大影响命令—控制工具的实施效果。诸如此类,以上这些特点都是选择使用命令—控制工具必须注意的问题。

(四)行政处罚

上述诸多行政规制工具基本都有相配套的行政处罚措施。例如,经营者拒绝披露相关信息将被处以警告或罚款的处罚;环境污染企业拒绝或延期缴纳环境污染税将被处以罚款或缴纳税收滞纳金;经营者违反相关的技术标准或违反事前审查制度将被责令整改或处以罚款;企业更严重的违法行为还可能被吊销营业执照。诸如此类,各种行政规制工具基本都有相对应的行政处罚措施。概括来讲,事后的行政处罚措施主要包括:警告、罚款、拘留、吊销营业执照、责令停止违法行为等。上述行政处罚措施可以被视为事后的行政规制工具。事后行政处罚措施的作用原理在于:通过事后行政责任的实施,为潜在违法者提供一个可置信的威慑,从而激励其采取措施预防事故的发生,或者激励行为人遵守事前的行政规制工具。事后行政处罚的存在,一方面可以降低事前行政规制的实施成本;另一方面可以保证事前规制工具的有效落实。

行政处罚与司法控制路径既有差异也有共性:(1)二者的共性在于,行政处罚与司法控制都属于事后的规制手段,其作用原理都是通过事后责任的威慑,来激励行为人预防事故的发生或减少事故的社会总成本;从行为选择角度,这两种规制工具都将最终的决策留给被规制者,由他们自行决定是避免事故的发生,还是承担相应的法律责任。从这个意义上来说,事后规制工具是一种“市场型”的规制工具。(2)二者的差异在于,行政处罚与司法控制路径的程序启动方式不同,行政处罚由行政规制机关启动法律程序;而司法控制路径(民事司法)则由原告启动法律程序,程序启动方式上的差异将影响它们各自的规制效果。从本书的研究范围来看,由于行政处罚与司法控制路径的作用原理较为类似,本书将重点研究"管制"力度最强的命令—控制工具。

第三节 司法控制路径的作用原理

一、公共风险行为的"需求定理"

法经济学的既有研究对司法控制路径的作用原理作出了详尽论证。在法经济学看来,司法控制路径的作用原理可以追溯至经济学上的"需求定理",该定理认为:"在其他条件相同时,一种物品价格上升,该物品需求量将会减少。"①经济学上的"需求定理"最初用来描述消费品市场的需求规律,但随着法律经济分析的逐渐兴起,学者开始用经济学上的"需求定理"来描述和研究非市场行为的选择及其规律(关于"非市场行为",本书主要指"公共风险行为",例如,生产假冒伪劣产品、排放污染物和超速驾驶等)。作为类比,生产假冒伪劣产品、排放污染物、超速驾驶等公共风险行为的"价格",实际上即法律为此类行为设定的法律责任。根据"需求定理",当特定行为的法律责任程度提高(公共风险行为的"价格"提高),行为人对该行为的需求将会减少,具体表现为:行为人将选择"价格"相对较低的其他活动加以替代,或者以"价格"相对较低的方式实施该行为,从而得到同样的满足;在这种情况下,政府(主要指立法者)可以通过调整法律责任的大小,来调整公共风险行为的"价格",从而实现对公共风险行为的控制目的。这是司法控制路径的核心原理。美国学者罗伯特·考特和托马斯·尤伦将这一原理总结如下:"经济学提供了一个科学的理论,这个理论可以预测法律制裁对相关行为的影响。对于经济学家来说,制裁就像是价格,并假设人们对于制裁的反应与对价格的反应相同。人们通过减少消费对较高价格作出回应。因此可以假设人们对于较为严厉的法律制裁的反应是从事更少的会被制裁的行为。"②经济学上的"需求定理"运用到非市场行为领域之后,产生了巨大的影响力,法经济学界开始以效率标准来研究法律责任的威慑或激励功

① [美]曼昆著:《经济学原理》(第3版),梁小民译,机械工业出版社2006年版,第57页。

② [美]罗伯特·考特、托马斯·尤伦著:《法和经济学》,史晋川等译,格致出版社、上海三联书店、上海人民出版社2010年版,第3页。

能(deterrence function),这实际上也正是本书研究的司法控制路径的核心原理。此外,也有学者称之为"预防功能"或"抑制功能",[①]不管何种表述,其所指内容都基本相同,因为这些不同的表述都来源于英文文献中的"deterrence"一词。

正如第一章所介绍的,贝克尔建立的理论模型集中展示了法律责任的激励机制和威慑功能,并为社会性规制提供了一条司法控制路径。然而,贝克尔的理论模型的适用范围,既包括民事责任也包括刑事责任。因为在法经济学看来,不管哪种责任类型,其基本原理都大同小异。只是,不同责任类型的程序启动方式、风险行为的"定价"模式、威慑程度以及所需的执法资源不同而已(参见本章第一节)。因此,在社会性规制领域,选择适用不同的责任形态,仅仅意味着威慑程度、程序启动方式和风险行为"定价"模式上的差异,这些差异不会对司法控制路径的作用原理构成根本上的挑战。为此,下文将以民事责任制度,尤其是侵权责任为例,研究司法控制路径的作用原理和实施工具。

建立在上述作用原理基础上,侵权责任制度要想发挥理想的规制效果,还必须满足如下条件:(1)建立在理性经济人假设和侵权法的效率标准基础上;(2)选择适用最佳的民事责任规则;(3)选择适用最佳的损害赔偿数额;(4)有私人诉讼程序的启动作为实施工具。以下将分别论述这些条件。

二、理性经济人假设与效率标准

将民事责任尤其是侵权责任视为一种公共规制的工具,在当今的法经济学文献中是一种常规做法,学者习惯于通过分析侵权责任的激励机制来研究侵权法的规制功能,其核心观点为:侵权法通过事后赔偿责任的实施来激励潜在加害人积极采取事前的预防措施,以避免损害的发生或降低事故的总成本。[②] 按照卡拉布雷西的研究,这里的事故成本包括三部分,一是减少事故的数量与事故的严重程度;二是减少事故发生所带来的社会成本,即事故给第三人或全社会带来的成本;三是减少处理事故的管理成本,主要包括诉讼成本或行政规制成本(参见导论)。为实现事故总成

---

① 参见丁海俊:《民事责任的预防功能》,载《现代法学》2001 年第 2 期。

② 关于侵权法激励功能(将事故成本降至最低)的规范分析,请参见 Guido Calabresi, *The Costs of Accidents: A Legal and Economic Analysis*, American Political Sciance Association, 1973; William M. Landes, Richard A. Posner, *The Economic Structure of Tort Law*, Harvand University Press, 1987; A. Mitchell Polinsky, *An Introduction to Law & Economics*, Aspen Publishers, 2003; Steven Shavell, *Economic Analysis of Accident Law*, Harvard university Press, 1987。以上三本经典著作均有中译本。

本最小化的目标,本书将建立在以下假设基础上:

第一,假设潜在加害人和受害人(不管是企业还是个人)都是理性经济人,这是侵权法发挥威慑功能的首要条件。理性经济人的假设条件认为,所有潜在加害人和受害人能够权衡其行为的成本和收益,并选择能使个人效用最大化的行为。由于潜在加害人实施特定的行为不仅会带来个人的成本和收益,而且会给第三人或全社会带来成本或收益(如上述三种事故成本),这些社会成本不会自动进入潜在加害人的利益衡量结构中。建立在理性经济人假设条件下,为使事故的社会成本降至最低,侵权法可以通过相应的制度设计,来激励或引导潜在加害人的行为,从而使其个人的最优选择方案符合社会的最优选择,最终将事故的成本降至最低。这是侵权法激励功能的核心原理。

第二,与理性经济人假设相关,本书的第二个重要假设条件是侵权法的目标。传统法律学者所关注的侵权法的目标是其损害填补功能(矫正正义),即填补违法行为所造成的损害,其主要目的在于为受害者提供一种私人"保险"。然而,本书关注的侵权法的目标仅在于其激励功能,即通过损害赔偿为潜在加害人提供有效激励,促使其将事故的成本降至最低,从而达到社会性规制的效率目标。本书的这一假设前提是法经济学研究的惯例。波斯纳将侵权法的效率目标表述为:"侵权法中的损害赔偿的目标不是为了强制人们遵守法律,而是强制违法者支付相当于违法机会成本的代价(外部性的内部化)。如果这种代价低于他从不法行为所取得的价值,那么只有违法才能使效率最大化,而法律制度在实际上也鼓励他这么做;如果相反,效率就要求他不违法,而且损害赔偿为之提供了恰当的激励。"[①]由于法经济学选择的是效率标准——事故成本最小化或社会福利最大化,因而当效率与矫正正义发生冲突时,法律经济学倾向于选择后者。[②]

不可否认的是,本书的这两个假设条件确有可能引发来自概念法学的质疑。首先,对于理性人假设,最常见的质疑是:这是法经济学者不切实际的幻想,因为人在很多时候是非理性的。对此,波斯纳在其《法律的经济分析》一书中专门作出了回

---

① [美]理查德·A.波斯纳著:《法律的经济分析》(第7版),蒋兆康译,法律出版社2012年版,第20~21页。

② See Kyle D. Logue, "Coordinating Sanctions In Tort", 31 *Cardozo L. Rev.*, 2313(2010).

应。[①] 笔者完全赞同波斯纳的观点,因而不再赘述。这里重点对侵权法的目标问题进行解释,以防止可能出现的误解。正如前文所言,本书暂不考虑侵权法的填补损害功能,并将集中关注侵权法的威慑功能。对此,可能有学者认为:侵权法的首要功能在于填补损害,其目标在于实现矫正正义;所谓的激励功能,只是侵权法的副产品而已;如果不关注侵权法的填补损害功能不仅不符合社会实际情况,而且可能出现本末倒置的危险。对于以上可能的质疑,笔者需要说明以下几点:(1)在本书的假设条件下,暂不考虑侵权法的填补损害功能,不等于说本书不承认侵权法具有填补损害的功能;相反,本书完全承认侵权法具有填补损害之功能,因为只有填补了受害者所遭受的损害,潜在的受害者才会产生诉讼的激励;在私人诉讼的威慑下,潜在加害人才会有动力采取有效的预防措施,而这些是侵权法发挥激励功能的必要条件。(2)本书之所以暂不考虑侵权法的填补损害功能,是服务于本书的研究目的——对公共风险的规制。在规制法视野中,侵权法的意义在于,它可以借助私人诉讼和司法裁判,对潜在加害人产生一种可置信的威慑,并以此激励潜在加害人采取有效的预防措施。从这个意义上来讲,侵权法所具有的填补损害之功能,只具有财富分配上的意义,它相当于为受害者提供一种法定"保险"。这一"保险"功能对于社会性规制的目的来讲,确无贡献可言——它无法降低公共风险;甚至也无实益可言——它将增加社会成本方面的支出。(3)更准确来讲,本书暂不考虑侵权法的填补损害功能,只是一种对侵权法分析视角的转换——从填补损害转变为有效激励。(4)分析视角的转换具有重要的意义,尤其是在损害赔偿数额的确定问题上具有重要的指导意义。具体而言,一方面,从填补损害的视角分析侵权法,则损害赔偿的数额受到受害人实际损害的限制,低于或超过实际损害的赔偿都不具有合理性;另一方面,从有效激励的视角分析损害赔偿的功能,则损害赔偿的数额不仅应当涵盖受害人的实际损害,还应当包括加害行为对社会造成的损害,否则,侵权法将难以为潜在加害人提供有效预防的激励。此外,如果考虑到损害赔偿的实现概率,则应当根据实现概率的变化而对损害赔偿的数额作出反向的调整,这样才能够保证预期损害赔偿数额(发生概率乘以实际损害)不至于因概率的降低而减小。

关于侵权法的效率目标与矫正正义之间的关系,有学者认为,矫正正义与效率

---

① 参见[美]理查德·A.波斯纳著:《法律的经济分析》(第7版),蒋兆康译,法律出版社2012年版,第20~21页。

目标的相容才是社会的常态。因为,侵权法的威慑功能主要来自损害赔偿责任的实施,只有要求加害人赔偿受害人的实际损失,受害者才有动力启动私人诉讼程序,揭露其掌握的关于加害行为的信息,并为潜在加害人提供一种实实在在的威胁,这反过来又会激励潜在加害人积极采取措施来避免损害,或将事故成本降至最低。① 这实际上是矫正正义和侵权法的激励功能共同指向了相同的目标。但不可否认的是,实践中往往出现矫正正义与效率目标发生分歧。当矫正正义和效率目标发生分歧时,立法者或最高司法机关必须决定侵权法的具体指向。对此,民法往往选择了矫正正义,而法经济学往往选择了效率。这里尤其值得关注的是,民法选择矫正正义,实际上为司法控制路径与行政规制路径的配合使用提供了理论前提。这是因为,当时加害人的预期收益大于预期损害赔偿数额时,理性人将选择实施加害行为,由此带来的威慑不足问题,可以通过行政规制路径的实施加以弥补。

三、选择最佳的民事责任规则

(一)资源(或权利)配置理论及其发展

选择最佳的责任规则是民事责任制度发挥最优激励效果的条件。如何选择最佳的民事责任规则?科斯在批评庇古关于外部性问题的解决方案时,提出了外部性问题的司法控制理论(前述“科斯定理”):当交易成本为零时,清晰的产权界定即可实现资源的有效配置。② 换句话说,在解决外部性问题上,若交易成本为零,则不管将产权界定给哪一方,当事人都可以通过自由谈判找到最佳的资源配置方案,并以最低的成本将外部性予以内部化;然而,当交易成本很高以至于阻碍交易时,不同的产权初始配置将带来不同的资源利用效果。换句话说,在交易成本很高时,由于谈判受阻,法律对资源的初始配置往往具有终局性,在这种情况下,法律将资源配置给哪一方,由此变得意义重大。③

从社会性规制的视角来看,科斯定理旨在说明,通过适当的权利、义务或责任配置,并为其提供司法上的保护,可以有效解决外部性问题。对此,波斯纳关于科斯定

---

① See Stephen R. Perry, “The Moral Foundations of Tort Law”, 77 *Iowa L. Rev.*, 449 (1992).

② 科斯所指的“产权界定”或“资源配置”是一种广义上的概念,泛指各种权利或资源分配的规则。其中,法律上的实体性权利—义务配置,以及法律责任规则等,都属于科斯意义上的产权配置或资源配置方案。

③ 参见[美]罗纳德·哈里·科斯著:《企业、市场与法律》,盛洪、陈郁译,上海三联书店2009年版,第104页、第117页。

理的推论更为直观。波斯纳认为,“法律的功能被理解为是促进自由市场的运转,并且在市场交易成本极高的领域,对那些如若市场交易可行本可以期待产生的结果,予以法律上的确认,来模拟市场”。① 该观点可以分解为科斯定理的两个推论。推论1:“法律在注重提高经济效率的意义上应当尽可能地减少交易成本(如清晰地界定产权,使之易于交易,以及创设方便有效的救济来降低交易成本)”;推论2:“在法律即使尽了最大努力而市场交易成本仍旧很高的领域,法律应当模拟市场对资源的配置,将权利分配给出价最高者。”②由此,科斯定理及其两个推论表明,在解决外部性问题上,不同的权利配置方案将产生不同的资源配置效果,为实现资源利用的最大化,法律应当将权利配置给最合适的人选,除非交易成本为零。这里的“权利配置方案”实际上是一种广义的表述,上述严格责任和过失责任是其表现形式。

当然,科斯定理及其推论只具有宏观上的理论意义。至于在特定规制领域,什么是最佳的责任规则?后来的学者作出了卓有成效的研究。其中,卡拉布雷西在比较的基础上,研究了“产权规制、责任规则和不可让渡性规则”的资源配置效果。其研究结论认为:当市场的交易成本比法院的交易成本更低时,产权规则优于责任规则;反之,当市场的交易成本较高时,责任规制优于产权规则。③ 该结论表明,产权规则与责任规则在不同的情况下,具有不同的资源配置效果,如何选择适用,这要视情况而定。经济学家用数学模型检验了该结论,并进一步指出,在特定领域,选择适当的责任形态是解决外部性问题的最佳方法。④ 20世纪90年代以后的学术成果进一步深化了该理论。概括来讲,主要有两个发展方向:第一是研究范围的扩展,即在卡拉布雷西构建的模型基础上,加入了新的责任形态进行分析;⑤第二是从部门法角度展开的研究,如食品安全、环境规制和知识产权领域的最优责任规则选择问题。⑥

---

① [美]理查德·A.波斯纳著:《法律理论的前沿》,武欣、凌斌译,中国政法大学出版社2003年版,第6页。

② 同上。

③ 关于卡拉布雷西的具体论证过程,请参见 Guido Calabresi, A. Douglas Melamed, “Property Rules, Liability Rules and Inalienability: One View of the Cathedral”, 85 *Harv. L. Rev.*, 1089(1972)。

④ See John Brown, “Toward an Economic Theory of Liability”, 2 *Joumal of Legal Studies.*, 323 (1973).

⑤ See Saul Levmore, “Unifying Remedies: Property Rules, Liability Rules, and Startling Rules”, 106 *Yale L. J.*, 2149(1997).

⑥ See Jake Phillips, “Ebay's Effect on Copyright Injunctions: When Property Rules Give Way to Liability Rules”, 24 *Berkeley Tech. L. J.*, 405(2009).

(二)无责任、过失责任和严格责任之间的选择

具体到侵权法上的损害赔偿责任,常见的责任形态包括无责任、过失责任和严格责任三种。其中,无责任主要指侵权法上规定的责任免除或风险自担的领域;过失责任是指加害人仅在其行为存在过失时,才需要承担责任;严格责任,是指不管加害人是否存在过失,都要对其所造成的所有损失承担赔偿责任。在法经济学的视野中,不同责任形态的本质差异在于,其对行为人所要求的注意义务与谨慎程度不同。例如,无责任对行为人要求的谨慎程度最低,严格责任所要求的谨慎程度最高,而过失责任则居于前两者之间。为实现侵权法最佳的激励或威慑效果,理论上应当在选择最佳的民事责任规则。依据既有的研究成果,下文将分别介绍在单边事故和双边事故状态下的最优责任规则。①

第一,关于单边预防问题(unilateral precaution)。在单边事故领域(事故风险仅与加害人的谨慎程度有关),无责任制度无法激励潜在加害人选择最优的谨慎程度,因为不管事故是否发生,加害人都无须承担责任,因而不存在预防事故发生的激励;相比之下,严格责任要求加害人必须对其所造成的所有事故损失承担赔偿责任,这可以激励潜在加害人选择最优的谨慎程度,该最优点在提高谨慎程度的边际成本等于因此而避免的事故边际损失时达到。最后,在过失责任下,只有当加害人的谨慎程度低于法院规定的过失标准时,才承担损害赔偿责任,过失标准由此变得极为重要。如果法院规定的过失标准恰好等于社会最优的谨慎水平,则过失责任也可以激励加害人选择最优的预防水平。因此,在单边事故领域,严格责任和过失责任都可以为行为人提供最优的激励。

在 United States v. Carroll Towing Co. 中,汉德法官发展了一套法则来寻找社会最优的注意标准,即理论界所谓的"汉德公式"。② "汉德公式"为社会最优注意水平的认定提供了一个相对科学的标准。经过法经济学者改进后的"汉德公式"可以用以下简单的询问句来表述:"进一步采取预防措施是否是成本有效的?若答案为'是',则行为人就没有满足最优预防标准,从而负有责任;若答案为'否',则已达到

---

① 关于单边事故与双边事故的划分,以及不同责任规则在这两种情况下的激励效应,请参见[美]斯蒂文·萨维尔著:《法律的经济分析》,柯华庆译,中国政法大学出版社2008年版,第50~65页。

② See United States v. Carroll Towing Co. 159 F. 2d 169(2d Cir. 1947).

最优预防标准”。[①] 不过,这些看似精确的标准,一直以来都遭受着法学界的批评。[②] 其中,最常见的批评是,不管是经济学上的边际法则还是法学上的汉德公式,在实践中都欠缺可操作性。这一批评切中要害。

第二,关于双边预防问题(bilateral precaution)。在双边事故领域(加害人与受害人的行为都能够影响事故风险),无责任制度同样无法激励加害人选择最优的预防水平。双边预防的特点在于,事故是否发生与当事人双方的谨慎程度都相关。因此,简单的严格责任无法为当事人双方提供有效激励,只有当存在“与有过失抗辩”(defense of contributory negligence)的情况下(即只有受害者采取了适当的谨慎且不存在过失的情况下才能获得赔偿),严格责任才能为行为人提供有效的激励。对于过失责任,与上述理由相通,如果法院选取的过失标准恰好等于社会最优谨慎程度,则过失责任能够为当事人双方提供最优的激励,促使他们采取相应的预防措施来避免事故的发生,或将事故成本降至最低。

第三,管理成本带来的影响。另需说明的是,不管是单边事故还是双边事故,过失责任都要求法院确立的过失标准符合最优的社会谨慎程度,并需要在个案中审查行为人是否达到了该标准,这对于法院来讲是十分困难的,法院为此必须付出“管理成本”。在实践中,法院往往因为缺乏有效的信息而无法审查行为人是否达到了社会最优谨慎标准,甚至连什么是最优的社会谨慎标准都难以确定。因此,过失责任制度将为法院带来更多的管理成本。相比之下,在严格责任制度中,加害人有充分的激励来寻找社会最优谨慎标准,由于加害人掌握更多的有关其行为的信息,这将有利于加害人寻找最优的谨慎标准,而法院则无须为此事劳费心机。因此,当过失责任与严格责任都能为当事人提供最优激励时,严格责任优于过失责任,因为前者所需的管理成本较低。同时,过失责任不要求加害人为其部分行为(达到社会最优谨慎程度的行为)所造成的损失埋单,这将激励加害人从事更多的风险活动。[③] 相比之下,严格责任则无此负面影响,但严格责任不要求原告举证被告存在过失,这又可能激励人们提起更多的侵权之诉。由此引发的问题是:严格责任给法院减少的管

---

① [美]罗伯特·考特、托马斯·尤伦著:《法和经济学》,史晋川等译,格致出版社、上海三联书店、上海人民出版社2010年版,第326页。

② 参见冯珏:“汉德公式的解读与反思”,载《中外法学》2008年第4期。

③ 参见[美]斯蒂文·萨维尔著:《法律的经济分析》,柯华庆译,中国政法大学出版社2008年版,第57~65页。

理成本是否被额外提起的机会主义诉讼所抵消？甚至超过前者所减少的成本？对此，理论上尚无一致的见解。

四、选择最佳的损害赔偿数额

除了责任规则外，选择最优的损害赔偿数额（optimal damages）也是侵权法实现效率标准的重要条件。在社会性规制领域，损害赔偿数额的确定对于规制目标而言也极为重要。然而，不管是在理论研究还是在司法实践中，损害赔偿数额的确定都是一个富有“弹性的价值评判体系”。[①] 如何在规制目标的指引下确定最佳的损害赔偿数额？对于公共风险的规制而言变得极为重要。对此，法经济学的既有研究认为：在理性经济人假设条件下，完全损害赔偿原则能够为潜在加害行为人提供有效的预防激励，但其前提条件是，所有的加害行为都将被起诉，并将承担完全损害赔偿责任；然而，如果出现“被告消失问题”或者原告起诉激励不足（参见第三章），则势必存在加害人逃避追诉的可能性，在这种情况下，完全损害赔偿原则将无法为潜在加害人提供有效预防的激励。为此，理论上可以通过提高损害赔偿的数额，来弥补因追诉“概率”的降低所减损的威慑程度。为了保证损害赔偿责任的威慑程度不会因追诉“概率”因素而受到影响，法经济学者用“预期损害赔偿”来表示侵权法的威慑程度，这里的“预期损害赔偿”数额等于实际损害赔偿数额乘以事故的发生概率。在这一公式中，为保证预期损害赔偿数额不会因为追诉概率的降低而降低，立法者可以通过提高实际损害赔偿数额来维持总体上的威慑程度处于社会最优状态。很显然，如果将追诉概率考虑进去，最佳的损害赔偿数额往往大于实际造成的损害，如何理解这一差额？英美法上往往通过惩罚性赔偿来实现威慑补充，这也正是日本学者田中英夫和竹内照夫肯定惩罚性赔偿制度的原因，[②]我国现行法也部分采纳了该制度。从上述最佳预防的视角来看，惩罚性赔偿的数额应当是追诉概率的函数，具体而言，“为达最佳预防目的，赔偿数额应等于其被发现的当前致害行为造成的损害乘以一个反映其逃脱赔偿责任的因素（惩罚倍数），这一可能因素的引入应当使致害人支付的赔偿数额平均起来恰好等于其所造成的全部损害（包括未被发现的部分）。从而引导行为人采取合理的预防措施并理性地适当参与危险性活动”。[③] 这就意味

① 参见叶金强：《论侵权损害赔偿范围的确定》，载《中外法学》2012年第1期。

② 参见[日]田中英夫、竹内照夫著：《私人在法实现中的作用》，李薇译，法律出版社2006年版，第148页。

③ 丁海俊：《民事责任的预防功能》，载《现代法学》2001年第2期。

着,当某一类案件的追诉概率越低,法院判决的惩罚性赔偿数额也应当越大。

上文的分析表明,当预期损害赔偿数额等于实际造成的损害,侵权法就可以给潜在加害人提供有效的降低事故成本的激励。对于过失责任规则,只要预期损害赔偿数额等于实际造成的损害,就可以产生有效的降低事前风险的激励,从而使其行为达到最优的社会预防标准。因为只要预期收益大于因此而付出的成本,潜在加害人就愿意在事前付出预防成本,从而换得在事后损害赔偿责任方面的更大"优惠",潜在加害人降低风险的激励一直持续到边际成本等于边际收益时停止。但在实践中,最佳损害赔偿数额并不需要精确地等于损害数额,它可以上下浮动一点,因为在过失责任制度下,只要不存在司法上的错误,损害赔偿的潜在威慑往往会被放大。① 因此,只要赔偿的威胁能够产生有效的预防水平即可,实践中并不需要实际损害赔偿与损害完全相等。

但在严格责任体制下,将损害赔偿的数额等于实际造成的损害,或者预期损害赔偿数额或价值等于潜在违法行为造成的损害,是极其重要的。也就是说,损害赔偿必须等于实际损害,且不存在未被发现或没有得到赔偿的损害。当然,如果出现部分损害未被发现的可能性时,法律提供的预期惩罚数额就应当增加,直到法律惩罚的预期数额或相应价值等于加害行为所造成的实际损害。② 如果严格责任体制下的损害赔偿数额偏低,导致预期损害赔偿的价值低于实际损害,则潜在加害人的风险行为水平就会提高,最终导致外部性损害没有被完全内部化。反之,如果严格责任提供的预期惩罚过高,将会导致威慑过度,潜在风险活动水平就会偏低。从侵权法的效率角度来看,这两种情况都无法将事故的成本降至最低。因此,选择最佳的损害赔偿数额,是侵权法产生有效激励的重要条件。

第四节 私人诉讼作为实施工具

关于侵权法的激励机制和威慑功能,上文仅论述了实体法上的条件:最佳的责任规则与最优的损害赔偿数额。"徒法不足以自行",若仅有实体法上的最优制度设计,而无人启动诉讼程序,则侵权法的威慑功能仅停留在纸面上。从这个意义上来

---

① See Kyle D. Logue, "Coordinating Sanctions In Tort", 31 *Cardozo L. Rev.*, 2313, 2324(2010).

② See Gary S. Becker, "Crime and Punishment: An Economic Approach", 76 *J. Pol. Econ.*, 169 (1968); A. Mitchell Polinsky, Steven Shavell, "The Optimal Tradeoff Between the Probability and Magnitude of Fines", 69 *Am. Econ. Rev.*, 880(1979).

讲,私人诉讼是侵权法发挥威慑功能的程序性条件,同时也是司法控制路径的实施工具。下文将从规制视角来分析私人诉讼的功能。

一、工具主义视角下的私人诉讼

理论上关于私人诉讼有两种理解,"一是以个人权利为中心,将诉讼看作争议的解决机制;二是以秩序建构为中心,将诉讼看作建构理想秩序的重要机制"。[①] 这里所谓的"以秩序构建为中心"的诉讼,实际上正是德国法学家耶林在《为权利而斗争》中提出的私人诉讼的社会价值,他号召人们"为权利而斗争"的主要理由在于:通过私人诉讼和司法裁判,个人的主观自利动机将产生客观上的社会公益效果,即社会秩序的生成与维持。[②] 私人诉讼在这一过程中发挥着重要作用,因为实体法上的制度设计通过私人诉讼得到落实,并为潜在违法行为提供了一个实实在在的威慑,从而激励他们降低事故的成本。日本学者田中英夫和竹内照夫将这一现象称为"私人在法实现中的作用",并依据这一思路为诉讼资格的扩大化趋势,以及损害赔偿数额的提高进行辩护。[③] 尤其是在环境污染、交通事故、食品安全等社会性规制领域,私人诉讼发挥作用的空间更为广阔。为此,本书将从工具主义视角,把私人诉讼视为司法控制路径的实施工具进行研究。[④] 对于这一研究思路,美国学者罗格(Logue)明确指出:

侵权法与庇古税制(pigovian taxes)或命令—控制(command-and-control regulations)一样,是另外一种规制工具(regulatory tool),可供政策制定者选择适用,以解决负外部性问题……而且,应当指出的是,过失和严格责任作为公共规制工具,在新政规制领域都有其等价物。具体而言,过失侵权责任可以被理解成为事后版的命令—控制工具,只是其他需要通过法院体系来实施,并需要由受害者来启动实施程序。严格责任则可以被理解成是一种特殊形式的事后庇古税制。[⑤]

如上文所言,罗格教授所指的"规制工具",是传统民法与私人诉讼在现代工业化社会所承担的新型公共职能。与此同时,将私人诉讼视为社会性规制的实施工具,也因此被法经济学界所广泛接受。

---

① 刘水林:《反垄断诉讼的价值定位与制度建构》,载《法学研究》2010年第4期。

② 参见[德]鲁道夫·冯·耶林著:《为权利而斗争》,郑永流译,中国政法大学出版社2007年版,第25~27页。

③ 参见[日]田中英夫、竹内照夫著:《私人在法实现中的作用》,李薇译,法律出版社2006年版,第10页。

④ 参见本书所指的私人诉讼,除了普通的私人诉讼之外,还包括集团诉讼和公益诉讼,下同。

⑤ See Kyle D. Logue,"Coordinating Sanctions In Tort",31 *Cardozo L. Rev.*,2313,2325(2010).

建立在法经济学界既有研究的基础上,本书将司法控制路径的作用原理总结为:通过实体法和程序法上的制度设计,为行为人提供适当的激励,并通过私人诉讼和法官的司法裁判为潜在加害人提供可置信的威慑,从而促使行为人提高谨慎程度,从而最小化事故的社会总成本。这里的激励机制主要是指对民事主体的权利—义务结构进行重新配置,依靠理性人对个人私益的追求,通过私人诉讼和司法裁判来制约潜在加害行为,从而达到风险规制目的。在制度经济学看来,如果该激励机制能够使人们的理性最大化行动结果与该制度的预设目标(事故成本最小化)相一致,则该制度就是一个有效率的制度,理论上称为"激励相容"的制度设计。对此,借用一本著作的名字更能形象地表达该原理,即"私人之间的监控和惩罚"。① 下文将对这一原理进行详细分析。

(一)价值观念:民事诉讼的工具主义价值

民事诉讼价值观念的转变,在两大法系均经历了一个发展演变的过程。以大陆法系为例,在大陆法系的公、私法二元划分传统中,公法和私法分别扮演着不同的角色。其中,私法制度作为市场经济的基础,是平等主体之间的自治规范,它以形式正义为基本理念,其显著特征在于,它不具有特定的政策导向,并保持政治"中立"的角色,这也是大陆法系民法制度延续上千年仍然基本保持不变的奥妙所在。然而自20世纪以来,随着现代风险社会的出现,人们不得不面对工业化带来的诸多社会问题,典型的如环境污染、交通事故、核电、医药、消费品、化学品乃至基因工程所引发的公共风险,这些风险具有极大的不确定性,通过公法上的管制方式难以有效预防此类公共风险。面对这一问题,传统私法展开了一系列改革,其中既有理念上的改革也有制度上的创新和实践。② 由此,传统民法的价值取向开始转向社会妥当性,集中体现在民法如何在化解社会矛盾和解决市场缺陷问题上发挥规范作用,这一发展趋势被大陆法系学者称为"从近代民法到现代民法的转变"。③ 传统民法理念和制度的转变所带来的结果是,部分民法制度开始承担起特定的政策目标,正如苏永钦教授所言:

让平等主体间的民事规范,主要地或附带地承担辅助管制政策,在现代立法中

---

① 参见桑本谦著:《私人之间的监控与惩罚——一个经济学的进路》,山东人民出版社2005年版。

② See Peter Cane, "The Anatomy of Private Law Theory", 25 *Oxford Journal of Legal Studies.*, 217 (2005).

③ 参见[日]北川善太郎著:《关于最近之未来的法律模型》,李薇译,载梁慧星编:《民法论丛》(第6卷),法律出版社1999年版,第286页。

已经是常见现象,这类民事规范一方面实现了私法的公平正义;另一方面也借私人利益实现的诱因,减轻国家管制的执行负担,提高管制的效率。明显管制取向的例子……我国环境保护法,课与不得污染(第6条)或转让污染源(第46条)的义务,解释上应兼具公法和民法性质,从而才可使违反者负民事的损害赔偿责任(第64条、第65条)。水法则课与用水人的义务和民事责任(第12条、第44条),主要目的都在落实相关的管制政策,这里正确地说,是经济或环境立法者运用民事规范和民事诉讼程序作为辅助管制的工具。①

苏永钦所称的"辅助管制的工具"与罗格所指的"规制工具",是民事司法在现代社会承担的新职能,私人诉讼也因此被视为社会性规制的工具。

对于工具主义视角下的私人诉讼,我们应当从实体法和程序法两个视角来理解:(1)从实体法的角度来看,将侵权法视为规制公共风险的工具,在当今的法经济学文献中是一种标准的看法。正如前文所言,法经济学者分析法律责任制度往往重视其激励效果。以侵权法为例,学者往往将关注点集中在以下问题上:如何设计侵权法制度,从而为潜在侵权人和潜在受害人提供一个将事故成本将至最低的事前激励;(2)从程序法的角度来看,在实体性制度设计的基础上,私人诉讼为潜在加害人提供一个可置信的威慑,促使行为人将事故的成本降至最低。在社会性规制领域,侵权法与行政规制法一样,都可以用来解决环境污染、交通事故、食品药品安全等问题,这是私人诉讼的工具主义价值之所在。

(二)基本原理:追求私人诉讼的正外部性

私人诉讼作为司法控制路径的实施工具,这是私人诉讼的公共价值之所在,其基本原理为:借助原告对私人利益的追求,通过激励私人诉讼来威慑潜在违法行为,从而实现社会公益效果。从成本—收益分析的角度,原告是否提起私人诉讼是以其私人诉讼的成本和预期收益为衡量标准,当诉讼的预期收益大于为此而付出的诉讼成本,则提起私人诉讼是原告的理性选择,反之则否。然而,私人诉讼除了存在私人的成本和收益之外,还可能给社会带来成本或收益,本书关注的社会收益主要是指私人诉讼给社会带来的规制效果,这是典型的外部性收益,简称私人诉讼的正外部性。以私人提起的环境污染诉讼为例,当人们受到环境污染损害时,受害者基于自

---

① 参见苏永钦:《民事立法者的角色》,载苏永钦主编:《民事立法与公私法的接轨》,北京大学出版社2005年版,第9~10页。

身的成本—收益考量,可能选择提起或不提起私人诉讼,如果受害者选择提起私人诉讼,并通过法院的判决成功阻止了被告的排污行为,则对于其他类似受害者而言,他们因原告的私人行为而获得了收益,这个收益正是私人诉讼的社会收益,也即私人诉讼的正外部性。追求私人诉讼的正外部性,是司法控制路径的关键所在。

(三)制度设计:激励相容的制度设计目标

如何追求私人诉讼的正外部性?这是本书关注的焦点。从社会性规制的视角,如果相关制度设计能够有效激励私人诉讼,而且该私人诉讼恰好能够带来特定的社会公益效果——将事故的成本降至最低,则该制度即可称为"激励相容"的制度设计。由此,关于司法控制路径的实施工具的分析,实际上正是在寻找激励相容的制度设计方案。为此,我们必须从两个角度入手:

第一,从实体法角度,依据资源配置理论,以资源利用最大化为目标,对实体法上的权利、义务和责任进行适当配置,从而为私人诉讼提供有效激励;

第二,从程序法角度,以降低交易成本为目标,对私人诉讼实施过程中的程序性权利和义务进行适当配置,并以此来降低私人诉讼实施过程中的交易成本。

依据这一思路,司法控制路径的作用原理与实施工具,可参照图2:

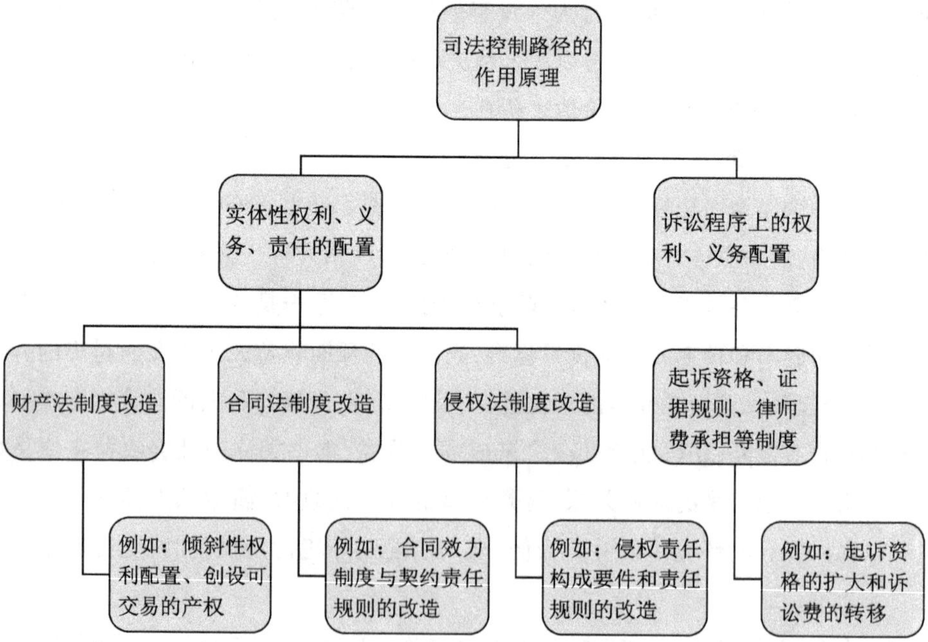

图2 司法控制路径的作用原理

从规制的视角对实体性和程序性权利、义务和责任进行配置，在现行法上比比皆是。例如，中国《食品安全法》规定的10倍赔偿制度，旨在激励消费者提起私人诉讼，并以此来规制食品安全风险和事故；与此类似，《反垄断法》规定的反垄断私人诉讼制度，以及美国反垄断法上的3倍赔偿制度，都旨在通过私人诉讼来实现规制目的。而且，美国《谢尔曼法》在颁布之初完全以私人诉讼作为反垄断的规制工具。① 在诉讼程序方面，符合规制目标的制度设计，乃是更为宽松的原告资格和更为开放地获取司法救济的制度，这在中、美两国的环境私人诉讼上体现的尤为明显，例如，美国法律中的"私人检察官"制度，不要求原告必须是直接的利害关系人。② 诸如此类，在社会性规制目标的指引下，20世纪以来的私法及私人诉讼制度进行了一系列改革，这些制度改革的预设前提是：将私人诉讼视为社会性规制的实施工具。

二、规制目标引导下的实体法改造

（一）财产法上的权利、义务重新配置

对财产法上的权利、义务进行重新配置不仅能够影响私人之间的谈判结果，而且可以改变当事人的利益结构，并通过特定的激励机制和私人诉讼来实现立法者的规制目标。财产法上的权利义务配置主要包括以下两方面：

第一类是对权利、义务结构进行改造，典型的如科斯研究的相邻土地之间的侵扰问题（如制糖厂发出的噪音影响了诊所的工作），传统上的做法是禁止噪声侵扰或给诊所提供补偿，但科斯认为，问题的关键在于：是允许制糖厂损害诊所还是允许诊所损害制糖厂，这两种选择本质上是不同的权利配置方案，它们将产生不同的资源配置效果。③ 从社会性规制的视角来看，选择不同的权利配置方案应当服务于特定的规制目的。在中国现行法上，为实现特定的规制目的而对财产法上的权利义务进

---

① See Krent Roach, Michael J. Trebilcock, "Private Enforcement of Competition Laws", 34 *Osgoode Hall L. J.*, 461, 465 (1996); John C. Coffee, Jr., "Rescuing the Private Attorney General: Why The Model Of The Lawyer As Bounty Hunter Is Not Working", 42 *Md. L. Rev.*, 215, 216 (1983).

② See Robert F. Blomquist, "Rethinking the Citizen as Prosecutor Model of Environmental Enforcement Under the Clean Water Act: Some Overlooked Problems of Outcome-Independent Values", 22 *Ga. L. Rev.*, 337, 366 – 367 (1988); Stephen M. Johnson, "Private Plaintiffs, Public Rights: Article II and Environmental Citizen Suits", 49 *U. Kan. L. Rev.*, 383, 409 (2001).

③ 参见［美］罗纳德·哈里·科斯：《社会成本问题》，载罗纳德·哈里·科斯著：《企业、市场与法律》，盛洪、陈郁译，上海三联书店2009年版，第97页。

行重新配置的案例并不少见。①

第二类是创设可交易的财产权,并通过产权交易来解决外部性问题。该制度的目的在于,借助私人谈判和交易来解决权利初始配置的低效率状况,实践中的典型案例如排污权交易制度。实践中,为解决如环境污染引发的外部性问题,美国首先在控制二氧化硫排放方面实施了排污权交易制度(Emission Trading),该制度的核心原理是创设一种排污的“权利”或“产权”,在控制污染物总量的基础上,运用价格机制使出价最高者购得排污权,从而实现资源配置的最大化。而且,该产权交易制度更重要的价值在于,它能激励那些具有技术优势的经营者,运用相对较低的成本进行生产设备改造或开发污染控制技术,以减少排污量,从而实现技术进步与环境规制之目标。在中国,排污权交易制度正处于试点阶段,2005 年《国务院关于落实科学发展观加强环境保护的决定》第 24 项规定:“运用市场机制推进污染治理。……有条件的地区和单位可实行二氧化硫等排污权交易。”②综上所述,通过对财产法上的权利、义务和责任进行重新配置,或者创制一种新的可交易的财产权,通过产权交易或倾斜性权利配置,可以实现特定的规制目的,财产法也因此成为了“辅助管制的工具”。

(二)合同法上的权利义务重新配置

合同法上的权利和义务原则上由当事人自行拟定,但没有任何“参照系”的自由协商要么会出现合同约定不周延的问题,为合同履行和权利实现带来困难;要么需要耗费高昂的信息成本,拟定出一部冗繁的合同书。为降低合同缔结和履行过程中的交易成本,现行《合同法》规定了较多有名合同,并对其权利义务作出具体安排,供当事人参照或提供补充。而且,在部分交易成本极高的领域,《合同法》及其相关单行立法甚至规定了诸多强制性规范(或称为管制性规范),对合同上的权利义务进行重新配置,并要求当事人必须遵守,不管其是否存在个别约定。随着强制性规范不断融入合同当中,传统上保持中立的合同法也开始承担起特定的政策目标,用苏永

---

① 例如,2004 年 10 月最高人民法院颁布的《关于人民法院民事执行中查封、扣押、冻结财产的规定》第 6 条的规定(学者称之为“禁止执行司法解释”):“对被执行人及其所扶养家属生活所必需的居住房屋,人民法院可以查封,但不得拍卖、变卖或者抵债。”该司法解释旨在通过对房屋上的权利—义务结构进行重新配置,并以此来倾斜保护消费者的利益。参见应飞虎:《权利倾斜性配置研究》,载《中国社会科学》2006 年第 3 期。

② 参见《国务院关于落实科学发展观加强环境保护的决定》,国发〔2005〕39 号;《国务院关于印发国家环境保护“十一五”规划的通知》,国发〔2007〕37 号。

钦教授的话说，即合同法成了“辅助管制的工具”。就此而言，我国现行《合同法》主要通过以下方式来发挥公共规制的功能：

第一，通过合同效力制度来落实规制目标，例如，现行《合同法》第26条第3项规定，违反强制性规定的合同无效。从社会性规制的视角来看，强制性规定所隐含的政策目标，可以通过合同效力制度“投射”到合同法领域，传统上保持中立的合同法由此成为了“辅助管制的工具”。

第二，通过拟制合同之内容来落实规制目标，例如，中国《消费者权益保护法》第23条第2款规定：“经营者以广告、产品说明、实物样品或者其他方式表明商品或者服务的质量状况的，应当保证其提供的商品或者服务的实际质量与表明的质量状况相符。”对此，笔者之前的研究表明，该广告管制规范直接拟制了合同之内容。① 在实践中，该制度将产生以下规制效果：经营者一旦在广告中对其待售产品作出具体、明确的允诺或保证，则经营者必须在后续的合同中履行其在商业广告中的承诺，除非当事人对此另有约定。这样，在广告规制领域，合同法再次成为落实公共规制目标的工具之一。

第三，通过改造违约责任制度来落实规制目标。违约责任制度除了具有填补损害功能外，还借助责任的设置提高当事人违约的成本，从而激励当事人积极履行合同。在当今立法中，违约责任制度的激励和社会控制功能越来越受到重视，现代契约法开始通过对责任制度的改造来改变当事人的利益结构，从而实现特定的社会控制目的，典型的如惩罚性赔偿制度。《消费者权益保护法》第55条针对经营者的合同欺诈行为，规定了惩罚性赔偿责任，该制度不仅能够提高受欺诈消费者的谈判地位，而且能够激励消费者提起私人诉讼来“惩罚”经营者的欺诈行为。同时，对于经营者来讲，惩罚性赔偿制度从边际上提高了经营者实施欺诈行为的成本或风险，从而加大了违约责任制度的威慑功能。一度引发热议的“王海打假”现象，可以通过私人的力量来“惩罚”经营者的欺诈行为，从而弥补公共执法资源的不足。合同法也由此承担起“辅助管制”的功能。

（三）侵权法上的权利义务重新配置

侵权法上的权利义务改造，主要是通过对责任构成要件、责任承担方式和责任数额进行调整，从而使致害人和受害人之间的权利义务结构发生改变，并借此来实

① 参见宋亚辉：《论广告管制规范在契约法上的效力》，载《华东政法大学学报》2011年第3期。

现特定的规制目标。尤其是在食品安全、环境污染等公共风险规制中，侵权法的价值目标较之于传统侵权法存在如下变化，“在保护加害人的同时，惩罚与抑制的功能不断加重。”[①]在这一规制目标的指导下，现代民法对此类侵权责任构成要件进行了“重塑”和改造，这与现代社会的风险管制政策密切相关。具体而言，传统侵权法上的权利义务结构通过以下几种方式得以重新配置：

第一，过错或违法性要件的改造及其功能。为应对现代工业化社会出现的各种公共风险，侵权法上的过错或违法性要件也在不断作出调整。例如，在食品安全和环境保护领域，一方面，在“过错”的认定问题上，法院习惯于将某些管制规范所确立的行为准则直接理解为侵权行为法上的注意义务，并将该义务的违反视为过错要件的具备；另一方面，关于“违法性”的认定问题，由于受到德国《民法》第823条、第826条和中国台湾地区“民法”第184条的影响，实践中同样将强制性规范的违反视为违法性要件的具备。[②] 此外，加害人违反技术标准的行为往往也被直接认定为违法性或过错要件的成立。[③] 这一现象具有重大的理论意义，它通过对侵权责任构成要件的改造，使强制性规范所承载的规制政策在侵权法中得到落实，并使侵权法成为“辅助管制的工具”。除此之外，过错概念本身也出现客观化的趋势，这也被称为“无过错的过失”或“只是名义上的过失”。[④] 过错的客观化进一步为侵权法落实规制政策提供了契机。

第二，无过错责任适用范围的扩大。无过错责任的产生及其适用范围的扩大，是现代民法的发展趋势，更是立法者对侵权法上的权利—义务结构进行改造的典范。由于现代科技的影响，在环境污染和产品质量引发的侵权纠纷中，损害后果往往由众多因素经过长时间的综合作用形成，受害人要证明经营者存在过错或违反相关技术标准都需要高昂的成本。立法或司法者一方面为倾斜保护弱势群体的利益；另一方面为控制公共风险，逐渐用无过错责任来替代传统上的过错责任。例如，《侵权责任法》第7条直接规定了无过错责任原则，并在第41条、第59条规定了产品、药品、消毒药剂、医疗器械等领域的无过错责任。从社会性规制的视野来看，用无过错责任替代过错责任，是民事立法者通过对权利义务结构的改造，将风险管制政策

---

① 朱岩：《大规模侵权的实体法问题初探》，载《法律适用》2006年第10期。

② 参见解亘：《论管制规范在侵权行为法上的意义》，载《中国法学》2009年第2期。

③ 参见宋华琳：《论行政规制对司法的规范效应》，载《中国法学》2006年第6期。

④ 参见[美]伯纳德·施瓦茨著：《美国法律史》，王军等译，法律出版社2007年版，第204页。

和消费者保护政策融入侵权法的一次成功尝试。

第三,因果关系要件的改造。因果关系不仅是责任成立的必要条件,同时也是确定责任范围的重要考量因素,这使得因果关系兼具事实判断和政策判断的双重性质。尤其是在现代高科技引发的大规模侵权案件中,侵权行为的发生与损害结果的出现之间往往存在较长的潜伏期,再加上数个风险行为的同时存在与相互作用,使得侵权责任构成中的因果关系要件也变得难以认定。在美国的法学理论中,学者在区分公共风险和私人风险的基础上,对于因公共风险引发的侵权行为,如果出现风险与损害之间因果关系不明的情况,法官在因果关系的认定上采取更为宽松的盖然性因果关系(probabilistic causation)规则。[①] 而且认为,对于有毒物质扩散引发的侵权案件中,法院可以直接放弃传统侵权法上的因果关系判断规则。[②] 在我国理论界,更具弹性特质的"相当因果关系理论"更是受到学界的青睐,"'相当性'之表达已足以彰显其法律判断之属性,而'相当性'内在的空灵,也使其可以具有足够的弹性以应对实践的复杂性,及容纳复数的价值判断"。[③] 在我国司法实践对于公共风险引发的大规模侵权行为,法官对因果关系的认定也有宽松化的趋势。对于环境侵权中因果关系的认定困难问题,现行《侵权责任法》在第66条中将环境侵权责任认定中的因果关系施行举证责任倒置,明确规定环境污染者应当就"其行为与损害之间不存在因果关系承担举证责任"。因此,现代侵权法对因果关系的改造与一个国家的公共政策密切相关,在司法实践中,"最近原因的判断标准中渗透着政策考量的因素",[④]责任成立与责任范围认定中的因果关系要素也因此成为"运送"公共政策进入侵权法的桥梁。

第四,责任承担方式与责任数额的改造。为承担"辅助管制"的职能,现代侵权法在不断扩大连带责任和惩罚性赔偿的适用范围。(1)连带责任制度在中国具有悠久的历史,自商鞅时代的秦国开始,就确立了刑法上的"连坐"制度。既有的研究表明,"以保甲和连坐为重要内容的连带责任,是小政府在有限的信息约束下控制大国

---

① See David Rosenberg, "The Causal Connection in Mass Exposure Cases: A 'Public Law' Vision of the Tort System", 97 *Harv. L. Rev.*, 849 (1984); Robinson, "Probabilistic Causation and Compensation for Tortious Risk", 14 *J. Legal Stud.*, 779 (1985).

② See Elliott, "Why Courts? Comment on Robinson", 14 *J. Legal Studs*, 1985, p. 799, pp. 799 - 800.

③ 参见叶金强:《相当因果关系理论的展开》,载《中国法学》2008年第1期。

④ 参见赵克祥:《论法律政策在侵权法因果关系判断中的作用——以英美侵权法之最近原因的分析为中心》,载《法律科学》2007年第4期。

家的有效手段”。[1] 尽管古代刑法上的“连坐”与现代侵权法上连带责任存在重大差异，但在信息经济学的视角下，二者的激励机制与社会控制原理却是相通的。连带责任作为一种社会控制工具，它一方面能够弥补政府执法中的信息获取不足问题；另一方面可以缓解政府财政制约下的执法资源缺乏问题。例如，在广告规制领域，面对“铺天盖地”的广告，政府的信息能力和执法资源显著不足，相较之下，广告媒体与广告制作商掌握更多的关于广告真实性的信息，《广告法》规定的“广告主”、“广告经营者”和“广告发布者”之间的连带责任(《食品安全法》将广告代言人也列入其中)，[2]可以激励媒体和广告代言人在发布广告前审查广告的真实性，从而形成一个“过滤网”。除此之外还包括产品的生产者和销售者之间的连带侵权责任。连带责任在功能上的优势，使之越来越活跃地出现在民事单行立法当中。(2)最初诞生于美国普通法上的惩罚性赔偿制度，在实践中颇具争议，但法经济学研究者认为，惩罚性赔偿制度赖以存在的理论基础在于，它可以通过加大预期损害赔偿数额，从而改变潜在侵权人的成本和收益结构，从而发挥侵权法的激励机制或威慑功能。[3] 由于惩罚性赔偿的这一功能优势，使之迅速在两大法系广泛传播。我国《消费者权益保护法》第55条先是规定了两倍赔偿制度，2013年的修正案又增加到3倍赔偿，此后的《食品安全法》第148条又规定了10倍赔偿。惩罚性赔偿在我国之所以首先在消费者保护和食品安全领域被立法者接受，与我国的食品安全危机和国家的管制政策密切相关。(3)在损害赔偿诉讼中，法官的自由裁量也倾向于提高损害赔偿的数额。在公共风险引发的大规模侵权领域，受害人的无形损害普遍存在，有的甚至具有较长的潜伏期。对此，法官在裁判中倾向于加大损害赔偿的数额，美国学者更是呼吁“使赔偿数额足以补偿该风险行为引发的所有社会成本，而不单单是有形的直接损害。对于原告不能精确计算的损失，应当采用更为宽松的比例原则来计算损害赔偿责任”。[4] 总而言之，侵权法上的制度改造使当事人的权利义务结构发生改变，这不仅提高了受害人的谈判地位，而且激励当事人通过私人诉讼来制约经营者的行为。

---

① 张维迎、邓峰：《信息、激励与连带责任》，载《中国社会科学》2003年第3期。

② 参见宋亚辉：《广告鉴证人承担连带责任的司法认定》，载《现代法学》2009年第5期。

③ See A. Mitchell Polinsky, “Steven Shavell, Punitive Damages: An Economic Analysis”, 111 *Harv. L. Rev.*, 869 (1998).

④ David Rosenberg, “The Causal Connection in Mass Exposure Cases: A ‘Public Law’ Vision of the Tort System”, 97 *Harv. L. Rev.*, 849 (1984).

三、规制目标引导下的程序法改造

司法控制路径以私人诉讼作为实施工具,因而私人诉讼能否顺利运行,成为司法控制路径发挥规制作用的前提条件。对此,美国学术界在20世纪80年代展开了一场大讨论,其核心论点是,通过改造私人诉讼程序能否规制公共风险?以及如何对诉讼程序进行改造?对此,有学者从起诉资格改造(access bias)和诉讼程序改造(process bias)两个方面进行分析,[①]主要趋势是放宽起诉资格,让更多的诉讼进入法院,并借助相对宽松的诉讼程序来规制公共风险。[②] 这在美国立法上也得到了充分体现,自20世纪80年代以来,美国司法程序的改革以放宽起诉资格与构造相对开放的证据开示制度为主要特征。从中国的情况来看,现行法在解决公共风险问题时,也在不断的调整私人诉讼程序,为私人诉讼提供便利。

(一)起诉资格的扩大化

关于起诉资格问题,中国立法一直比较谨慎,尤其是在公共风险或大规模侵权领域,受到各种因素影响,受害者的起诉资格常受到人为限制。从社会性规制的视角来看,对起诉资格实施人为限制必须由其他的损害赔偿机制和风险控制措施作为替代,否则,限制受害人的起诉资格是没有正当性基础的,更不利于对公共风险的控制。不过,在环境污染规制领域,我国最高司法机关已经有扩大起诉资格的迹象,只不过起诉资格是从"直接利害关系人"延伸到政府机关。例如,在环境保护领域,最高人民法院于1999年针对一起环境侵权案件作出批复,认定区政府在环境污染侵权诉讼中享有起诉资格。[③] 这一现象值得肯定,如果环境污染诉讼的起诉资格能够进一步扩大,将对环境规制具有积极的意义。此外,中国学术界也开始讨论民事公诉在我国的必要性和可行性,尤其是在环境污染等公共风险领域,民事公诉的必要

---

① See Clayton P. Gillette, James E. Krier, "Risk, Court and Agencies", 138 *U. Pa. L. Rev.*, 1027, 1045 (1990). 原文如下:Considerations like these are examples of what we call *process bias*, denoting factors that work systematically for or against the interests of plaintiffs *once their public risk claims reach the courtroom.* But litigation is affected by more than matters of process; a thoroughgoing critique must be mindful of *access bias* as well. We use this term to refer to factors that work systematically for or against the interests of plaintiffs *as they seek to get their public risk claims into court in the first place*。

② See Clayton P. Gillette, James E. Krier, "Risk, Court and Agencies", 138 *U. Pa. L. Rev.*, 1027, p. 1045(1990).

③ 参见《最高人民法院关于黑龙江省鸡西市梨树区人民政府在与鸡西市化工局、沈阳冶炼厂环境污染纠纷案的复函》,(1999)民他字第31号。

性得到了部分学者的肯定。[①] 从社会性规制的角度来看,扩大诉讼资格有利于发挥司法控制路径的规制效果。

(二)诉讼程序的改造

在公共风险规制领域,司法控制功能的发挥除了需要顺利启动私人诉讼外,还需要有相对宽松和便利的诉讼程序,为受害者提供诉讼程序上的倾斜性保护。尤其是在行政机关的管制工具不能有效发挥作用时,私人诉讼程序上的倾斜保护就显得更为重要,它可以作为一种替代性规制工具而存在。[②] 关于具体诉讼程序的改造,美国学者认为,在法律解释适用上应当更倾向于保护受害者,在证据负担上应当减轻受害人的证明责任,甚至不需要证明有物质性的损害(materialized injury)发生。[③] 从中国的情况来看,对于大规模的侵权案件和公共风险事件,法院从立案到审理过程都非常谨慎,并以"稳定"和"大局"为重。因而就很容易理解近年来以"调解"为中心的司法程序改革,甚至提出"大调解"的改革口号。[④] 对此,笔者初步认为,过于重视调解不利于发挥司法行为的社会控制功能,学者关于反垄断私人诉讼的研究,进一步证实了这一判断。[⑤] 从社会性规制的视角来看,我国正在进行的程序制度改革也有积极的一面,典型的如举证责任的分配。例如,在环境规制领域,《侵权责任法》第66条规定:"因污染环境发生纠纷,污染者应当就法律规定的不承担责任或者减轻责任的情形及其行为与损害之间不存在因果关系承担举证责任。"这也被称为举证责任倒置。该制度设计降低了受害人提起环境侵权诉讼的成本,从而可以鼓励受害人积极启动私人诉讼程序,并以此来实现环境规制之目的。

(三)诉讼费用的负担

私人诉讼的律师费以及其他费用也是一种重要的诉讼成本,高昂的律师费用势必影响诉讼的数量。诉讼费用如何分担因此也成为影响公共规制效果的重要因素。从笔者掌握的情况来看,实践中主要存在两种诉讼费用的分担模式:(1)当事人各自

---

① 参见李浩:《关于民事公诉的若干思考》,载《法学家》2006年第4期;陈桂明:《民事检查制度之存废、定位与方式》,载《法学家》2006年第4期。

② See Furrow,"Governing Science: Public Risks and Private Remedies",131 *U. PA. L. REV.*,1403,1436-1465(1983).

③ See David Rosenberg,"The Causal Connection in Mass Exposure Cases: A 'Public Law' Vision of the Tort System",97 *Harv. L. Rev.*,849(1984); Peter Huber,"Safety and the Second Best: The Hazards of Public Risk Management in the Courts",85 *Colum. L. Rev.*,277,284(1985).

④ 参见苏力著:《关于能动司法与大调解》,载《中国法学》2010年第1期。

⑤ 参见刘水林:《反垄断诉讼的价值定位与制度建构》,载《法学研究》2010年第4期。

负担他们自己的诉讼成本,这是美国采用的规则,也称为美国模式;(2)由败诉者承担胜诉者的诉讼费用,这是英国采用的规则,也称为英国模式。① 学界既有的研究表明,从公共规制的角度来看,由于私人诉讼是重要的公共规制工具,因而只有英国的规则能够有效激励私人诉讼,从而具有更优的公共规制效果。② 当然,其前提是私人诉讼是最合适的公共规制工具。而且,英国规则还有可能导致烂诉现象的发生。这些都是研究诉讼费用转移问题必须进一步思考的问题。

此外,美国普通法上虽然反对律师费转移制度。但是,为实现环境规制目标,美国国会在近来有关环境保护的制定法中,明确规定了律师费转移制度。③ 其目的很明确,律师费的转移能够为公民诉讼(citizen suit)提供激励,并以此弥补公共执法的不足。这里的公民诉讼是指所有的公民都可以针对排污企业的环境违法行为提起诉讼,而不论该公民是否受到环境污染的直接损害。公民诉讼制度的设置本身就是为了环境规制之目的,这是一种典型的司法控制路径,从这个意义上来讲,美国环境法上的律师费转移制度与市民诉讼的目标相一致。④ 由此可以看出,在公共目标的指导下,市民诉讼制度的设计完全不同于普通法上的传统诉讼形式。所有这些制度改革都服务于以下规制目的:(1)制约潜在环境违法行为,从而弥补公共执法资源的不足;(2)公民诉讼及其律师费转移制度还有另外一个目的,即监督行政规制机关积极执法,降低其偷懒或被俘获的激励。

综上所述,社会性规制中的司法控制路径一方面通过实体法上权利义务改造来重新配置私人的权利—义务结构,从而改变风险行为的“定价”和威慑程度;另一方面通过对诉讼程序制度的改造来降低私人诉讼的实施成本,激励人们启动私人诉讼来威慑潜在违法行为,从而实现规制目的。

---

① See The rules are referred to as US rule and British rule in the literature based on typical litigation cost allocation rules in the US and British legal system respectively. See Rose-Ackerman and Geistfeld (1987), Cooter and Rubinfeld (1989). 参见 Rose-Ackerman, Geistfeld M, “The divergence between social and private incentives to sue: a comment on Shavell, Menell, and Kaplow”, 16 *Journal of Legal Studies*, 483, 483 - 491 (1987). Cooter, Rubinfeld, “Economic analysis of legal disputes and their resolution”, 27 *Journal of Economic Literature*, 1067, 1067 - 1097 (1989)。

② See Erik Lenntorp, “on the Joint Use of Licensing and Liability”, 29 *Int' l Rev. L. & Econ*, 244 (2009).

③ See 30 U. S. C. § 1270 (d) (1986) (SMCRA); 33 U. S. C. § 1365 (d) (1986 & Supp. 1999) (CWA); 42 U. S. C. § 6972 (e) (1995) (RCRA); 42 U. S. C. § 7604 (d) (1995) (CAA).

④ See Matthew D. Zinn, “Policing Environmental Regulatory Enforcement: Cooperation, Capture, and Citizen Suits”, 21 *Stan. Envtl. L. J.*, 81, 164 (2002).

通过本章的研究笔者发现，在制度设计层面，不管是行政规制路径还是司法控制路径，只要它们在制度设计上符合社会最优的规制标准，都可以有效应对现代工业社会的公共风险，只是其作用原理和实施工具不同而已。其中，行政规制路径由政府对公共风险行为进行成本—收益衡量，从而选择能使事故成本最小化的规制标准，并由行政机关负责实施；司法控制路径由行为人对风险行为的成本—收益进行衡量，从而决定是否实施风险行为，而法院的司法裁判旨在确保风险行为法律成本的落实，从而为行为人提供了可置信的威慑，目的旨在激励其降低事故的总成本。从两种路径的实施工具来看，行政规制路径常用的实施工具包括信息工具、经济工具和命令—控制工具，这些规制工具主要以事故发生前的规制为主，同时也附之以事后的行政处罚。对此，本书重点关注管制力度最强的命令—控制工具；对于司法控制路径，本书则重点关注民事司法，其实施方式为私人诉讼。

第三章 两种路径的实施效果考察

再美好的制度设计最终还是为了解决实际问题,因而制度实施将成为研究重点。“制度是一个社会的博弈规则,或者更规范一点说,它们是一些人为设计的、型塑人们互动关系的约束。”[①]前述两种路径作为个人行为的约束规则,它只能通过引导人的行为才能实现制度设计者的预期目标。在制度经济学看来,规制工具的设计必须满足“激励相容”——制度的实施必须以个人追求效用最大化为前提,制度只能通过引导人的行为来实现预期目标。这就意味着,如果在制度引导下,人们追求私人利益最大化的行为恰好符合规制目标,则该制度就符合激励相容的要求。由此本书认为,规制目标能否实现不仅取决于制度设计,更取决于人们在制度约束下将会如何决策。上一章研究了前者——制度设计;本章将重点研究后者——人们在制度约束下将会如何行动,也即制度实施问题。

本章关于制度实施层面的研究建立在以下假定基础上:(1)行政规制中的标准设定符合社会最优标准——最小化事故的总成本;(2)司法控制路径的威慑程度和激励机制符合社会最优标准——最小化事故的总成本(这两个假定即第二章的制度设计)。在这两个假设基础上,行政规制路径

---

① [美]道格拉斯·C.诺斯著:《制度、制度变迁与经济绩效》,杭行译,格致出版社2008年版,第1页。

与司法控制路径在规制功能上是等价的，剩下的将是制度的实施问题。如果这两种路径能够无成本地完全得到实施，则选择任何一种规制路径都是最佳的，路径选择将没有意义。但是，如果两种路径不能够完全得到实施，则路径选择就变得极为重要。选择何种规制路径，这取决于哪一种路径的实施成本更低。

本章的分析思路如下：(1)首先考察两种路径完全得到实施所需具备的各种条件（以下简称最佳实施条件）；(2)然后再验证这些条件在现实世界中是否具备，如果具备，则两种规制路径完全等价或无差异，反之，路径选择才具有意义。这一验证过程实际上也是考察两种路径的实施成本。由于实施成本就像物理世界的“摩擦力”一样，是法律制度通向理想效果的阻力或障碍，更低的成本意味着更少的阻力，而更少的阻力则意味着更理想的规制效果。路径选择的标准即看哪一种路径的实施成本更低，这也是下文的主要研究思路。

第一节　两种路径的最佳实施条件

一、行政规制路径的最佳实施条件

行政规制得到完全实施所应具备的条件，实际上即政府规制的公共利益理论所指的完美政府假设。[①] 对于该假设条件，本书称之为行政规制的零交易成本或零实施成本假设。对此，既有研究认为，如果行政规制的实施成本为零，则单独依靠行政规制就可以实现社会最优的规制效果。[②] 这些假设条件可分解为：

第一，行政规制机关的规制权限，在立法上能够得到清晰的配置，这是行政规制路径发挥规制作用的首要前提。例如，在食品安全规制中，“从农田到餐桌”的各个生产环节都应当有明确具体的行政规制机关负责执法。

第二，行政规制机关能够有效控制执法人员。换句话说，行政机关的执法人员都是勤勉且守规矩的“代理人”，他们在执法实践中能够忠实地代表公共利益秉公执法，不存在任何道德风险或机会主义行为，更不会被个人金钱利益所“俘获”。该条件极其重要，它将决定行政规制在实践中能否得到有效落实。

---

① See Richard A. Posner, “Theories of Economic Regulation”, 5 *The Bell Journal of Economics and Management Science.*, 335(1974).

② See Donald Wittman, “Prior Regulation versus Post Liability: The Choice between Input and Output Monitoring”, 6 *The Journal of Legal Studies.*, 198(1977).

第三，行政规制所需的相关信息能够有效获取，行政规制工具也能够无成本或低成本地运行。例如，行政规制机关能够在第一时间发现环境污染或有毒食品的生产、加工行为，并能够及时启动行政规制工具加以应对。

第四，行政规制机关及其执法人员对社会问题的诊断与规制工具选择准确无误，简单来讲，只有对症下药才能药到病除。例如，政府必须有能力准确评估转基因食品的风险，以及转基因食品的生产和消费背后的成本—收益结构，这是选择最佳规制工具的前提条件。

第五，行政规制路径在实施过程中，不会被规制对象的对策行为所抵消。由于理性经济人总是在约束条件下追求自身利益的最大化，这将激励被规制者的对策行为，对策行为也是行政规制路径发挥完美规制效果所考虑的因素。

以上是行政规制路径实现完美规制效果的必要条件。如果这些条件完全具备，则正是科斯所指的“零交易成本世界”，或称为“零实施成本假设”。在零实施成本假设条件下，行政规制路径能够实现完美的规制效果。然而，现实却是令人失望的，没有什么人或机构是绝对大公无私的，政府当然也不例外。下文将致力于验证这些理想条件在现实中的存在状况。

二、司法控制路径的最佳实施条件

司法控制路径实际上是借助原告对私人利益的追求，以私人诉讼作为实施工具，并通过司法裁判和法律责任的承担来实现事前的激励或规制效果。对此，许成刚和 Katharina Pistor 的研究认为，“在法律完美无缺的情况下，只要法律制度设计的惩罚标准和违法行为被发现的概率足够高，则法院作为执法机关即可达到社会最优的规制效果”。①因此，司法控制路径要想达到完美的规制效果，同样需要具备诸多必要条件，具体包括如下几个方面：

第一，私人诉讼能够顺利启动。司法控制路径的实施工具为私人诉讼，因而外部性或内部性行为能否被起诉，是司法控制路径发挥规制作用的必要条件。从理论上讲，只有当所有的外部性或内部性行为都面临诉讼威胁时，潜在违法者才可能约束自己的行为。

---

① Chenggang Xu, Katharina Pistor, “Law Enforcement Under Incomplete Law: Theory and Evidence from Financial Market Regulation”, Discussion Paper, No. TE/02/442, December 2002, p. 1.

第二,诉讼成本相对低廉。原告的决策总是基于其个人的成本—收益考量,只有当私人诉讼的预期收益大于为此而付出的诉讼成本时,当事人才愿意提起诉讼,司法控制路径才能够得到实施。这里的诉讼成本除了律师费、诉讼费和时间成本外,主要指举证成本。

第三,原告的个人最大化行为与社会最优选择相吻合。在私人诉讼中,原告总是以其私人成本—收益为决策依据,而司法控制路径则将私人诉讼视为公共利益的实现手段,因此要求原告的个人最大化行为与社会最优选择相吻合。

第四,法官能够根据规制政策的需要,在司法实践中作出准确的政策判断。司法控制路径的规制效果受到诸多因素的影响,例如,案件是否受理、证据是否采纳、损害赔偿数额的认定等。在司法实践中,只有当法官根据规制目标对上述问题作出准确的判断,司法控制路径才能够实现完美的规制效果。

第五,法律具体明确且法官能够始终如一地依法裁判,从而为人们提供一个明确且稳定的行为预期。司法控制的核心是激励机制,它通过事后责任的实施,使人们相信:加害人必须为其所有的违法行为承担法律责任,只有这样才能激励潜在加害人积极采取预防措施,避免损害的发生或者最小化事故的总成本。

第六,裁判结果能够得到完全执行。法律责任的威慑效果不仅取决于裁判结果,更取决于该结果能否得到完全执行。如果裁判结果无法得到完全执行,则法律责任的威慑效果将大打折扣,并最终影响到司法控制路径的实施效果。

综上所述,当上述条件完全具备时,即达到了实施成本接近于零的理想状态,司法控制路径在这种状态下将实现理想的规制效果。只有当潜在违法者能够预见,其所有的外部性或内部性行为都将被诉至法院,并需要承担相应的法律责任时,潜在违法者才会在法律的引导下,选择社会最优的行为。与此同时,外部性才会被内部化,事故的社会总成本也才会实现最小化。

三、理想条件下的最佳规制效果

当上述条件完全具备时,不管是行政规制路径还是司法控制路径,都能够实现最优的规制效果,即事故成本的最小化。换句话说,当两种路径的实施成本等于零时,这两种路径在解决外部性或内部性问题上是等价的,具体而言:

首先,对于行政规制路径,在实施成本等于零的情况下,忠诚地代表社会公共利益的政府可以洞察世间一切外部性和内部性行为,并可以派出市场“警察”跟踪市场上从生产到消费的每一个环节,其执法权可以无“摩擦”地运行,并能够针对具体问题运用适当的规制工具加以应对,社会性规制的目标由此得以实现。因此,在实施成本等于零的世界里,行政规制机关可以运用行政规制工具,将事故的成本降至最低,从而实现社会性规制的目标。

其次,对于司法控制路径,在实施成本等于零的情况下,所有的外部性或内部性行为都将被诉至法院,并通过法院的司法裁判要求违法者承担相应的法律责任。在这种情况下,潜在违法者将预见到,其所有的外部性或内部性行为都将通过司法裁判而承担相应的法律责任时,潜在违法者将会在法律的引导下,选择社会最优的行为,社会性规制的目标也将随之实现。因此,在实施成本等于零的世界里,司法控制路径运用事后责任制度,激励行为人在事前采取相应的预防措施,从而降低事故的发生概率或者最小化事故的总成本。

以上分析表明,在实施成本等于零的世界里,两种路径虽然在作用原理与实施工具方面存在重大差异,但殊途同归,这两种路径都可以达到理想的规制效果。由此,问题的关键转化为:实施成本等于零的情况,在现实世界中是否存在?这将是下文研究的重点。下文将从制度实施层面,逐一验证两种路径的最佳实施条件在现实世界中是否存在。更准确来讲,下文将考察两种路径的实施成本,并通过对两种路径实施成本的比较,选择实施成本最低的规制路径。因为,更低的实施成本,往往意味着更佳的规制效果。

第二节 行政规制路径的实施效果

本节将逐一验证行政规制路径的最佳实施条件在实践中是否具备,目的在于分析它们的实际存在状况对行政规制效果所可能产生的影响。

一、行政规制权的配置及其影响

(一)多元规制机构的规制权配置问题

与司法控制路径相比,行政规制路径有一个重要特点,它需要行政规制机关在法律授权范围内主动实施。行政规制路径主动实施的前提是,行政规制权必须得到清晰的事前配置。一般来讲,行政规制权的事前配置包括横向配置和纵向配置两种,其中,横向配置是指行政规制权在同一层级的不同部门之间的分配,例如2013

年之前的食品安全规制权在卫生部、农业部、国家工商总局、食品药品监督管理局之间的分配；而纵向配置是指行政规制权在同一部门内部的不同行政层级之间的分配，例如食品安全规制权在国家级、省级和省级以下各级食品药品监督管理局之间的配置。本部分重点关注行政规制权的横向配置对规制效果的影响。

行政规制权在事前进行清晰配置，是行政规制路径实现理想规制效果的首要前提。关于行政规制权的事前配置，行政法理论称之为管辖权恒定原则，其理论基础在于：一方面，行政执法最重要的价值之一是效率，为此，法律的首要任务是规定行政机关的权限，只有在分工明确的前提下，行政机关才能各司其职、有条不紊地高效运作；另一方面，行政规制权总有膨胀和被滥用的趋势，用孟德斯鸠的话说，"一切有权力的人都容易滥用权力，这是万古不易的一条经验"。如果行政权在事前不作清晰划分，这将进一步激发行政机关滥用权力的趋势，并引发其他诸多负面影响，如权力"寻租"、执法效率低下等。理论虽然如此，但实践中，对行政规制权进行清晰的事前配置并不容易。下文将以食品安全规制为例，从现实情况出发，分析行政规制权的事前配置状况。

在食品安全规制领域，中国早期采取多部门联合规制的方案，这就必然涉及行政规制权的事前配置问题。2004 年《国务院关于进一步加强食品安全工作的决定》明确提出，食品安全要"依照一个监管环节由一个部门监管的原则""采取分段监管为主、品种管理为辅"的方式，①从而正式确立了中国食品安全规制权配置体系。在2008 年国务院"大部制"改革之前，中国的食品安全规制权配置至少涉及 8 个部门，它们包括卫生部、农业部、商务部、国家工商行政管理总局、国家质量监督检验检疫总局、国家环境保护总局、国家食品药品监督管理局和国家出入境检验检疫局。从具体配置方案来看，其中，农业部负责初级农产品生产环节的监管；质监部门负责食品生产加工环节的监管，并将原由卫生部门承担的食品生产加工环节的卫生监管职责划归质监部门；工商部门负责食品流通环节的监管；卫生部门负责餐饮和食堂等消费环节的监管；食品药品监管部门负责对食品安全的综合监督，组织协调和依法组织查处重大事故。如表 4 所示：

① 参见《国务院关于进一步加强食品安全工作的决定》，国发〔2004〕23 号。

表4 中国食品安全领域早期的行政规制权配置方案

规制环节	主要职责范围	主要规制机关	辅助规制机关
种植养殖	对化肥、农药、兽药、饲料添加剂使用问题进行规制	农业部	环境保护总局、食品药品监管管理局
加工环节	食品添加剂的使用和外源性污染等问题的规制	质量监督检验检疫总局	卫生部、食品药品监督管理局
流通环节	假冒伪劣食品和虚假广告等问题的规制	工商行政管理总局	商务部、卫生部、食品药品监督管理局
消费环节	卫生许可、食物准备程序和交叉污染等问题的规制	卫生部	工商行政管理总局、食品药品监督管理局
综合规制	综合监督、组织协调、查处重大食品安全事故	食品安全委员会、食品药品监督管理局	工商行政管理总局、质量监督检验检疫总局等

注:2008 年的《国务院机构改革方案》将国家食品药品监督管理局改由卫生部管理。

由于食品安全问题涉及范围极其广泛,“从农田到餐桌”之间涵盖的环节众多,其中任何一个环节出现问题都有可能引发重大食品安全事故,再加上科技的进步与商业经营模式的不断更新换代,多元规制机构的行政规制权很难作出清晰的配置。即便能够作出清晰的配置方案,它也将随着商业经营模式的更新而变得滞后。对此,学者的观点基本呈现出一致性,认为中国目前的行政规制权配置不够清晰,而且部门之间的协调有待进一步提高。① 主要表现为多元规制机关的职责模糊不清、监管漏洞、相互交叉重叠、相互掣肘与推诿、重复监管或无人监管、多头执法、责任不明、监管链条断裂等。产生这些问题的根源在于,多元规制机关的执法权配置不清,且协调不畅。从近几年频繁发生的重大食品安全事件可以看出,中国食品安全规制的“碎片化”,严重影响了其实施效果。

美国食品安全规制领域同样存在多元规制机关的权力配置问题。但其规制权配置模式与中国不同,美国采取“品种监管为主、分段监管为辅”的原则,每个行政机关独立地对自己所分管的食品,负责“从农田到餐桌”的全过程监管,仅在个别领域实施“分段监管”。美国的食品安全规制体系共涉及十几个联邦行政机构,其规制权

① 参见陈锡文、邓楠主编:《中国食品安全战略研究》,化学工业出版社 2004 年版,第 276 页。

限同样存在配置不清,协调不畅等问题。[①] 美国联邦总审计局的研究报告将其总结为如下3个问题:(1)分割性,即各个规制机关对不同的食品分头监管,例如,鸡的饲养由美国农业部监管,而鸡在农场的生蛋则由食品与药品监督管理局监管;壳蛋由食品与药品管理局监管,而加工蛋则由美国农业部监管。(2)不一致性,即不同规制机关所采用的标准存在不一致性,从而导致彼此之间的规制标准不统一。例如,一条鱼在某个州不安全,但游到另一个州可能就是合格的。(3)重复性,即不同行政规制机关对某一种产品进行重复性的监管,但也有些产品很少受到监管。[②] 总体来看,美国实践中存在的问题与中国的问题基本类似,这是多元规制机关的执法权配置不清晰所引发的共性问题,它们严重影响着行政规制路径的实施效果。因此,自2013年以来,我国开始致力于构建由食品药品监督管理部门统一监管的执法体制。

(二)规制权配置不清对规制效果的影响

1. 影响之一:规制过度或规制不足

规制权限配置不清将对规制效果产生诸多负面影响,其中,最主要的影响是:规制过度或规制不足。在实践中,当规制权限模糊不清时,规制者基于自身的利益考虑,可能选择执法或不执法,当选择执法有利可图时,几个部门可能同时对某类食品或某个生产环节进行监管,从而导致规制过度,反之,当选择执法"无利可图",或可能存在较高法律风险时,将出现规制不足,甚至空白。在美国,农业部的食品安全与检验司负责肉类、家禽以及加工鸡蛋制品的监管,而卫生部的食品药品监督管理局负责监管除上述以外的所有食品安全监管职责。二者的监管职责虽然在法律上有相对明确的界分,但对于同一个企业生产的食品,往往会受到这两个机构的监督检查。例如,对于肉馅三明治的监管就很有意思,暴露肉或家禽肉馅做的三明治由农业部负责监管,非暴露肉或家禽肉馅做的三明治由卫生部负责监管。根据卫生部下属的食品药品监督管理局2004年2月的记录,有2000多个食品生产单位接受了以上两个部门的重复检查。[③] 多部门的重复检查不仅导致行政规制资源的浪费,而且

---

① See Hammonds M. Timothy, "It Is Time to Designate a Single Food Safety Agency", 59 *Food Drug L. J.*, 427, 427(2004).

② 参见高秦伟:《分散抑或合并——论食品安全监管机构的设置》,载傅蔚冈、宋华琳主编:《规制研究》(第1辑),格致出版社2008年版,第58~60页。

③ See United States General Accounting Office, Washington, D. C. 20648, Food Safety and Quality: Who Does What in the Federal Government(GAO/WED-91-19A), Accessed Octobr 22. http://www.gao.gov/products/RCED-91-19B.

对该行业造成规制过度。与此相反的情况也频繁出现。例如,“阜阳奶粉事件”发生后,国务院派赴阜阳的专项调查组在初步调查后认为,“阜阳奶粉事件”暴露了当地执法部门“执法不敏感、相互之间配合有差距”的缺憾。[①] 此后的“三鹿奶粉事件”更是如此,在奶粉生产环节过量添加三聚氰胺在行业内十分普遍,但行政规制机关对此类行为的监管显著不足,甚至在该事件被首次举报之后,规制机关仍然无所作为。《人民日报》的记者更是深刻总结了这一现象:“沈阳市发现了‘药水豆芽’,记者举报投诉,打了一圈电话,竟被4个部门推了回来:质监部门称自己负责食品生产加工环节,市场上的豆芽归工商部门管理;工商部门称豆芽是初级农产品,应该归农业部门管;农业部门称没有拘留资格,很多违法商贩在检验结果出来前就逃跑了;食品药品监督管理部门则称,自己只负责检测饭店或食堂里做好的饭菜……4个‘大盖帽’管不了一棵豆芽菜?”[②]这些事件均暴露出规制权配置不清所导致的规制不足问题。

2. 影响之二:规制者机会主义倾向增强,导致其公信力降低

正如前文所言,在行政规制权限配置不清晰的情况下,行政规制机关可能重复实施规制,也有可能相互推诿或“踢皮球”。此时,多元规制者之间的协调就变得极为重要。但桑斯坦的研究表明,实践中的高额协调成本将导致“协调失灵”,这是行政规制失败的重要原因。[③] 当这种情况发生时,由于立法上缺乏清晰的执法权配置方案,因而难以追究相关规制者的责任,行政规制的问责性将大打折扣。一旦缺乏政府问责制的制约,“政府部门作为行为主体,都有其自身的利益取向,包括努力拓展本部门可以利用的资源,避免政治和法律问责的风险,提高本部门的绩效,扩张自身职权以强化部门地位。在特定法律和制度框架下,各部门将会利用各种策略,努力实现收益的最大化,并且回避各种风险”。[④] 由此便出现“有利都争着管、无利都往外推”的机会主义行为。规制者的机会主义行为不仅将影响行政规制的实施效果,而且将降低行政机关的公信力。例如,在中国早期的食品安全规制领域,作为规制者的卫生部、农业部、国家工商总局等,它们都有权制定部门规章,当这些行政机关为争夺执法权而不断出台各种法律文件时,出现多个法律文件之间的冲突是常见现象。对

---

① 参见戴敦峰:《一个父亲对致命奶粉的追问》,载南方网:www.southcn.com/weekend/commend/200404290009.htm.,最后访问时间:2011年10月20日。

② 张烁:《“天大的责任”谁来担》,载《人民日报》2011年4月27日,第17版。

③ 参见[美]凯斯·R.桑斯坦著:《权利革命之后》,钟瑞华译,中国人民大学出版社2008年版,第105页。

④ 颜海娜、聂勇浩:《食品安全监管部门间合作困境探究:交易费的视角》,载宋华琳、傅蔚冈主编:《规制研究》(第2辑),格致出版社、上海人民出版社2009年版,第59页。

此，究竟应该适用哪个部门的规定，这是一个十分现实的问题。对于具体的执法人员来讲，他们可能选择对自己有利的法律文件，甚至曲解法律文件的原意，这在中国的实践中已不是个别现象。[①] 这不仅影响行政规制的实施效果，而且将削弱行政机关的公信力。在既定条件下，行政规制机关的公信力越低，行政规制的实施效果也就越差，行政规制的实施效果越差，人们对行政规制机关就越不信任，由此进入一个恶性循环。

3. 影响之三：被规制者的机会主义倾向增强

当行政规制机关出现“有利都争着管、无利都往外推”的机会主义行为时，对于食品生产和销售企业来讲，他们对自己行为的法律预期将大大降低。在行为预期不明确的情况下，一些不重视长期利益的小企业的机会主义倾向也将会增强，从而导致违法行为增多。与此同时，当食品生产者和经营者的违法行为遭受行政处罚时，由于行政机关的规制权限不够清晰，则行政处罚决定遭受质疑也是理所当然的。这在实践中表现为：行政诉讼案件的增多和信访现象的普遍化。以上这些都将严重影响行政规制路径的实施效果。

二、行政机关对执法人员的有限控制

（一）行政机关的科层制结构与有限控制问题

与市场的平等协商机制相比，行政机关的命令—控制结构被社会学家韦伯称为“科层制”或“官僚制”。科层制指的是一种依职能和职位进行权力分工和分层，以规则为主导的组织体系和管理方式。按照学术界的一般理解，科层制具有以下几个基本特征：(1)严格的等级制度；(2)伴随职位而来的权威；(3)组织中的任务分工；(4)依法或依规章办事；(5)强调对组织和上级的服从；(6)公事公办的非人格化关系。科层制与市场机制相比，它避免了市场主体之间的谈判和协商成本，因而其运作效率一般较高，这是行政规制路径比司法控制路径的优势所在。但这一优势不是绝对的，因为科层制存在着“委托—代理”问题。

科层制产生于人与人之间的信息对不称，以及因信息不对称引起的不信任与道德风险问题。但科层制的困境在于，为解决信息不对称的科层制，始终无法摆脱信息不对称的影响。具体而言，在行政机关的科层制结构中，行政机关的上下级之间、

① 参见颜海娜、聂勇浩：《食品安全监管部门间合作困境探究：交易费的视角》，载宋华琳、傅蔚冈主编：《规制研究》（第2辑），格致出版社、上海人民出版社2009年版，第66～71页。

行政机关与官僚之间,以及官僚的上下级之间存在严重的信息不对称。用公共选择理论的表述方式,即信息不对称导致委托人无法完全观察到代理人的行为,代理人的行为可能因此偏离委托人设定的预期目标,此即"委托—代理"问题。[①] 为有效控制代理人的行为,制度上开始将代理人的行为模式化,并将其限制在特定范围内,即依据上级的指令办事,由此便产生了科层制。对此,社会学家福山的解释是:"一个社会之所以需要官僚体制,原因是社会无法信任任何成员在任何时候都遵循内化的伦理规范,并尽自己身为社会成员的一份力量。当这些人不遵循社会既定规范时,最终社会必须透过外加的法规与惩罚手段,来迫使他们接受约束。"[②]源于信息不对称的科层制,无论如何也摆脱不了信息不对称的影响。这是因为,在缺乏信任的前提下,不管制度如何设计,也不管技术多么发达,由于制度实施成本的存在,委托人无论如何也无法完全观察或完全控制代理人的行为。本书称之为"有限控制"问题。就行政规制而言,行政机关的设立目标是追求社会公益的最大化,但具体的执法人员所追求的目标是:在既有约束下追求个人利益的最大化,由此就引发道德风险或机会主义行为。具体表现为:行政执法人员的"寻租"、腐败和被俘获等现象。这将影响行政规制路径的实施效果。

(二)有限控制问题对规制效果的影响

1. 影响之一:行政执法人员的"偷懒"倾向

理性经济人总是在约束条件下追求个人利益的最大化。因此,当信息不对称导致行政规制机关(委托人)无法完全观测到执法人员(代理人)的行为时,追求个人私利的动机将促使执法人员出现"偷懒"问题。具体表现为,行政执法人员不履行法定职责,对违法行为视而不见。例如,"三鹿奶粉事件",在该事件被全面披露之前的3个月间,在国家质检总局食品监督司的网站上,就任由消费者投诉婴儿食用三鹿奶粉后患肾结石的情况。2008年6月16日甘肃一家地方医院向甘肃省卫生部门报告婴儿肾衰竭的案例。到了7月,江苏省徐州市儿童医院的医生也向国家质检总局食品生产监督司网站反映婴儿食用三鹿奶粉后出现肾衰竭情况。[③] 然而,国家质检总局和卫生部门并没有启动对三鹿奶粉的风险评估与相应的监督检查程序。到了8

---

① See J. Bendor et al., "Theories of Delegation", 4 *Ann. Rev. Pol. Sci.*, 235(2001).

② [美]弗朗西斯·福山著:《信任:社会道德与繁荣的创造》,李宛蓉译,远方出版社1998年版,第34页。

③ 参见孙长胜:《三鹿事件始末》,载孙长胜的博客:http://blog.sina.com.cn/s/blog_53c8b3be0100acfq.html.,最后访问时间:2011年10月22日。

月 3 日,虽然三鹿集团向河北省石家庄市政府报告了问题奶粉情况,但河北省石家庄市政府也没有组织专家进行风险评估,或者及时召回问题奶粉,从而错过了最佳的规制时机,最终造成近 30 万名婴儿受到损害。这是典型的“偷懒”行为。

2. 影响之二:行政执法人员的“寻租”行为

与偷懒的形成原因相类似,当代理人的行为无法被委托人完全观测或监督时,代理人甚至会产生“寻租”的激励。这在新政规制领域的具体表现为,行政执法人员在执法过程中以其掌握的国家公权力为筹码,谋求个人私利。执法人员的“寻租”行为实际上是把国家公权力商品化,以国家公权力为对价,去参与商品交易,以谋取人身或物质利益。媒体上经常报道的“权物交易”“权钱交易”“权权交易”“权色交易”等,是典型的权力“寻租”行为。由于行政规制是以实现社会公共利益为其目标,由于“寻租”行为的存在,行政规制在实施过程中势必偏离既定的规制目标,甚至走向行政规制的对立面。

3. 影响之三:行政执法人员被“俘获”的风险

行政规制机关对执法人员的有限控制还可能引发另外一个问题,即规制“俘获”。[①] 在行政规制过程中,执法人员可能长期与被规制者保持联系与沟通,这种互动关系显然会助长合谋,再加上行政机关无法完全监控执法人员的行为,因而执法人员被俘获的风险将大大提高。当然,规制俘获不仅仅限于执法人员,有时候是行政机关被整体俘获。关于规制俘获产生的原因,理论上的观点很多。布雷耶认为,“规制失败的部分原因在于很多规制者在其所规制的行业或公司中拥有经济利益,这种利益可能包括股权,也可能产生于希望今后被该行业雇佣”。[②] 此外,经济学、政治学以及公共行政学的研究为规制俘获提供了多维度的解释。依据学术界的归纳,规制俘获产生的主要原因有:官僚机构的科层制结构、规制所需的资源、信息和政治支持等。[③] 其中,官僚机构的科层制结构毫无疑问是体制上的原因,即本书所谓的“行政规制机关对执法人员的有限控制”。在这一体制下,一旦执法人员存在寻求经济利益或政治利益的动机,相关利益集团就会积极施加压力、甚至贿赂,迫使规制者在决策过程中作出对自己有利的决定,这是规制俘获的典型路径。例如,在环境规制领域,行政规制机关及其执法人员在利益驱动下,往往根据规制对象影响力的

---

① See Richard B. Stewart, “The Reformation of American Administrative Law”, 88 *Harv. L. Rev.*, 1667 (1975).

② [美]史蒂芬·布雷耶著:《规制及其改革》,李洪雷等译,北京大学出版社 2008 年版,第 487 页。

③ 参见[美]理查德·B. 斯图尔特著:《美国行政法的重构》,沈岿译,商务印书馆 2002 年版,第 24 ~ 26 页。

不同来作出有偏向的规制决定,由此引发规制俘获问题。[①] 当规制机关及其执法人员被俘获时,行政规制的实施效果可能大打折扣,甚至可能完全偏离既定的规制目标。

三、行政规制中的信息难题

(一)行政规制所需的信息与信息匮乏现象

行政规制有一个重要特点,即行政执法人员需要运用国家公权力,主动对规制对象进行规范和调整,本书称之为:行政规制路径的主动性特征。行政规制的主动性特征决定了规制者必须首先获取有关规制对象的信息,而后才能运用特定的规制工具对其进行调整。[②] 这里所需的信息至少包括两类:(1)有关潜在违法者及其违法行为的信息,其中包括不同主体的行为样态、风险状况、谨慎程度等方面的信息。规制者只有获取这些方面的信息,才可以根据风险的高低,决定是否采取规制措施,以及采取何种规制措施。否则,规制者只能采取"一刀切"的规制方法或者放任风险的存在;(2)当违法行为已经发生时,规制者只有获取有关违法者或违法行为的相关信息,才可以采取相应的规制措施,否则,违法者或违法行为将逃避行政规制。因此,不管是事前的命令—控制还是事后的行政处罚,信息获取都是规制者无法回避的前提条件。正是基于这一原因,行政规制机关能否及时地获取相关信息,成为影响行政规制效果的关键因素。

由于信息获取是需要成本的,因而行政规制所需的信息往往是不充分的,甚至是匮乏的。尤其是有关潜在违法行为的信息,实践中更是显得匮乏。"不管公共规制机构的人员多么有能力、多么具有奉献精神,也不管我们全社会付出多少执法资源,现行的公共执法体制总是缺乏一种必不可少的有效发现并阻止潜在违法行为的资源——内部消息(inside information),即某人所掌握的有关潜在违法行为的重要信息。"[③]而且,在行政规制过程中,规制者在积极寻找信息,而掌握内部信息的被规制者往往采取对策行为来隐藏信息,这使得行政规制所需的信息变得更为匮乏。对于行政规制所需的第二类信息,规制者也需要付出成本才能获取。例如,在广告规制领域,广告往往在媒体上"广而告之",这使规制者发现虚假广告也变得相对容易,

---

① See Matthew D. Zinn, "Policing Environmental Regulatory Enforcement: Cooperation, Capture, and Citizen Suits", 21 *Stan. Envtl. L. J.*, 81, 133 - 134(2002).

② See Steven Shavell, "Liability for Harm Versus Regulation for Safety", 13 *J Legal Stud.*, 357(1984).

③ Pamela H. Bucy, "Private Justice", 76 *Southern California Law Review.*, 1(2002).

但即便如此,广告规制机关仍然需要花费人力和财力,对各类媒体上发布的广告进行监测。相比之下,在食品安全规制领域,大量有害食品生产商都尽量转为“地下”生产,尤其是“地沟油”问题。从规制者的角度,获取有关此类违法行为的信息则相对困难。也正是基于这一原因,在其他条件相同的情况下,虚假广告的规制要比有害食品的规制显得更容易一些。当然,这还只是行为表层的信息,实践中还存在更加困难的信息获取问题。例如,由于每个消费者的个体免疫力差异,再加上有害食品对健康的影响往往存在较长的潜伏期,在这些因素的影响下,规制者如何判断食品的安全性?如何确定消费者的损害与问题食品之间是否存在因果关系?这需要相关领域的专业技术信息,这些专业信息的获取成本则更加高昂,规制者甚至不能保证付出成本就一定能够获取有用的信息。这是行政规制所面临的信息难题。

(二)信息匮乏对行政规制效果的影响

高昂的信息获取成本将导致规制者的信息匮乏。一般来讲,更多的信息往往意味着更理性的选择,这对于行政规制者同样适用。因而在既定条件下,行政规制中的信息获取成本与行政规制的实施效果成反比。即行政规制中的信息获取成本越高,行政规制路径的实施效果就越差,反之则否。具体而言,行政规制中的信息匮乏将产生如下影响:

1. 信息匮乏的影响之一:逃避规制的可能性

行政规制中的信息匮乏引发的首要问题是,被规制者逃避规制的可能性。在实践中,如果违法行为具有极强的隐蔽性,在规制者没有任何相关信息的情况下,根本谈不上行政规制的实施。例如,食品安全领域的地下黑工厂现象,较高的隐蔽性大大提高了行政规制的信息获取成本,从而导致大量的违法行为逃避规制。这是中国当前“地沟油”泛滥的重要原因之一,下文将进一步分析该问题。

2. 信息匮乏的影响之二:两个层面的逆向选择

在行政规制过程中,信息匮乏将导致信息不对称,从而可能引发逆向选择。

首先,关于第一个层面的逆向选择,这里以食品安全规制为例进行分析。假设市场上的食品经营者只有两类:一类是有工商管理登记的正规经营者;另一类是没有进行工商管理登记的地下黑工厂。从信息角度分析,对于合法经营者而言,规制机关的信息获取成本相对较低;而对于地下黑工厂,规制机关的信息获取成本相对较高。换句话说,规制者更容易观察正规经营者的行为,而不易发现违法经营者的行为。由于行政规制必须以信息获取为前提,因此,受到行政机关规制的往往是那些正规的生产经营者,而逃避规制的却是那些亟须规制的地下黑工厂,由此发生了第一个层面的逆向选择。

其次,行政规制意味着短期经营成本的提高,例如,规制者对营业执照的年检、对经营者场所的定期检查、对经营过程中的卫生标准的监控等,都将转化成实际的经营成本,并在产品的价格中反映出来。由此产生的影响是,由于地下黑工厂更容易逃避行政规制,导致其经营成本也相对较低,因而其产品的销售价格也相对较低。对于理性消费者来讲,价格上的优势将引导消费取向,从而引发第二个层面上的逆向选择,即劣币驱逐良币。为进一步展开分析,我们假设市场上的食品有三个类型:分别是搜寻品、经验品和信任品。① 从消费选择的角度分析,可以发现如下三种现象:(1)对于搜寻品,由于消费者可以通过肉眼检视产品的质量,并通过比价作出选择,在这种情况下,地下黑工厂生产的具有价格优势的产品不一定具有竞争优势,因为消费者不仅关注产品是否廉价,还会关注其是否优质。例如,在颜色上发黑的"地沟油",不管它在价格上多么有优势,理性消费者一般不会因其价格优势而选择购买,从而不会发生"劣币驱逐良币"的结果。当然,小餐馆大量购买"地沟油"是因为其不是最终的消费者,它们无须承担食用"地沟油"的成本,这是外部性问题。(2)对于经验品,由于消费者难以通过肉眼观察到产品的质量信息,在既定条件下,消费者倾向于选择购买价格较低的产品,由此带来的结果是,地下黑工厂生产的产品将具有竞争优势,并进一步扩大市场占有率,从而"驱逐"正规经营者的高价产品,并发生逆向选择问题。不过,由于消费者将在数次消费之后获取信任品的相关质量信息,在消费者发现其质量低劣之后,他们将转而购买正规经营者的高价产品,从而缓解逆向选择问题。这也是为何某些劣质产品在占据市场之后又很快退出市场的主要原因。(3)对于信任品,由于消费者难以通过短期的消费经验获取有关产品质量的信息,在既定条件下,消费者倾向于选择廉价产品,由此带来的结果是,地下黑工厂生产的低价产品将扩大市场占有率,并将"驱逐"正规经营者的高价产品,从而发生逆向选择问题。当然,实践中的消费选择比上文的分析要复杂得多,除了上述

① 搜寻品是指消费者通过肉眼观察就可以辨别其质地、品质、安全性等重要信息,搜寻品在当今的消费领域已经极其少见;经验品是指消费难以通过肉眼观察到产品的质量信息,但通过一次或几次购买经验或消费经验即可发现其质量信息的产品;信任品是指消费者不仅无法通过肉眼观察到产品的质量信息,而且通过一两次的消费经验仍然难以获取该信息,消费者必须经过长期的消费,并经过一个很长的时间周期才能够发现其质量信息的产品,目前的转基因食品是典型的信任品。参见[美]丹尼尔·F.史普博著:《管制与市场》,余晖等译,上海人民出版社、三联书店上海分店1999年版,第56页。

理性选择模型之外，消费者的选择还受到其他众多因素的影响，如炫耀消费、品牌消费等。在这些领域，消费选择还受到炫耀心理、品牌认同等因素的影响。

四、行政执法人员的能力与选择

关于行政规制路径的实施问题，虽然我们假定："行政规制中的标准设定符合社会最优标准"，但在实施中却难保行政执法人员有能力落实这一标准。本部分将从制度实施层面，分析行政执法人员的个人判断能力，其中包括问题诊断能力和规制工具的匹配性选择，以及这些因素对实施效果的影响。

（一）信息缺乏与不准确的问题诊断

行政规制要想实现最佳的规制效果，需要行政执法人员进行准确的问题诊断，并在此基础上，选择相匹配的规制工具。然而，准确的问题诊断需要执法人员掌握充分的信息，尤其是在技术性较强的领域，还需要相关专业领域的技术性信息和专家的辅助。只有在信息充分、准确的前提下，行政执法人员才能对问题作出准确判断，但充分准确的信息在实践中往往难以实现。例如，在环境规制领域，只有将环境污染带来的外部社会成本完全内部化才能有效规制环境污染，要实现这一目标，行政执法人员就必须有能力评估环境污染带来的所有外部社会成本，其中包括对周围居民、大气、水源、牲畜、农业等造成影响，并在综合考量环境污染的社会成本与收益的基础上，才能够确定最佳的排污标准。但执法人员在实践中却很难掌握所有这方面的信息，当信息匮乏时，问题诊断自然也不准确，问题诊断错误自然会引发行政规制中的打击目标不准的缺陷。

（二）个案判断能力与"一刀切"的处理方法

为实现社会性规制的目标——最小化事故总成本，行政规制在实施过程中，要求执法人员必须具备较高的个案判断能力，根据不同规制对象的实际情况，选择适用不同的注意程度或谨慎标准，这是落实最佳规制标准的必然要求。但是，行政规制路径的制度设计严重限制了执法人员的个案判断能力（其主要原因是信息成本的限制）。在行政规制过程中，行政执法人员无法根据众多的规制对象"量体裁衣"，实践中的做法往往是"一刀切"处理。但这显然不符合制度设计上的最优规制标准要求，这是行政规制在实践中不得不面临的难题。

在交通事故规制领域，规制者往往会在特定路段设定最高限速标准，这是降低事故成本所常用的行政规制工具。但需要注意的是，对于一个驾驶技术娴熟的老驾驶员与一个新手而言,对其适用统一的限速标准显然不符合社会最优规制标准。但在实践中,限于个案判断能力的缺乏与限制,行政执法人员往往难以对其进行区别对待,而是选用"一刀切"的处理方法。由此带来的结果是,可能80迈的最高限速对于新手而言已经超过最佳速度标准,但对于技艺娴熟的老驾驶员而言可能还远远不够,这是行政规制所无法摆脱的困境。产生该问题的原因在于,行政执法人员的政策判断能力显然无法满足理想的制度设计要求。

此外,在环境规制领域,为降低环境污染带来的公共风险,行政规制者往往选择适用特定的技术标准,以减少污染物的排放量。为将事故成本降至最低,可能需要根据不同企业的实际情况,选择适用不同的技术标准和排污标准,但由于行政规制者的个案判断能力的缺乏或限制,他们往往不区分企业的实际情况,采用"一刀切"的技术标准。由此带来的结果是,可能对于发展前景较好的高新技术企业来讲,现行技术标准可能已经过时,但对于一些小企业来讲可能已经远远超出了其生存能力。进一步产生的影响是,一部分企业可能"沉睡"在政府规定的最佳技术标准中,并使技术进步的速度放缓;另一部分企业可能被政府规定的最佳技术标准"宣判死刑",并使相关市场出现垄断或寡头现象。一旦因技术标准而形成垄断,这将进一步削弱大企业的创新动力,并进一步阻碍技术进步。对此,有学者认为,"最佳技术策略在联邦环境保护法中非常普遍,实际上是该法最为显著的一个特点。然而,最佳技术策略可能会违背其自身的目的,并因此造成规制中的矛盾——要求采用可得到的最佳技术将阻碍技术的发展"。①

(三)不匹配的行政规制工具选择

规制工具的匹配性选择在实践中也存在较大问题。前文提供的"行政规制工具系谱"显示,行政规制工具纷繁复杂,实践中常用的命令—控制工具也包括各种不同的实施方式,例如,前文所述的"输入控制"与"输出控制",具体表现为风险评估、标准设定、行政许可、内容审查以及各种行政处罚措施,如何根据实际情况选择适用最佳的规制工具,这在实践中也存在不少问题。为说明该问题,笔者以违法医疗广告为例,分析行政执法情况与规制工具的选择。

关于医疗广告规制问题,2015年《广告法》第46条和2006年修改后的《医疗广

① [美]凯斯·R.桑斯坦著:《自由市场与社会正义》,金朝武等译,中国政法大学出版社2002年版,第376页。

告管理办法》规定了医疗广告内容审查制度。该制度要求,医疗机构发布医疗广告,必须在发布前向所在地省级卫生行政部门或中医药管理部门申请内容审查,取得“医疗广告审查证明”后才能发布医疗广告。对于违反内容审查制度的行为,《医疗广告管理办法》第20条、第21条和第22条规定了相应的行政处罚措施。其中,卫生行政部门和工商行政部门都有权对违法行为进行处罚。① 对此,笔者将通过实证调查来分析卫生行政部门与工商行政部门在执法过程中选择的行政处罚措施。自2008年以来,山东省卫生厅每个月都向社会公布全省的医疗广告监测结果和违法广告处罚情况,本书以2009年1月到6月山东省卫生厅对《齐鲁晚报》进行的监测与处罚情况为样本,分析行政规制机关对违法医疗广告的处理情况与规制工具的选择情况,如表5所示。

表5 卫生行政部门对《齐鲁晚报》上的违法医疗广告的处理情况②

时间	医疗机构违法数量(个)	违法广告数量(个)	无广告发布许可		篡改许可证明(个)	处理结果与规制工具选择		是否移交工商局
			数量(个)	比率(%)		广告主	报社	
2009.1	25	83	82	98.8	1	责令改正1件	无	无
2009.2	20	81	80	98.8	1	责令改正4件	无	无
2009.3	23	74	59	79.7	15	责令改正10件	无	无
2009.4	37	113	94	83.2	19	责令改正20件	无	无
2009.5	26	82	74	90.2	8	责令改正6件	无	无
2009.6	24	112	108	96.4	4	责令改正11件	无	14件

① 关于卫生行政部门的处罚职责,参见《医疗广告管理办法》第20条规定:“医疗机构违反本办法规定发布医疗广告,县级以上地方卫生行政部门、中医药管理部门应责令其限期改正,给予警告;情节严重的,核发《医疗机构执业许可证》的卫生行政部门、中医药管理部门可以责令其停业整顿、吊销有关诊疗科目,直至吊销《医疗机构执业许可证》。”关于工商行政部门的处罚职责,参见《医疗广告管理办法》第22条规定:“工商行政管理机关对违反本办法规定的广告主、广告经营者、广告发布者依据《广告法》、《反不正当竞争法》予以处罚,对情节严重,造成严重后果的,可以并处一至六个月暂停发布医疗广告、直至取消广告经营者、广告发布者的医疗广告经营和发布资格的处罚。法律法规没有规定的,工商行政管理机关应当对负有责任的广告主、广告经营者、广告发布者给予警告或者处以一万元以上三万元以下的罚款;医疗广告内容涉嫌虚假的,工商行政管理机关可根据需要会同卫生行政部门、中医药管理部门作出认定。”

② 本表数据由笔者根据山东省卫生厅公布的医疗广告检测结果整理而成,载山东省卫生监督网:http://health.sdwsjd.gov.cn/.,最后访问时间:2011年3月16日。

由于卫生部门和工商部门都有权对医疗广告进行规制,以下分别论述:

第一,卫生行政部门对违法医疗广告的处罚。上表的数据表明,在 2009 年上半年,只有少数违法医疗机构受到了卫生局的行政处罚。其中,处罚率最低的是 2009 年 1 月,本月共有 25 家医疗机构在《齐鲁晚报》上共发布了 83 条违法广告,只有 1 家医疗机构受到了“责令改正”的行政处罚,处罚率为 4%;处罚率最高的为 2009 年 4 月,共有 37 家医疗机构在《齐鲁晚报》上发布了 113 条违法医疗广告,有 20 家医疗机构受到了“责令改正”的行政处罚,处罚率为 54%。依据现行法的规定,广告主发布违法广告都应当承担相应的法律责任,现行法规定的法律责任包括警告、责令改正、发布更正广告、没收广告费用、罚款、责令停业整顿、吊销营业执照等。其中,发布更正广告、没收广告费和吊销营业执照对广告主和媒体而言,是十分严重的处罚措施。但为何大多数广告主都没有受到行政处罚?即便受罚的也只是“责令改正”或“警告”。在对《齐鲁晚报》6 个月的跟踪调查中发现,被处以“责令改正”或“警告”的医疗机构仍然继续在该报纸上发布违法医疗广告,“责令改正”几乎没有任何效果。其原因很明显,警告和责令改正是两种最轻微的处罚方式或规制工具,它难以将违法行为所带来的社会成本内部化,因而在实践中几乎没有威慑作用。

第二,工商行政部门对违法医疗广告的处罚。上表显示,卫生局查处的大量违法案都没有移送工商局,只有 2009 年 6 月卫生局将其监测到的违法广告案向工商局移送了 14 件,由于工商局没有公布相关处理结果,本书只能通过一些间接资料来判断工商局对违法广告的处罚情况。国家工商总局 2007 年上半年的监测数据显示:全国共查处违法医疗广告 2451 件,罚没金额 1248 万元。[①] 国家新闻出版总署的统计显示:2007 年全国共出版报纸 1938 种,其中,全国性和省级报纸 1037 种。[②] 暂且不计其他媒体,如果将 2007 年上半年查处的所有医疗广告案分摊到全国的报纸上,则每家报纸仅被查处 1 件。然而,仅《齐鲁晚报》在半年内就有 155 家医疗机构发布了违法医疗广告(以月为单位),如果加上电视、广播、网络等媒体,则可以判断,大量违法广告也没有受到工商局的处罚。

通过上述实证调查发现,行政规制机关在广告规制过程中至少存在如下问题:

---

① 参见国家工商总局:《2007 年上半年全国广告监督管理基本情况》,载中华人民共和国国家工商行政管理总局:www. saic. gov. cn.,最后访问时间:2010 年 3 月 28 日。

② 参见国家新闻出版总署:《2008 年全国新闻出版业基本情况》,载国家新闻出版总署网站:http://www. gapp. gov. cn/cms/html/21/464/200907/465083. html.,最后访问时间:2010 年 4 月 3 日。

(1)卫生行政部门与工商行政部门在医疗广告规制问题上,存在规制权配置不清晰问题,并在实践中缺乏有效的沟通与协调(如违法案件的移送问题),并最终导致违法医疗广告的规制不足与违法广告泛滥;(2)卫生行政部门对违法医疗广告的规制中,其规制工具选择存在严重的不匹配现象。虽然立法上选择了最为严格的内容审查制度,但该制度并没有得到有效实施,面对大量的违法广告,规制者仅选择了最轻微的处罚措施,如警告和责令改正,从而导致威慑效果不足。对于"责令发布更正广告""没收广告费""吊销营业执照"等相对严格的行政处罚措施,规制者并没有选择适用。由此带来的结果是,被处罚的医疗机构不以为然,依旧在同一个媒体上继续发布违法广告。

五、被规制者的对策行为

行政规制的实施过程是规制者与被规制者之间的博弈过程,因而关注制度与个人行为之间的关系,是考察行政规制实施效果的重要条件。既有研究表明,对个人行为进行分析的重要意义在于,它可以揭示出人们如何对制度作出回应。[①] 就被规制者而言,追求私人利益的动机,会促使被规制者在既有约束条件下对各种激励作出反应。由此产生的影响是,行政规制工具的实施并不一定能够取得预期效果,因为被规制者为实现自身利益的最大化,总是设法采取积极的应对之策,以抵消行政规制对其产生的影响。对此,理论上称之为对策行为。关于对策行为对规制效果的影响,美国学者桑斯坦总结如下:行政规制中的最佳可得技术限制阻碍了技术的进步;过度规制反而造成规制不足;独立规制机构不独立;规制风险的行为反而带来了更多的风险。[②] 对策行为的广泛存在,成为影响行政规制效果的重要因素,行政规制中常见的对策行为主要有以下三类:

(一)对策行为之一:隐藏信息

正如前文所言,行政规制的主动性特征表明,规制者必须首先掌握有关规制对象的相关信息,而后才能运用特定的规制工具对其进行调整。由此,规制者能否及时地获取有关规制对象的信息,成为影响行政规制实施效果的关键因素。在实践

---

① 参见[美]阿兰·斯密德著:《制度与行为经济学》,刘璨、吴水荣译,中国人民大学出版社2004年版,第27页。

② 参见[美]凯斯·R.桑斯坦著:《自由市场与社会正义》,金朝武等译,中国政法大学出版社2002年版,第376页。

中,行政规制所需要的信息往往掌握在私人手中,他们是亲自接触违法行为或者实施违法行为的人,其掌握的信息也更为全面。因而有学者主张,"由掌握信息较多的私人来披露信息,从而弥补行政规制中的信息获取不足"。[①] 但在行政规制框架下,这一理想往往很难实现。其主要原因在于,被规制者基于自身的利益考虑,往往不愿意主动披露有关违法行为,或者潜在违法行为的信息,甚至主动隐藏有关违法行为的信息。例如,在食品安全规制领域,有毒有害食品的经营者往往将自己的工厂设置在较为隐蔽的郊区,当规制者对其进行执法检查时,更是积极隐藏有关违法行为的信息。因此,在行政规制过程中,隐藏信息是被规制者常用的对策行为。

(二)对策行为之二:收买或俘获规制者

为逃避行政机关的规制措施,被规制者除了隐藏信息外,还积极采取措施,试图收买或俘获规制者。正如前文所言,规制俘获的产生原因较多,但核心原因主要有两个:一是科层制结构内部的"委托——代理"问题,该问题导致行政机关难以有效监控其代理人,从而为规制俘获埋下祸根;二是被规制者的对策行为,正是由于被规制者积极的"收买"行为,才会出现"规制俘获"的结果。因此,积极收买或俘获规制者及其代理人,是被规制者常用的对策行为。规制者一旦被俘获,往往在规制过程中作出具有偏向性的规制决定,这使行政规制势必偏离既定的规制目标。就中国目前的情况来看,被规制者不管是个人还是利益集团,他们对行政机关及其执法人员的收买或俘获现象相当普遍。

在食品安全规制领域,大量的食品安全事故越来越引起人们的关注,很多人将矛头指向行政规制的缺位,这当然是其中的重要原因之一。实际上,行政规制缺位与被规制者的收买行为密切相关。当行政执法人员面临"创收"压力或激励时,食品生产企业的"收买"行为就更容易成功。在这种情况下,行政执法人员将极易被俘获,并激励食品生产企业用金钱收买规制者。

(三)对策行为之三:采取措施抵消规制效果

在行政规制工具的实施过程中,被规制者为实现自身利益的最大化,往往会采取措施来抵消行政规制对其产生的影响。在不同领域,可以用来抵消规制效果的对策行为也不一样,这里难以进行类型化整合。下文仅以事例加以说明。

在环境规制领域,学者的研究表明,行政规制中的"最佳可得技术标准",在实践

---

① See Pamela H. Bucy, "Private Justice", 76 *Southern California Law Review*. ,1(2002).

中的实施结果是,“要求采用最佳可得技术将阻碍技术的发展。”[①]其原因在于,被规制企业为了避免规制者不断提高最佳可得技术标准,而选择“沉睡”在当下,并导致环境污染控制技术停滞不前,最终不利于环境保护。另外,在消费者保护与药品规制领域,“我国政府自1998年开始连续19次降低药品价格,共涉及1300多种药品,但大多数患者并没有明显感受到降价的好处。浙江一家大药房2006年发现9年来的降价药80%已经消失。这些消失或正在消失的药品绝大部分为医保用药;与此同时,不少物美价廉的降价药被贵五六倍甚至几十倍的药代替”。[②] 在这一案例中,为抵消政府实施的药品价格规制措施,被规制者选择不提供低价药品,从而使行政规制的目的落空,这是典型的对策行为。

在虚假广告规制领域,对策行为体现得更为明显。例如,为规制医疗广告,中国《医疗广告管理办法》规定了医疗广告发布前的内容审查制度,其中法定审查机关为省级卫生行政部门。由于我国幅员辽阔,医疗机构遍布全国,根据卫生部统计,到2009年11月底,全国卫生机构达28.9万个。[③] 依据现行规定,即便在偏远农村或小城镇发布医疗广告,也要到省级卫生行政部门申请审查,在没有开通网络电子申请的情况下,势必增加广告主的交通费、联络费和信息成本。而且,《医疗广告管理办法》第13条规定:“《医疗广告审查证明》的有效期为1年。到期后仍需继续发布医疗广告的,应重新提出审查申请。”从《医疗广告管理办法》第7条的规定来看,法定的审查标准也极其严格,这将大大提高医疗机构申请审查的成本。医疗机构为降低其经营成本,在实践中往往作出以下两类对策行为:一是甘愿冒着违法的风险而拒绝申请审查;二是依法提出审查申请,并在获准许可后私自篡改广告内容。例如,山东省卫生厅2006年第三季度的监测结果显示,在被监测的44家媒体中,共发现医疗广告2620条,其中违法广告2045条,违法率为78.05%。在所有违法广告中,未取得《医疗广告证明》的占66.36%,擅自篡改审批内容的占33.64%。[④] 该数据表

---

① 参见[美]凯斯·R.桑斯坦著:《自由市场与社会正义》,金朝武等译,中国政法大学出版社2002年版,第376页。

② 参见应飞虎:《对免检制度的综合分析:坚持、放弃抑或改良》,载《中国法学》2008年第3期。

③ 参见我国卫生部的统计显示:2009年11月底,全国卫生机构(不含村卫生室)达28.9万个,其中,医院19822个、乡镇卫生院3.9万个、社区卫生服务中心2.6万个、疾病预防控制中心3543个、卫生监督所2706个。《2009年我国卫生事业发展情况简报》,载中华人民共和国国家卫生和计划生育委员会:http://www.nhfpc.gov.cn/.,最后访问时间:2011年3月22日。

④ 参见《山东省2006年第三季度医疗广告监测及处理情况的通报》,鲁卫医发〔2006〕24号。

明，大量医疗机构根本没有向主管机关申请内容审查，少数提出申请的医疗机构又在发布广告时篡改了原审批内容。这些对策行为大大抵消了内容审查制度的实施效果。

六、小结：理想与现实之间的差距

关于行政规制路径的实施效果，前文列举的影响因素属于不完全列举，它们包括但不限于行政规制权的配置不清、行政机关对执法人员的有限控制、信息获取难题、执法人员的能力欠缺、被规制者的对策行为等。这些影响因素看似分散，但实际上可以归结为一个因素，即行政规制路径的实施成本，或称为交易成本。行政规制路径的实施成本就像物理世界的"摩擦力"一样，是实现理想规制目标的障碍或阻力。在通常情况下，行政规制路径的实施成本越高，则实现规制目标的阻力就越大，因而其规制效果也越差。反之，当行政规制路径的实施成本越低，则实现规制目标的阻力就越小，因而其规制效果也越好。这是行政规制路径在实施过程中的基本规律和原理。

由于实施成本的多样性，且无处不在，因而行政规制路径不可能实现制度设计上的理想目标，这是理想与现实之间的巨大差距。与理想的制度设计相比，行政规制路径的实施过程，是行政机关、执法人员、被规制企业以及利益相关者之间的博弈过程。在这一过程中，每个人都是在约束条件下追求自身利益的最大化，因而任何一种规制工具在实施中都可能引发一系列对策行为和连锁反应，这使行政规制路径的实施问题变得极其复杂。

理想与现实之间的差距，给我们带来的启示是：政府的能力是有限度的，面对纷繁复杂的现实世界，政府也是极其渺小的，单独依靠政府的行政规制根本无法解决公共风险问题，因为行政规制的最佳实施条件在现实世界中是基本不完备的，这一现象被理论界称为"规制悖论"或"规制失灵"。[①] 对此，史普博的研究也表明："市场失灵的存在仅是管制的必要条件，而非充分条件。管制可能引起很高的行政成本。管制政策的形成和执行不但有收入分配的性质，而且会干预配置效率。市场的管制常常导致所有伴随着计划经济而出现的问题。管制者也是在信息不完全的情况下工作的。管制政策可能是次优的，反映在一刀切的法规、复杂的行政程序以及制度

---

① 关于"规制失灵"早期文献的梳理及其评论，请参见 Graham K. Wilson，"Social Regulation and Explanations of Regulatory Failure"，32 *Political Studies.* ，203，203 – 225（1984）。

约束之上。因此,即便是出发点很好的公共政策也可能导致对无效率的私人行为的刺激。"①综上所述,不管制度设计者的目的为何,也不管制度设计如何精妙,行政规制的实施成本都将打破制度设计者的初衷。这是本书研究行政规制的实施问题所得出的基本结论。

这一结论在当代中国意义深远。在管制传统的影响下,立法者往往假设政府是万能的,更愿意相信政府可以解决公共风险问题,这在立法上的反映是,立法者习惯于运用行政规制来应对各种公共风险。这一习惯做法,在实施中往往难以取得预期效果,这也进一步印证了本部分的基本结论。从制度改革的角度,立法者应当破除政府万能假设,辩证地看待政府在风险规制中的角色,并应当更多地关注制度的实施问题,从降低实施成本的角度来进行制度设计。因为更低的实施成本往往意味着更好的规制效果。

第三节 司法控制路径的实施效果

在制度实施层面,司法控制路径要想实现完美的规制效果,同样需要具备诸多必要条件,即前文所列举的"司法控制路径的最佳实施条件"。至于这些条件是否具备,理论上应当对法院的角色定位以及它在纠纷中的处境作相当程度的描述,从而理解法院在特定背景下的行为选择及其限度。② 为此,本节将逐一验证这些最佳实施条件在实践中是否具备。对这些实施条件进行实证考察的目的在于,分析它们的存在状况对司法控制路径的实施效果所产生的影响。

一、私人诉讼的启动障碍

(一)诉讼成本作为制约因素

司法控制路径实际上是借助原告对私人利益的追求,通过私人诉讼和司法裁判来实现规制目标。因此,私人诉讼能否顺利启动,是司法控制路径的首要实施条件。从理性经济人假设和成本—收益分析角度,原告是否提起私人诉讼是以其私人成本和收益为衡量标准,当提起私人诉讼的预期收益大于为此而付出的诉讼成本时,则

---

① [美]丹尼尔·F. 史普博著:《管制与市场》,余晖等译,上海三联书店1999年版,第77~78页。

② See Thomas M. Keck, *The Most Activist Supreme Court in History: The Road to Modern Judicial Conservatism*, The University of Chicago Press, 2004, pp. 6-12.

提起私人诉讼是原告的理性选择,反之,则不提起私人诉讼。这里的"诉讼成本"是个抽象概念,既包括诉讼过程中的直接支出或称为显性诉讼成本,又包括隐性诉讼成本。其中,诉讼过程中的直接支出包括当事人需要缴纳的诉讼费、律师费、鉴定费、调查取证费、时间成本以及其他费用支出;除此之外,隐性诉讼成本包括法官的机会主义行为、原告的败诉风险等引发的诉讼成本。这些诉讼成本作为一个整体,共同影响着当事人是否提起诉讼的决策和选择。只有当提起私人诉讼的预期收益大于为此付出的成本时,当事人才愿意主动提起私人诉讼。反之,私人诉讼将无法顺利启动,从而产生违法行为逃避追诉的结果。对此,理论界称为"被告消失难题"(disappearing defendant problem)。[①] 当私人诉讼无法顺利启动时,司法控制路径自然无法得到有效实施,因而高昂的诉讼成本将影响司法控制路径的实施效果。

以环境规制领域的私人诉讼为例,当人们受到环境污染损害时,某个受害者基于自身的成本——收益考量,可能选择提起或不提起私人诉讼,如果受害者提起私人诉讼,并通过法院的判决成功阻止了被告的排污行为,则对于其他受害者而言,他们因原告的私人诉讼而获得了额外的收益,这个收益正是私人诉讼的社会收益,也即私人诉讼的正外部性。追求私人诉讼的正外部性,是司法控制路径的作用原理。但是,当提起私人诉讼的预期收益小于为此付出的成本时,当事人将拒绝提起私人诉讼,企业的排污行为将难以通过司法途径得到控制。例如,当面对大量的轻微环境污染问题时,往往没有人愿意提起私人诉讼,因为相较于私人诉讼的预期收益而言,诉讼成本则显得更为高昂。由此带来的结果是,环境污染将无法得到控制。与此相类似,"受到产品的毒害,或者在商品质量方面被虚假广告欺骗,消费者往往对是否采取花钱的诉讼程序犹豫不决。"[②]因此,当提起诉讼的预期收益小于为此付出的成本时,当事人一般不会提起私人诉讼,尤其是受到的损害轻微且过于分散,或者需要较长时间才能发现实际损害时,受害者提起诉讼的激励更是不足。

(二)"搭便车"与集体行动难题

除了私人诉讼的成本制约之外,当事人之间的"搭便车"心理也是启动私人诉讼的重要影响因素。正如前文所言,司法控制路径实际上是借助私人诉讼来追求外部社会收益,这里的"外部社会收益"具有公共产品的属性,即多一个人分享私人诉讼

---

① See Gerrit De Geest, Giuseppe Dari-Mattiacci, Soft Regulators, Tough Judges, 15 *Sup. Ct. Econ. Rev.* 119(2007).

② [法]热拉尔·卡著:《消费者权益保护》,姜依群译,商务印书馆1997年版,第112页。

带来的收益,却不会影响其他任何人的消费。例如在环境规制领域,如果有受害者启动私人诉讼,并通过司法裁判成功阻止了企业的排污行为,则对于其他类似受害者而言,他们无须付出成本而享受他人诉讼获得的收益,这是典型的公共产品。理论上一般认为,公共产品消费的非排他性和非竞争性,激励了人们的"搭便车"心理。对此,奥尔森的研究表明:"理性的、寻求自我利益的个人不会采取行动以实现他们共同的或集团的利益",因为集团收益的"公共性"促使集团的每个成员都想"搭便车"并坐享其成。在既定条件下,集团越大、分享收益的人越多,为实现集团利益而进行的努力就越小。[①] 由此,当事人是否提起私人诉讼不仅受到诉讼成本的制约,同时还受到"搭便车"问题的影响。试想,当原告提起私人诉讼的成本由个人负担,而收益却由大家共享时,谁不想坐等他人诉讼并共享其收益呢？当每个人都以分享收益的心态等待他人诉讼时,最终导致的结果却是:没有人愿意提起私人诉讼。这是奥尔森所指的"集体行动的逻辑",实际上也是集体行动的难题。在社会性规制领域,司法控制路径的实施有待私人诉讼作为实施工具,当私人诉讼的启动受到"搭便车"问题制约时,集体行动的难题将导致司法控制路径难以得到实施。尤其是在损害程度相对较小,且损害较为分散的情况下,作为规制工具的私人诉讼,更是难以启动。

(三)社会规范对私人诉讼的影响

近年来,随着学术界对社会规范的关注越来越多,一个紧密的社会共同体内部自发形成的社会规范(如道德、习惯、乡规民约等),也对法律制度的实施产生着影响。[②] 就私人诉讼而言,从规制视角来看,受害者积极提起私人诉讼往往有利于司法控制路径的实施,并有利于规制目标的实现。因此,积极提起私人诉讼在规制法上是值得鼓励的。然而,在传统中国,农业文明与土地依赖塑造了中国的熟人社会结构。在这一社会结构中,人们更多地通过社会共同体中形成的社会规范来解决私人之间的纠纷,除非万不得已,一般不会积极寻求司法救济。中国社会长期以来对待私人诉讼的消极态度,进一步塑造和加深了中国人的"厌诉"观念,这也成为熟人社会对共同体成员的一个基本评价标准。例如,在熟人社会的共同体内部,一个好讼

---

① 参见[美]曼瑟尔·奥尔森著:《集体行动的逻辑》,陈郁等译,上海三联书店1995年版,第2页。

② See Symposium, "The Legal Construction of Norms", 86 *Va. L. Rev.*, 1577(2000); Symposium, "Social Norms, Social Meaning and the Economic Analysis of Law", 27 *J. Legal Stud.*, 537(1998); Symposium, "Law and Economics of Norms", 144 *U. Pa. L. Rev.*, 1643(1996).

之人往往会被社会共同体的主流价值观所排斥，具体体现为熟人之间的“议论”、“指责”甚至是人们的异样眼光，这些都会给诉讼当事人施加一定的压力，这些压力实际上是社会规范对诉讼当事人施加的“惩罚”。频繁到法院提起诉讼的人，往往被认为是“不合群”或“不安分”的人；同时，成为私人诉讼的被告更是被认为是“不光彩”的事情。在这种压力和“惩罚”之下，人们会慎重选择提起私人诉讼。因此，社会规范对诉讼当事人施加的压力和“惩罚”，也成为私人诉讼的启动障碍。

（四）私人诉讼的筛选机制

关于私人诉讼的启动障碍，除了上述理论层面的影响因素之外，还存在特定的筛选机制来过滤进入法院的诉讼类型和数量。私人诉讼的筛选机制既可以是立法上的筛选机制，也可以是法律实施中人为设定的筛选机制。

第一，关于立法上的筛选机制，现行法上常见的是原告资格的限制。由于司法资源总是有限的，为保证司法资源的合理配置，立法者基于多方面政策的考量，往往会对原告的起诉资格进行限制，以筛选进入法院的诉讼类型和数量。对此，中国民事诉讼法要求原告应当是具有直接利害关系的当事人，这里的“直接利害关系”正是对原告起诉资格的限制。在这一限制条件下，对于那些不具有直接利害关系的当事人，往往无法通过私人诉讼方式阻止违法行为。如虚假广告的规制，如果广告受众没有转化为消费者（受到虚假广告的误导而实际购买产品或接受服务），则无法通过私人诉讼方式阻止违法广告的发布。但从广告规制的角度，允许广告受众起诉虚假广告行为，则可能有利于广告治理。此外，对于那些风险行为引发的隐形损害，或存在较长潜伏期的未来损害，受害人往往因为受制于“直接利害关系人”的条件限制，很难启动私人诉讼程序，这在环境污染、食品药品安全、农药残留等领域体现的非常明显。当然，原告资格的限制还存在其他形式，例如，特定类型案件的不可诉性，或者诉讼前置程序等，都属于制度层面的诉讼筛选机制。总之，制度层面的诉讼筛选机制就像一张过滤网一样，对进入法院的案件类型进行筛选，并对案件数量进行控制。

第二，关于人为设定的筛选机制，实践中主要来自法院在受理案件时的政策判断，“法院通过某种司法政策，包括不受理某类案件，提高诉讼费，即采取某种‘截流’政策，从而把一部分争端排除在诉讼范围之外。”①这是在法律实施中人为设定的筛

---

① 朱景文：《中国诉讼分流的数据分析》，载《中国社会科学》2008 年第 3 期。

选机制,中国司法实践中的此类现象较为常见。目前,在大规模侵权案件、群体性劳动争议案件、拆迁自焚案件、农村外嫁女土地纠纷案件、金融危机时期的群体性破产案件中,法院在受理案件时频繁的对案件进行筛选。其主要原因在于:此类案件往往涉及全国或地方的社会稳定、国计民生、宏观经济形势等政策性问题,法院在受理此类案件时,往往会根据特定时期、特定领域的公共政策,对进入法院的案件类型和数量进行筛选,以配合或辅助公共政策的落实。[①] 对此,最高人民法院或各省级人民法院,往往通过公开或内部的司法文件,要求地方法院通过政策考量来决定是否受理上述敏感案件。有学者针对群体性纠纷案件,在上海、江苏、河南、陕西、广东等地进行的实证调查发现,被调查法院几乎每年都会受理若干群体性纠纷案件,其中有62.7%的法官认为,纠纷涉及的社会稳定或其他政治因素影响了该类案件的受理。[②] 例如,2004年的“高尔宝事件”,1300多名受害者提起共同诉讼被法院认为“不适合”,受害者维权艰难,类似情况在我国比较普遍。[③]

除上述制度性和非制度性因素之外,影响私人诉讼的因素还包括:(1)诉讼标的越大或案件的重要性越大,当事人起诉要求庭审判决的可能性越大;(2)双方当事人对案件审判结果的预期差异越大,则选择提起诉讼的可能性也越大,理论上称之为预期差异理论(divergent expectation);[④](3)选择非诉讼方式的谈判成本越高,当事人提起诉讼的可能性越大;此外,(4)当事人的风险偏好也影响着当事人提起诉讼的决策。[⑤] 综上,诉讼成本、“搭便车”问题、私人诉讼的筛选机制、“厌诉”传统、诉讼标的大小、当事人的预期差异、谈判成本、风险偏好等因素都将影响诉讼决策,从而可能成为启动私人诉讼的障碍。私人诉讼的启动障碍通过影响私人诉讼的数量,进一步影响司法控制路径的规制效果。因此,私人诉讼作为司法控制路径的实施工具,在实施层面往往不会按照制度设计者的理想预期来运行,如果私人诉讼无法顺利启动,则更谈不上规制效果的实现。

---

① 参见宋亚辉:《公共政策如何进入裁判过程》,载《法商研究》2009年第6期。

② 参见吴英姿:《代表人诉讼制度设计缺陷》,载《法学家》2009年第2期。

③ 参见章武生:《论群体性纠纷的解决机制》,载《中国法学》2007年第3期。

④ See Richard A. Posner, “An Economic Approach to Legal Procedure and Judicial Administration”, 2 *J. Legal Stud.*, 399(1973); William M. Landes, “An Economic Analysis of the Courts”, 14 *J. L. & Econ.*, 61(1971); George Priest and Benjamin Klein, “the Selection of disputes for Litigation”, 13 *J. Legal Stud.*, 1(1984).

⑤ 关于这些因素的进一步总结和梳理,请参见汤鸣、李浩:《民事诉讼率:主要影响因素之分析》,载《法学家》2006年第3期。

二、原告个人最大化之取向及其影响

(一)个人利益最大化与公共规制目标的差异

在私人诉讼中,原告追求的目标是其个人利益的最大化,该目标将对原告的决策和行为选择产生重要影响。例如,关于是否提起私人诉讼、是否选择诉讼和解、是否免除被告的赔偿责任等问题,只要符合原告个人利益最大化的目标,原告将作出一切可能的选择。这当中的关键问题在于,原告在作出决策时,不会主动将社会公共利益考虑进去。换句话说,社会公共利益不会影响原告的个人决策和行为选择。然而,私人诉讼作为司法控制路径的实施工具,它实际上是借助原告对私人利益的追求,来实现公共规制目标,即社会公共利益的最大化或事故成本的最小化。但令人遗憾的是,理性经济人在作出决策时,不会主动将其行为的社会成本和社会收益考虑进去,由此就可能发生原告个人利益最大化的目标与公共规制目标之间的差异。该差异的存在,将对司法控制路径的实施产生诸多不良影响,例如,私人诉讼启动障碍、不适当的诉讼和解或免除被告的法律责任等。

(二)私人诉讼的数量偏离社会最优

原告作为理性经济人,是否提起私人诉讼是以其私人成本——收益结构为衡量标准。当提起私人诉讼的预期收益大于为此而付出的诉讼成本时,则提起私人诉讼是原告的理性选择,反之,则不提起私人诉讼。但是,从社会性规制的角度,是否提起私人诉讼应当以社会利益最大化为衡量标准。从社会利益最大化的角度,提起私人诉讼可能是社会最优的选择,但原告从私人利益最大化目标出发,可能不愿意主动提起私人诉讼,由此发生私人诉讼的启动障碍,并最终导致私人诉讼的总量不足和规制不足。与此相反的情况同样可能出现。例如,从社会利益最大化的视角出发,提起私人诉讼可能会导致规制过度和司法资源的浪费,但原告从私人利益出发,可能选择提起私人诉讼,由此发生私人诉讼的数量超过社会最优标准,并最终导致规制过度和司法资源的浪费。

对于上述问题,美国学者萨维尔总结道:“在利用司法制度问题上,私人和社会的动机存在本质性的差异。这一差异弥漫在整个诉讼过程中,影响起诉决定、审判和审判成本。私人和社会的差异可以归因于两种外部性:(1)当一方当事人作出一个起诉决定时,他不会考虑其行为给他人带来的成本(负外部性);(2)他们也不会考虑其行为的阻滞功能和其他社会公共价值(正外部性)。最终,由私人决定的诉讼数量可能超过社会最优，或者不足，因而需要纠正性的社会政策。”①由此产生的结果是，私人诉讼的数量偏离社会最优，具体包括以下两种情况：(1)“私人提起诉讼的动机与它们的社会价值之间的差异有可能导致这样的结果，即当他们不提起诉讼是社会最佳选择时，他们却提起了诉讼”；(2)“在提起诉讼具有社会价值的情况下，受害人可能不愿提起诉讼。”②从规制视角来看，当诉讼数量偏离社会最优时，司法控制自然不会实现最优的规制效果。

以环境规制为例，当人们受到环境污染损害时，当事人是否提起私人诉讼，是以其私人的成本——收益结构为考量标准，受害者不会主动将外部社会收益或社会成本考虑进去。由此带来的结果是，当面对大量的轻微环境污染问题时，从社会利益最大化的角度来看，可能需要受害者通过私人诉讼来阻止企业的排污行为，但由于高昂诉讼成本的制约，往往没有人愿意到法院起诉，从而导致私人诉讼的数量不足以及规制不足。综上所述，由于理性经济人总是在约束条件下追求自身利益的最大化，当提起诉讼的预期收益小于为此而付出的诉讼成本时，当事人一般不会选择启动私人诉讼程序，尤其是受到的损害轻微且过于分散，或者存在较长的潜伏期时，受害者提起私人诉讼的激励显著不足，并最终导致私人诉讼的数量偏离社会最优，从而导致司法控制路径的实施效果不佳。

(三)诉讼和解或调解对规制效果的消解

除了私人诉讼的数量之外，公共规制目标与原告个人利益最大化之间的差异，还可能通过诉讼和解制度影响规制目标的实现。例如，在司法实践中，诉讼当事人为追求私人利益的最大化，可能选择诉讼和解。由于当事人在进行和解谈判时，一般不会将社会公共利益考虑进去。而且，诉讼和解往往意味着诉讼当事人的相互让步或妥协，和解协议的达成可能伴随着当事人私下的交易，被告甚至可能通过“收买”原告而免除其法律责任。正是基于这一原因，一旦诉讼当事人从个人利益出发选择了诉讼和解，则借助私人诉讼实现规制目标的企图将随之消灭。例如，环境规制，司法控制路径旨在通过私人诉讼来规制企业的排污行为，如果被告通过私下的金钱交易收买原告，并以此换取企业继续排污，显然，该和解协议将不利于环境规制

---

① Steven Shavell, “The Fundamental Divergence Between the Private and the Social Motive to Use the Legal System”, 26 *J. Legal Stud.*, 575(1997).

② [美]斯蒂文·萨维尔著:《事故法的经济分析》，翟继光译，北京大学出版社 2004 年版，第 308 ~ 309 页。

效果的实现。因此,从规制视角来看,诉讼和解制度往往应当受到限制,[1]以避免诉讼和解对规制效果的消解作用。

从当前各国的立法来看,在社会性规制领域对诉讼和解进行限制的立法还极为罕见。唯独在反垄断规制领域,美国 1974 年的《反托拉斯程序和处罚法》已经开始对诉讼和解进行限制,并要求法官根据"公共利益"的标准来判断当事人之间的诉讼和解是否具有法律效力。[2] 美国反垄断规制领域的这一规定值得借鉴。基于前述基本原理,社会性规制领域的诉讼和解应当受到限制,尤其是在环境规制和食品安全规制领域,受害者提起的私人诉讼不仅涉及原告的个人利益,而且与其他社会大众的公共利益密切相关。环境私人诉讼和食品安全诉讼的原告,也因此扮演着公共利益代言人的角色,他们提起的私人诉讼也因此增添了公益诉讼的色彩,当事人之间的诉讼和解将对社会公众的利益产生影响,因而其诉讼和解的权利应当受到限制,这是由规制目标所决定的。从中国的情况来看,进入 21 世纪以来,法院调解有再度复兴之势:司法政策强调人民法院必须做好对人民调解的指导工作,并加强诉讼中的调解。[3] 最高人民法院以司法解释形式规定法院审理特定案件应当"先行调解"或者"着重调解"。[4] 此外,"一些法院自行探索的强化调解的改革举措得到鼓励,调解因此再次进入法官考核与激励机制;各地法院调解结案率明显回升"。[5] 在最高人民法院的要求和激励之下,地方各级法院纷纷开始强调"大调解",[6]并以"调撤率"作为评价法官工作绩效的重要标准。由此带来的结果是,有的法官不管在任何民事案件中都强调调解,甚至不惜一切代价促成当事人的诉讼和解,这显然不利于

---

① See Steven Shavell, "The Fundamental Divergence Between the Private and the Social Motive to Use the Legal System", 26 *J. Legal Stud.*, 575(1997).(注:萨维尔的研究中,还存在鼓励和解的情况,有待分析)

② 美国 1974 年《反托拉斯程序和处罚法》(the Antitrust Procedures and Penalties Act of 1974)规定,司法部在反垄断诉讼中与被告达成的和解协议应该向社会公布,并由法官决定司法部的和解协议是否符合"公共利益"。这一法案要求法官遵守"公共利益"的标准,来判断当事人的和解是否会影响反垄断规制效果。参见刘水林:《反垄断诉讼的价值定位与制度建构》,载《法学研究》2010 年第 4 期。

③ 中共中央办公厅、国务院办公室 2002 年 9 月转发的《最高人民法院、司法部关于进一步加强新时期人民调解工作的意见》的规定。随后的第 18 次全国法院工作会议提出,全国各级法院尤其是基层人民法院要努力提高调解水平,加强对人民调解的指导,建立和完善与人民调解相衔接的诉讼程序。

④ 参见《最高人民法院关于适用简易程序审理民事案件的若干规定》(2003 年 12 月 1 日起施行)第 14 条规定:人民法院开庭审理婚姻家庭纠纷和继承纠纷、劳务合同纠纷、交通事故纠纷、工伤事故纠纷、相邻关系纠纷、合伙协议纠纷、宅基地纠纷以及标的额较小的纠纷等案件时,应先行调解。

⑤ 吴英姿:《民事诉讼程序的非正常运作》,载《中国法学》2007 年第 4 期。

⑥ 参见苏力:《关于能动司法与大调解》,载《中国法学》2010 年第 1 期。

社会性规制效果的实现。对此,后文将再次提及并进一步论述调解和诉讼和解对规制效果的影响。

三、事故成本的"定价"难题

司法控制路径的作用原理是通过法律责任的实施,为风险行为或事故损害进行"定价",并以价格机制来激励行为人作出更理性的选择——避免事故发生或最小化事故的社会总成本。这一原理也被简称为事故成本的内部化。但这里有一个前提性条件,即侵权责任的成本必须等于事故所造成的社会总成本,于是就需要对事故或风险行为进行"定价",并依据这一价格来确定侵权责任的大小。如何对事故或风险行为进行定价?如果事故所造成的主要是财产损害,那么,市场上同类产品的价格将为其提供准确的"定价"依据。但是,在环境污染、食品安全、交通事故等社会性规制领域,加害行为导致人身伤亡事故的现象极为普遍,在此类事故中,侵权责任在实施过程中的难题在于:如何对人的生命和健康进行定价?这实际上也是法律经济学研究方法备受质疑的原因。当人们无法为人的生命和健康进行估价,或者估计不合理时,侵权责任的威慑功能将受到影响,从而使司法控制路径的规制效果大打折扣。

从司法实践中的情况来看,更为严重的问题是,对受害人的生命、健康进行的粗略"定价"主要由加害人和法院来实施,受害人则完全处于被支配的地位。具体来看:(1)关于潜在受害人的生命和健康"值多少钱"的判断,在事故发生前是由潜在加害人进行"定价",他们依据其内心的粗略"定价"来决定是否实施风险行为,如果实施风险行为的收益大于需要承担的法律责任(损害后果的估价),则理性的选择是实施风险行为,反之,则否;(2)此外,在事故发生之后,关于受害人的生命和健康"值多少钱"的判断,则完全由法院来决定。由此可以看出,在法律责任发挥风险规制功能的过程中,受害人的生命和健康不得不面临被"估价"的难题,而该"估价"过程由潜在加害人和法官来决定,这正是波斯纳所批评的"功利恶魔"和"野蛮现象"。波斯纳认为:"这(对生命和健康进行定价)是一系列明显为功利主义伦理所影响的众所周知的野蛮现象的来源,如有意地牺牲无辜人的利益而使整个社会幸福总量最大化；或‘功利恶魔’，他的施虐愉悦能量远远超过了其受害人的痛苦承受力。”①波斯纳指出的“功利恶魔”和“野蛮现象”是司法控制路径实施过程中难以回避的结构性缺陷。

司法控制路径的上述结构性缺陷——用法律责任为人的生命或健康进行“定价”，使司法控制路径在规制公共风险问题上，面临一些无法克服的“定价”难题。这一难题将把司法控制路径置于道德批判的风口浪尖，从而影响司法控制路径的风险规制效果。退一步来讲，即便人的生命和健康可以被“定价”，但在实际操作过程中，如果法律责任制度对个人的生命和健康定价过低，势必导致法律责任制度的威慑不足，从而导致事故成本的提高；如果定价过高，将导致威慑过度，从而抑制了大量有社会收益的行为。总之，司法控制路径对生命和健康进行“定价”的难题，在实施过程中处处碰壁。

从社会性规制的视角来看，上述“定价”难题具有重要的规范意义。由于对生命和健康进行“定价”极为困难，因而司法控制路径在损害相对轻微的领域，以及可估价的财产损害领域具有更大的作用空间。至于较严重的人身损害领域，直接的行政规制也许更具优势。正如前文所言，行政规制中的标准设定实际上是所谓的“政府决定或集体决定”，这一决定过程可以避免上述“定价”难题，因为政府在设定行政规制标准时，可以将各种道德因素考虑进去（如生命神圣或健康无价），这些道德因素将通过规制标准的设定在实践中体现出来。这实际上也为两种规制路径的合作埋下了伏笔。

四、不可验证性与举证困难的影响

（一）事后规制的特点与事实问题的不可验证性

当诉讼程序启动后，举证问题就成为影响司法控制路径实施效果的重要因素。与事前的行政规制相比，事后规制（司法控制）的基本原理在于：通过事后责任制度的实施，将外部性损害实现内部化，并激励行为人在事前积极采取措施，以避免损害结果的发生，最终实现规制目标。按照侵权法的一般原理，事后民事责任的实施需要当事人举证证明加害行为的存在、损害结果的发生、行为与损害之间的因果关系、

---

① ［美］理查德·A. 波斯纳著：《法律的经济分析》（第7版），蒋兆康译，法律出版社2012年版，第542页。

行为人的过错或违法性等要素。法律要求原告或法官证明这些要素的存在，实际上是要求他们证明过去实际发生了什么，即要求他们回溯过去，这是事后规制的一个重要特点。回溯过去谈何容易，尤其是判断实际损害、加害行为与损害后果之间的因果关系，更是困难重重。在哲学家看来，过去是不可能被还原的。因而回溯过去只能依靠留存的证据加以判断，而证据能否被采纳，还需要通过科学的方法或其他可观测的方法加以验证为条件。①

如果说现代科技的发展，为人们回溯过去提供了技术上的便利，如监控摄像头、DNA 鉴定、指纹鉴定、测谎技术等；但现代科技的发展也为事实问题的认定带来了困难，例如，工业生产领域的损害结果和因果关系的认定，在一定程度上具有不可验证性。② 具体而言，社会性规制主要包括食品安全、药品安全、环境污染、工业事故等领域，这些领域具有以下特点：(1)技术性和专业性相对较强，例如转基因食品对人类的危害、新药品的副作用、新型污染物对人体健康的影响等，这些领域都具有较高的技术性和较强的专业性，虽然自然科学一直追求的目标是“可验证性”，但在上述领域，不可验证性似乎显得更为广泛；(2)风险程度较高且分布广泛，例如在环境污染、核工业事故、食品污染、疫苗污染、汽车安全隐患等领域，人们面临着较高的公共风险，“公共风险往往伴随着大规模的工业生产而存在，并且分布极为广泛，它们远远超出了个人的理解能力和风险掌控能力”；③(3)损害结果的群体性、不确定性、发现损害结果的迟延和潜伏期。在这些因素的影响下，公共风险引发的损害往往是群体性损害，并且具有很强的关联性、不确定性和潜伏期。例如，环境污染造成的损害不仅呈现出群体性分布，而且因人而异，受到同样污染物损害的人，因免疫力的不同可能呈现出不同的损害结果。而且更为严重的是，环境污染带来的损害往往具有较长的潜伏期，有的甚至需要数十年的潜伏期才会表现出来；(4)因果关系判断的不确定性和不可验证性，尤其是在交叉污染并存在较长潜伏期的损害中，随着时间的流逝与证据的灭失，从技术上判断加害行为与损害后果之间的因果关系变得越来越困

---

① See Ronald J. Allen, “Expertise and the Supreme Court: What Is the Problem?”, 34 *Seton Hall. L. Rev.* 1, 3(2003).

② 本书所指的不可验证性是指，在私人诉讼过程中，加害行为的认定、损害结果的认定、因果关系的认定等，均难以通过客观的指标或者第三方来加以验证和核实。不可验证性是相对而言的，相较于“回溯过去”的目标而言，通过证据来判断过去实际发生了什么，往往是难以完全得到验证的。

③ See Peter Huber, “Safety and the Second Best: The Hazards of Public Risk Management in the Courts”, 85 *Colum. L. Rev.*, 277, 277 - 278(1985).

难。"如果我们明确地知道一件核反应堆事故将使癌症病员增长0.1%,但我们并不知道到底哪一位癌症病员是由该事故引起的,这就很难通过侵权制度而使核反应堆的所有人承担事故的成本。"[①]在这种情况下,事后的司法控制要求原告或法官回溯过去变得极其困难(本书称之为"不可验证性")。不可验证性的存在,为司法控制路径的实施带来了诸多难题,集中体现在私人诉讼中的举证困难。

(二)不可验证性带来的举证困难及其影响

司法控制路径所具有的回溯过去的特点,决定了不可验证性难题将不可避免,事实问题的不可验证性将进一步引发举证困难,它们将对司法控制路径的实施效果产生重大影响。面对这一问题,现代各国的民事诉讼法在证明标准上大多数采纳"法律真实"的要求,与"浪漫主义的客观真实"相比与,"法律真实是一种现实主义的真实,它符合民事诉讼的实际情形"。[②] 从社会性规制角度来看,现行立法追求的法律真实,一定程度上降低了当事人的证明标准,有利于发挥司法控制路径的风险规制效果,但正如前文所言,在食品药品安全、环境污染等公共风险领域,当事人的举证困难问题仍然较为显著。此外,关于证明责任的分担,各国民事诉讼法原则上遵从"谁主张,谁举证"的原则,不管是侵权之诉还是违约之诉,当事人之间的较量实际上是各自所掌握的证据上的较量。因此,原告举证上的困难将在诉讼结果上有所体现,从而可能影响司法控制路径的实施效果。一般来讲,在既定条件下,原告举证的成本越高,其胜诉率就越低,司法控制路径的实施效果也越差;反之则否。从这个意义上来说,私人诉讼中的举证困难和证明责任的分担,势必影响司法控制路径的实施效果。

当然,举证成本只是诉讼成本的一部分,除此之外还包括诉讼费、律师费、交通费,以及为诉讼而付出的时间成本,这些诉讼成本结合在一起共同影响着司法控制路径的实施效果。在高昂诉讼成本制约下,原告提起私人诉讼成为一种昂贵的消费,"其所可得之赔偿金每难抵补因诉讼所蒙受之程序上不利益,以致诉讼程序之利用对其成为不合经济效益之救济手段"。[③] 高昂的诉讼成本将产生如下影响:它一方面影响诉讼程序的启动;另一方面影响原告胜诉的概率。当受害人预见到其诉讼

---

① [美]理查德·A.波斯纳著:《法律的经济分析》(第7版),蒋兆康译,法律出版社2012年版,第542页。

② 参见李浩:《论法律中的真实——以民事诉讼为例》,载《法制与社会发展》2004年第3期。

③ 邱联恭著:《程序制度机能论》,台北,三民书局股份有限公司1996年版,第151页。

成本大于诉讼的预期收益时，他们将拒绝提起私人诉讼，选择忍耐或寻求其他救济方式；同时，当加害人认识到自己不会被起诉，或者判其赔偿的概率较低时，加害人则缺乏自律的激励，甚至放纵自己的风险行为，司法控制路径的实施效果将因此大打折扣。

以食品安全规制为例，当消费者受到欺诈或有毒有害食品侵害时，如果受害者能够积极提起诉讼，并能很容易胜诉且获得赔偿，则此举必将制约食品经营者的行为，并产生相应的威慑效果，从而规范食品生产行为。但是，当消费者受到侵害后，因举证困难而败诉时，则通过私人诉讼进行社会规制的目标将难以实现。同时，在高昂的诉讼成本制约下，受害的消费者将不愿提起私人诉讼，与此相对应，经营者也不会主动约束自己的行为。由此带来的结果是，食品安全市场将更加混乱。此外，在环境污染领域，单个受害者提起诉讼并证明因果关系的存在往往是昂贵的，这一方面影响诉讼程序的启动，另一方面影响原告胜诉的概率。当加害人认识到自己不会被起诉或者判其赔偿的概率较低时，加害人将缺乏自律的激励，甚至放纵自己的排污行为，司法控制路径的实施效果将因此大打折扣。对于该问题，有学者建议，应当通过责任规则的改造，使损害赔偿数额足以补偿该风险行为引发的所有社会成本，而不单单是有形的直接损害；对于风险与损害之间因果关系不明的情况，应当采用更为宽松的比例原则(proportionality rule)加以处理，即便是那些原告不能精确计算的损失，也应当根据总体损害的比例承担侵权责任。① 总之，在社会性规制领域，事实问题的不可验证性为当事人的举证带来了困难，举证困难进一步影响了司法控制路径的实施效果。

五、法官的政策判断能力及其影响

(一)司法的两张“面孔”与法官的政策判断

在理论上，达玛什卡根据国家公权力的存在方式与作用范围，将国家分为两种理想类型：回应型国家和能动型国家。按照达玛什卡的描述，“回应型国家的政府只做两件事情：维护秩序，并且为解决公民无法自行解决的纠纷提供平台”。相比之下，“能动型国家并不满足于采取几项推动性的政策和福利计划，它信奉或致力于实

① See David Rosenberg, “The Causal Connection in Mass Exposure Cases: A ‘Public Law’ Vision of the Tort System”, 97 *Harv. L. Rev.*, 849(1984).

践一种涉及美好生活图景的全面理论，并以此为基础设计一个面面俱到的公共政策。在能动型国家，社会生活的各个方面都可能按照国家政策的要求被塑造”。基于这两种国家体制，可以推演出两种截然相反的司法体制，其中，回应型国家相对应的是“解决纠纷型司法”，能动型国家相对应的是“政策实施型司法”。[①] 这两种司法体制对法官提出了不同的要求。其中，在解决纠纷型司法体制中，司法的核心职能是解决纠纷，它对法官提出的要求是：严格依照法律裁判或遵循先例，并保持中立性和稳定性；然而，在政策实施型司法体制中，司法的核心职能是落实甚至形成公共政策，这一职能对法官提出的要求是，在司法裁判过程中要重视社会公共利益与政策判断，并在政策判断问题上保持一定的灵活性。当然，这两种极端的司法模式在现实中并不存在，各国的司法体制往往各有侧重，并同时兼具以上两种功能，这是一种混合型的司法体制。

在现代各国采用的混合型司法体制中，法官扮演的角色开始变得日益复杂。例如：(1)解决纠纷型司法追求的是一种稳定的法律秩序，这就要求法官必须保持中立，并严格依据法律的明确规定判案（或者严格遵循先例），避免在司法裁判中加入个人的主观价值判断，只有这样的司法才能为人们提供一种稳定的预期，而稳定的预期是避免纠纷并实现法律秩序的必要条件。(2)政策实施型司法追求的是一种政策性司法或能动主义司法，这就要求法官必须保持政策判断上的灵活性，并通过适当的价值判断将公共政策融入司法裁判中，甚至通过司法裁判形成公共政策，只有这样的司法才能够为落实公共政策的大局服务。由此可以发现，法官在司法裁判中不仅需要通过依法裁判为当事人提供一个明确的预期，而且要根据公共政策的要求进行相对灵活的个人价值判断。混合型司法体制对法官提出的这一双重要求，可能导致法官角色的冲突。对此，有学者认为：“为中心工作服务”与“中立的裁判者”，对法官提出了不同的要求，“不可避免地形成法官角色认同的内在紧张，这种紧张必然导致法官职业角色意识的矛盾与多重取向”。[②] 社会对法官提出的双重要求，是法官在司法实践中面临的重要难题，下文将主要分析法官在司法裁判中的政策判断能力及其影响。

---

① 参见[美]米尔伊安·R.达玛什卡著：《司法和国家权力的多种面孔》，郑戈译，中国政法大学出版社2004年版，第109页、第120页、第131页。

② 吴英姿著：《法官角色与司法行为》，中国大百科全书出版社2008年版，第313页。

(二)法官的政策判断能力对规制效果的影响

在转型时期的中国,法院承担了越来越多的公共规制职能,这一职能对法官的政策判断能力提出了更高的要求。需要说明的是,这里所谓的"政策判断",是指当法律模糊、漏洞或者法律与规制政策在某一特定问题上存在冲突时,法院或行政机关在这种情况下作出的决策就是一种政策判断。例如,群体食品安全事故是否受理,金融危机背景下的资不抵债企业是否要依法进行破产清算等,属于典型的政策判断。从社会性规制的视角来看,私人诉讼作为一种规制工具,它要求法官根据特定时期的规制政策,通过适当的政策判断来调整自己的裁判方法与裁判技术,并借此为公共政策服务,这是"政策实施型司法"对法官提出的特殊要求。一般来讲,法官更灵活的政策判断意味着更有效的规制效果;反之,法官政策判断能力的缺乏将对规制效果产生负面影响。但是,由于法官的核心角色是纠纷的裁决者,这使法官在公共利益考量和政策判断问题上存在不足。① 下文将结合司法实践中的几个问题展开分析。

1. 法官在受理案件方面的政策判断

正如前文所言,私人诉讼能否顺利启动,是司法控制路径发挥规制效果的首要前提。因此,在是否受理案件的问题上,法官不可避免地要进行政策判断。通常来讲,在环境污染、食品、药品缺陷等高风险领域,往往需要加强规制,这就要求法官在受理案件问题上采取更为宽松的政策,并让更多的案件进入法院,这样有利于加强规制。对此,法官的做法往往不尽如人意。"这些年来,最高人民法院和地方高级法院以通知、审判委员会会议纪要等形式对民事案件受案范围做出许多限制性解释,有些是自相矛盾的,对某些案件的受理与不受理在短时间内表现出的态度有显著变化。这些从一个侧面透露出法院在司法应当发挥的机能方面认识上的矛盾与困惑。"②从结果上看,有的法官政策判断能力的缺乏势必对规制效果产生影响,尤其是当环境污染和食品安全事故造成大规模损害时,有的法院或法官基于"维稳"的考虑,对此类案件不予受理,例如,前述"三鹿奶粉事件"。当然,就实际做法来看,法院不受理的同时还伴随着其他替代性的解决方案,这也许符合维稳要求和国情,但如果单从司法控制路径出发,法官采取不受理的态度显然不利于司法控制路径的实施。

---

① 参见吴英姿:《司法的限度:在司法能动与司法克制之间》,载《法学研究》2009 年第 5 期。

② 吴英姿著:《法官角色与司法行为》,中国大百科全书出版社 2008 年版,第 294 页。

2. 法官在诉讼和解方面的政策判断

前文的研究表明，从社会性规制目标出发，当事人个人利益的最大化并不意味着社会公共利益的最大化，因而在制度上有必要对诉讼和解进行适当限制。但从实际情况来看，法官在诉讼和解方面的政策判断显然不利于规制效果的实现。自2008年以来，最高人民法院为落实“保增长、保稳定、保民生”的目标，提出了“能动司法”和“大调解”的司法政策，并要求各地方法院在处理社会敏感案件时，要注重司法裁判的“社会效果”或“政治效果”。[①] 为落实该司法政策，各级地方法院开始以“调撤率”作为衡量法官工作绩效的重要标准，所谓“调撤率”实际上是指司法案件调解率和撤诉率。在“调撤率”标准的激励下，法官在诉讼进程中更加注重诉讼和解，并想尽一切办法促成当事人的和解，有的法官为了防止当事人在判决之后提起上诉或上访，甚至不惜付出个人的代价来换取当事人的和解。这是有的法官追求“调撤率”的强大激励所带来的结果。此外，更为严重的问题是，有的法官为追求“调撤率”，甚至在不查明事实的情况下一味追求调解结案的结果，此举将引发“敲竹杠”或“恶意诉讼”的激励。[②] 从司法的核心角色和功能来看，这些都属于不正常的现象。从社会性规制的视角来看，法官在食品安全、环境保护、重大生产事故等领域过分强调调解或诉讼和解，将不利于社会性规制目标的实现。

3. 法官在行为谨慎标准方面的政策判断

法律经济学的研究表明，侵权法要想发挥最佳的规制功能，就要求法官必须根据加害人的实际情况，选择适用最佳的谨慎标准。这在实践中体现为无责任、过失责任和严格责任之间的选择适用。尤其是在过错责任的适用问题上，如何判断加害人是否存在过错？其背后的理论依据是：判断加害人的行为是否符合社会最佳的谨慎标准，这对法官的政策判断能力提出了极高的要求。如果法院规定的谨慎标准恰好等于社会最优的谨慎程度，则过失责任也可以激励加害人选择最优的预防水平，从而实现最优的规制效果。对此，在 United States v. Carroll Towing Co. 案中，汉德法

① 参见《最高人民法院关于审理涉及金融不良债权转让案件工作座谈会纪要》（法发〔2009〕19号）；《最高人民法院关于应对国际金融危机做好当前执行工作的若干意见》（法发〔2009〕34号）；《最高人民法院关于正确审理企业破产案件为维护市场经济秩序提供司法保障若干问题的意见》（法发〔2009〕36号）；《最高人民法院关于当前形势下做好行政审判工作的若干意见》（法发〔2009〕38号）。关于该司法政策的进一步梳理和研究，请参见宋亚辉：《公共政策如何进入裁判过程》，载《法商研究》2009年第6期。

② 参见李浩：《虚假诉讼中恶意调解问题研究》，载《江海学刊》2012年第1期；魏新璋等：《对虚假诉讼有关问题的调查与思考》，载《法律适用》2009年第1期。

官发展了一套法则(汉德公式)来寻找社会最优的过失标准,[①]该标准可以用以下简单的询问句来表述:"进一步采取预防措施是否是成本有效的? 若答案为'是',则加害人就没有满足最优预防标准,从而负有责任;若答案为'否',则已达到最优预防标准。"[②]实际上,汉德公式为法官提供的判断标准仍然是抽象的标准,法官在实践中如何根据个案的实际情况作出判断,仍然需要具备较高的政策判断能力。

4. 法官在举证和证明标准问题上的政策判断

正如前文所言,由于技术性较强和不可验证性问题的存在,司法控制路径在实施过程中,存在突出的举证难题与证明标准的判断难题。例如,在环境污染和食品缺陷问题上,受害者的损害往往存在较长的潜伏期,如何举证证明因果关系和损害的存在,这不仅是当事人的举证难题,同时也是法官在证明标准判断上的难题。因此,在社会性规制领域,事实真伪不明是司法控制路径在实施过程中无法避免的现象,这就需要法官在规制政策的指导下,进行必要的政策判断来加以应对。从中国目前的实践做法来看,有学者将中国法官可以选择的对策总结为以下八种:"拒绝裁判、驳回起诉、不予受理、调解解决、按心证的比例作出裁判、推迟作出裁判、降低证明标准和运用举证责任作出裁判。"[③]在司法实践中,如何根据规制政策和个人的具体情况作出判断? 这需要法官进行适当的政策判断。就此而言,如果法官采取过于严苛的证明标准,则不利于规制公共风险问题,反之,若法官采取过于宽松的证明标准,甚至在不查明事实的情况下一味追求调解结案的结果,将进一步引发"敲竹杠"和"恶意诉讼"问题。以上这两种情况都不利于规制目标的实现。

5. 法官在损害赔偿数额方面的政策判断

损害赔偿数额的判定与规制效果密切相关,过高的损害赔偿数额(甚至是惩罚性赔偿)可能导致威慑过度或规制过度,过低的损害赔偿数额可能导致威慑不足或规制不足,这就需要法官从规制目标出发,通过政策判断来决定损害赔偿数额。从实践中的情况来看,有的法官在损害赔偿数额认定上,习惯于采取相对保守的态度,对原告的间接损害和纯粹经济损失往往采取更为严格的认定标准。但是,社会性规制却要求将违法行为的所有成本都予以内部化,其中既包括违法行为给个人带来的

---

① See United States v. Carroll Towing Co. 159 F. 2d 169(2d Cir. 1947).

② 参见[美]罗伯特·考特、托马斯·尤伦著:《法和经济学》,史晋川等译,格致出版社、上海三联书店、上海人民出版社2010年版,第326页。

③ 李浩:《事实真伪不明处置办法之比较》,载《法商研究》2005年第3期。

损害,还包括对社会带来的公共损害。有的法官在实践中往往只根据原告个人的直接损害来认定赔偿数额,这显然不符合规制目标的要求。对此,如果没有其他替代性的规制措施,这些法官的实际做法极有可能导致规制不足。

综上所述,在司法控制路径的实施过程中,不管是处理程序性问题,还是处理实体性问题,法官的政策判断能力都极其重要,它将决定司法控制路径的实施效果。法官在任一问题上的政策判断能力不足,都可能导致规制过度或规制不足。

六、不确定的行为预期及其影响

(一)当事人行为预期的不确定性

关于司法控制路径的作用原理,前文的研究表明,司法控制路径的核心是一个激励机制,它通过事后责任制度的实施,来激励潜在加害人积极采取预防措施,从而避免损害的发生,或者将事故的成本降至最低。在这一过程中,明确的行为预期是最为关键的因素。其原因在于,只有当潜在加害人预见到他自己必须为其违法行为承担相应的法律责任时,潜在加害人才会在事前采取积极的预防措施。反之,如果潜在加害人的行为预期不明确,潜在加害人将难以预见其行为的法律后果,因而就难以激励他们采取事前的预防措施。

在司法实践中,有以下两个因素影响当事人的行为预期:(1)法律规定的精确程度,当法律规定越清晰,当事人的行为预期也越明确,随之而来的规制效果也越好;(2)法官在司法实践中是否存在机会主义行为,当法官的机会主义倾向越明显,其为当事人提供的行为预期越不确定,随之而来的规制效果也越差,反之则否。对此,由于本部分重点研究法律实施问题,下文将重点关注后者。

(二)不确定的行为预期所带来的影响

法官的机会主义行为将影响当事人的行为预期,不确定的行为预期将进一步挫败司法控制路径的社会规制效果。对此,既有研究表明,"始终如一地依法公正裁判会减少机会型诉讼"。[①] 支持这一判断的核心理据在于,法官始终如一地依法裁判能够提高当事人的诉讼预期,诉讼预期的确定能够带来诸多影响。[②] 就社会性规制而言,如果当事人能够明确预见自己行为的法律后果,并确信该后果一定会在司法

---

① 参见苏力:《"海瑞定理"的经济学解读》,载《中国社会科学》2006 年第 6 期。

② See George Priest, Benjamin Klein, "The Selection of disputes for Litigation", 13 *J. Legal Stud.*, 1, 1 – 55(1984).

裁判中得到落实,则当事人的机会主义倾向将大大降低。反之,如果法官不能够依法裁判,并存在较强的机会主义倾向,则当事人能否胜诉不取决于法律规定,而取决于法官的个人喜好,这将激励当事人积极采取措施"收买"法官。当法官的机会主义倾向越明显,则其更容易被"收买"。一旦法官被"收买",不管当事人的诉求或辩护在法律上是否成立,都有获得法官支持的可能性。在这种情况下,当事人则会相信,只要自己努力"争取",任何案件都是有胜诉可能性的,这将大大提高当事人的机会主义倾向,随之而来的是机会主义诉讼的增多。当以上情况在实践中发生时,人们将对法律失去信任,并对其行为预期产生高度不确定性。当事人不确定的行为预期将激发一系列机会主义行为,并将进一步影响司法控制路径的实施效果。

例如,"诉讼当事人封堵法院大门"现象,以及"涉诉上访"问题。诉讼当事人之所以作出上述行为,表面理由主要是"司法不公"。从理论上讲,当事人对于司法是否公正的判断,主要是基于对判决结果的一种合理预期,当判决结果与当事人的预期一致时,他们认为司法是公正的;反之,则认为司法是不公正的。依据这一原理,当法律规定十分明确,且法官始终如一地依法裁判,则当事人的预期与法官的裁判结果将保持基本一致,此时的裁判结果也将被当事人认为是公正的判决。反之,如果法官存在机会主义行为,则当事人对其行为的预期将变得不确定,在这种情况下,不管法官作出何种判决,对于追求个人利益最大化的当事人来讲,都难以符合他们的预期,此时的判决也将被认为是不公正的,因而极易引发"涉诉上访"和封堵法院大门现象。司法实践中出现的类似问题,与当事人行为预期的不确定直接相关,并最终引发对法律的不信任感。从社会性规制的角度来看,明确的行为预期是司法控制路径发挥规制效果的关键因素,法官在实践中的机会主义倾向大大增加了当事人行为预期的不确定性,不确定的行为预期进一步激发当事人的机会主义行为,并最终导致司法控制路径的规制效果大打折扣。

七、执行难对规制效果的影响

(一)被告责任财产不足与其他的执行难问题

司法控制路径的核心原理是法律责任的威慑功能与激励机制,它通过事后法律责任的实施,来激励潜在加害人积极采取事前的预防措施,从而避免损害的发生,或者将事故成本降至最低。在这一过程中,只有当潜在加害人预见到他自己必须为其违法行为承担法律责任时,潜在加害人才会有充分的动力采取事前的预防措施;反之,当行为预期无法得到完全执行时,潜在加害人的激励也将受到影响,并最终影响司法控制路径的实施效果。由此,法院的民事判决能否得到完全执行,就成为影响司法控制路径实施效果的关键因素。关于司法判决的不完全执行或执行难问题,实践中最典型的例子如当被告濒临破产时,其责任财产将不足以承担法院判决中确立的损害赔偿责任。在这种情况下,被告责任财产不足,将导致潜在加害人预防损害的激励不足,从而影响司法控制路径的实施效果。对此,法经济学称之为“judgment proof problem”,[①]或“wealth constrained problem”。[②]

从实际情况来看,依据最高人民法院提供的数据,30% ~40% 的难以执行案件属于确无财产可供执行(被告责任财产不足),[③]因而被告责任财产不足是执行难的主要原因。当然,除了被告责任财产不足之外,司法实践中还存在众多其他原因导致的执行难问题。对此,有学者将当前的执行难问题总结为以下四种类型:“执行债务人难找、执行财产难寻、协助执行人难求、应执行财产难动。”关于执行难的产生原因,除被告责任财产不足外,还包括以下常见原因:“地方保护主义制造的障碍、法律制度不健全给被执行人故意逃避债务留下空间、法院人力物力不足、执行中的违法违纪司法腐败……法官兼任执行员角色导致的角色重叠等”,[④]这些都是导致执行难的原因。此外,法院在执行过程中的“变相调解”,[⑤]也将导致司法判决无法得到完全执行。从规制视角来看,不管是何种原因导致执行难,只要法院的判决无法得到完全执行,都将影响潜在加害人预防损害的激励,从而进一步影响司法控制的实施效果。

(二)执行难对司法控制路径实施效果的影响

当法院的判决得不到完全执行时,民事责任制度所提供的激励机制势必受到影响,并最终影响司法控制路径的实施效果。下文将以被告责任财产不足所导致的执行难为例,进一步分析执行难对司法控制路径实施效果的影响。就学术界既有的研究来看,被告责任财产不足将导致潜在加害人预防损害的激励不足或者过度,以下

---

① See Richard Macminn,“On the Judgment Proof Problem”,27 *Geneva Papers on Risk and Insurance Theory.*,143 -152(2002).

② See Thomas J. Miceli, Kathleen Segerson,“A Note on Optimal Care by Wealth Constrained Injurers”, 23 *Intl Rev L &Econ.*,273,273 -284(2003).

③ 参见吴英姿著:《法官角色与司法行为》,中国大百科全书出版社2008年版,第129页。

④ 同上。

⑤ 参见吴英姿:《民事诉讼程序的非正常运作》,载《中国法学》2007年第4期。

将具体分析：

第一，责任财产不足导致威慑不足和预防损害的激励不足。当环境污染或食品缺陷给他人造成损害时，这是典型的外部性损害，此时，损害赔偿制度的功能在于，要求加害人承担其对他人造成的所有损害，从而将外部损害实现内部化。由此，当加害人知道他必须为自己所有加害行为负责时，经营者就有充足的激励来检视并约束自己的行为，从而实现规制效果。当然，这一规制效果是建立在经营者有足够的责任财产对外承担民事责任的前提下，一旦经营者的责任财产不足以对外承担损害赔偿责任时，经营者将会根据自己的财产能力来确定其注意义务和谨慎程度。在此种情况下，加害人责任财产的不足将会导致预防损害的激励不足。对此，萨维尔的开创性研究表明：在风险中性的假设前提下，当加害人的财产不足以赔偿其所造成的全部损害时，事后的损害赔偿责任将无法提供足够的激励来控制风险。① 其基本原理在于：当实际损害超过了加害人的财产数额时，加害人会认为其所需承担的责任等于他拥有的财产，从而导致加害人预防事故的激励不足，这将提高潜在加害人的机会主义倾向。② 例如，在"三鹿奶粉事件"中，加害人的责任财产显然不足以承担所有赔偿责任，这一方面导致受害者的损害难以得到填补；另一方面使潜在加害人（食品生产者）控制风险的激励不足，从而导致司法控制路径的实施效果不佳。

第二，责任财产不足导致威慑过度和预防损害的激励过度。关于加害人的责任财产不足对规制效果的影响问题，理论界的进一步研究表明，被告责任财产不足除了可能导致激励不足外，还可能导致激励过度，从而导致规制过度。对于该问题，彼耶德较早的研究表明，"责任财产不足还可能导致懂慎标准的提高，因为当潜在加害人处于破产的临界点时，避免破产带来的'补贴'可能激励潜在加害人过度投资于注意义务，从而导致谨慎标准的提高。在这种情况下，随着潜在加害人财产状况的不断改善，他们可能逐渐降低其注意标准"，③当以上情况发生时，当事人责任财产的不足可能引发激励过度，并最终导致规制过度。

综合来看，法律经济学对责任财产不足问题的研究，主要是在不同条件下分析

---

① See Steven Shavell, "Liability for Harm versus Rrgulation of Safety", 13 *Journal of Legal studies.*, 357(1984).

② See Steven Shavell, "The Judgement Proof Problem", 6 *International Review of Law and Economics.*, 45(1986).

③ See Rudolph T. Beard, "Bankruptcy and Care Choice", 21 *Rand J Econ.*, 626, 633(1990).

加害人的责任财产数额对司法控制路径实施效果的影响，这一影响随着法官适用的责任规则的变化而变化，并在不同的财产类型中(金钱或非金钱财富)也有不同的影响。[①] 其中，最常见的情况当属前述第一种类型，即加害人责任财产不足导致的激励不足和规制不足，这是司法控制路径所必然面临的难题。对此，有学者主张改造法院的被动角色，提高法院的事前决策能力，在法院成立一个由相关领域的专家、工程师和律师组成的常设委员会，负责对相关行为的事前审查，如果行政机关新批准的技术性投资可能存在公共风险，则法院应当通过专门委员会对其进行二次审查，以决定其是否可以付诸实施。[②] 在实际立法中，随着大规模侵权案件的频繁发生，私人赔偿能力的不足大大制约了司法控制路径的规制效果，立法者因此在食品安全、药品、环境等领域建立了事前的行政规制措施，以弥补司法控制路径的缺陷。

八、小结：理想与现实之间的差距

关于司法控制路径的实施效果，前文列举的影响因素属于不完全列举，它们包括但不限于私人诉讼的启动障碍、原告个人最大化行为与规制目标之间的差异、事实问题不可验证性带来的举证困难、法官的政策判断能力不能满足规制的需要、不确定的行为预期对规制效果的影响、执行难引发的规制不足或规制过度等。这些影响因素看似分散，但实际上可以归结为一个因素，即司法控制路径的实施成本，或称为交易成本。司法控制路径的实施成本就像物理世界的"摩擦力"一样，是实现理想规制目标的障碍或阻力。在通常情况下，司法控制路径的实施成本越高，则实现规制目标的阻力就越大，因而其规制效果也越差。反之，当司法控制路径的实施成本越低，则实现规制目标的阻力就越小，因而其规制效果也越好。这是司法控制路径在实施过程中的基本规律和原理。

由于制度实施成本的多样性且无处不在，因而司法控制路径不可能实现制度设计者的理想目标，这正是理想与现实之间的差距。与理想的制度设计相比，司法控

---

① See Richard Macminn, "On the Judgment Proof Problem", 27 *Geneva Papers on Risk and Insurance Theory.*, 143 – 152(2002); Thomas J. Miceli and Kathleen Segerson, "A Note on Optimal Care by Wealth Constrained Injurers", *Intl Rev L & Econ.*, 23, 273 – 284(2003); Giuseppe Dari-Mattiacci, Gerrit De Geest, When Will Judgment Proof Injurers Take Too Much Precaution, Intl Rev L & Econ. Working paper version published as George Mason Law & Economics Research Paper No. 03 – 56.

② See Joel Yellin, "High Technology and the Courts: Nuclear Power and the Need for Institutional Reform", 94 *Harv. L. Rev.*, 489, 497(1981).

制路径的实施过程是当事人之间、当事人与法官(或法院)之间的博弈过程。在该过程中,每个人都在约束条件下追求自身利益的最大化,这使通过私人诉讼实现规制目标的企图,在实施过程中极易出现个人利益最大化行为与规制目标之间的冲突,这是司法控制路径的结构性缺陷。对此,美国的情况也不例外,爱泼斯坦的研究表明,普通法在实施层面的非效率性,是普通法的"结构性特征"所必然带来的结果。他认为,普通法将大量的案件置于普通法系统之外,受到规则不利影响的人也运用各种资源对抗规则的实施,甚至规避这些规则。因此,"普通法规则只构成法律跑马场的一小部分",对于那些紧迫的社会问题,用行政规制代替司法控制也许是更优的选择。① 总而言之,在制度实施层面,司法控制路径存在较高的实施成本,这是司法控制路径的结构性缺陷所致。为此,世界各国纷纷开始进行制度改革,主要包括两部分:一是实体制度的改革;二是程序制度的改革。但即便如此,司法控制路径的实施成本与结构性缺陷依然存在。

关于司法控制路径,理想与现实之间的差距给我们带来的启示是:也许在理想的条件下,个人理性可以导致集体理性;但在制度实施层面和现实世界中,人们追求个人利益最大化的行为往往会偏离公共目标。从社会性规制的角度来看,司法控制路径的最佳实施条件在现实世界中是不具备的,单独依靠司法控制路径无法从根本上解决外部性和内部性问题。从目前的情况来看,为规制现代工业化和社会转型期所出现的各种社会问题,最高人民法院将司法用于落实公共政策,这在一定程度上能够化解一部分社会矛盾和公共风险,但是,由于司法制度的结构性缺陷和实施成本的普遍存在,单独依靠法院根本无法解决现代社会面临的各种风险。因此,不管制度设计者的初衷如何善良,也不管制度设计如何精妙,司法控制路径的结构性缺陷和实施成本都将打破制度设计者的浪漫幻想。这是本书研究司法控制路径的实施问题所得出的基本结论。

通过本章的研究笔者发现,在制度实施层面,不管是行政规制还是司法控制,都无法满足前述理想的规制条件,因为它们都存在高昂的实施成本。两种路径的实施成本源自两个无法克服的因素:一是人性的因素;二是制度性因素。(1)人性的因素是指理性经济人对个人私利的追求,其中包括行政执法人员、法官、被规制企业和个

---

① See Richard A. Epstein, "The Social Consequences of Common Law Rules", 95 *Harv. L. Rev.*, 1717 (1982).

人,他们追求私人利益最大化的行为引发了行政规制路径实施中的“委托—代理”问题、行政机关对执法人员的有限控制、被规制者的对策行为等问题,以及司法控制路径实施中的私人诉讼启动障碍、诉讼和解对规制效果的消解、法官的政策判断能力缺乏、不确定的行为预期等问题,以上这些问题都是因为个人逐利的本性所致。从解决对策的角度,我们只能通过法律制度的设计和实施来缓解这些问题,而无法从跟本上解决这些问题。换句话说,这些问题的存在是必然的或无法避免的。(2)制度性因素是指两种规制路径都存在结构性缺陷,这些缺陷决定了制度实施成本的不可避免性。例如,行政规制路径具有事前规制的特点,这一特点决定了行政规制对信息的依赖性,而信息获取成本的存在,决定了行政规制路径实施成本的不可避免性。再如,司法控制具有事后规制的特点,然而,事故成本的“定价”难题、事实问题的不可验证性、被告责任财产不足等问题,决定了事后法律责任对潜在加害人的激励不足,由于激励机制是司法控制路径的核心,因而激励不足势必削弱司法控制路径的实施效果。因此,不管是行政规制路径还是司法控制路径,它们在实施过程中都存在不可避免的实施成本,正是这些实施成本显著影响着两种规制路径的实施效果。综上所述,由于两种规制路径在实施层面都存在无法避免的实施成本,这些实施成本严重影响了两种路径的实施效果,这是两种路径存在的难以克服的内生性缺陷。因此,在制度设计层面无差异的两种规制路径,在制度实施层面便有了优劣之分,规制路径的选择也因此具有了实际意义。如何选择更好的规制路径?这将是下一章集中研究的问题。

第四章　两种不完善路径之间的选择

在对比行政规制与司法控制路径实施成本的基础上，本章将构建路径选择理论的基本分析框架。前文的研究表明，由于两种路径在实施层面都无法实现最优的规制效果，因而就需要从中选择一个实施效果更好的规制路径。那么，哪一条路径的实施效果更佳？这取决于两种路径的实施成本及其效果。因此，路径选择理论的构建将从比较研究的视角，以两种路径的实施成本为依据，选择实施成本更低的规制路径。本书采用的这一分析思路，实际上也是科斯在其《社会成本问题》中构建的基本理论模型，用科斯的话说，"在对不同社会格局进行选择时，应当考虑其总的交易成本"，并在对比实施成本的基础上，选择总成本最低的方案。只有这样才能实现社会性规制的目标："以更低的成本构建更安全的社会"。

第一节　路径选择理论的基本框架

一、用更低的成本建设更安全的社会

行政规制路径与司法控制路径在实施层面都需要付出高昂的实施成本，这是它们难以克服的内生性缺陷。面对两个均不完善的规制路径，如何在它们二者之间作出选择？这取决于它们的实施成本与实施效果。由于实施成本无处不在，它就像物理世界的"摩擦力"一样，是规制路径实现理想

规制目标的障碍或阻力。在既定条件下,实施成本更低的路径也是“摩擦力”更小的路径,“摩擦力”更小往往意味着实施效果更佳。因此,选择实施成本更低的规制路径,往往也选择了规制效果更佳的路径。① 只有这样才能实现“用更低的成本建设更安全的社会”之目标。问题的关键由此转化为:哪一条路径的实施成本更低?因此,关于行政规制路径和司法控制路径之间的选择,我们应当遵循如下原则:

行政规制路径与司法控制路径之间的选择取决于其实施成本的高低。

以制度实施成本(或称为交易成本)作为路径选择的基本标准并非本书的首创,这一原则遵循了科斯在解决外部性问题上的基本思路。科斯在《社会成本问题》一文中认为,外部性问题产生的原因是:缺乏明确界定的产权,并存在高昂的交易成本。从解决对策的角度,不管是选择行政规制还是司法控制,都应当遵循以下原则:“只有得大于失的行为才是人们追求的。……在对不同社会格局进行选择时(不论是市场机制还是政府部门),应当考虑其总的交易成本。”②科斯的这一思路被后来的学者继续沿用。波斯纳在其《法律的经济分析》一书中认为:“在市场机制失灵的情况下,人们认为有必要对此进行公共规制,选择仅仅是在自由市场和公共规制之间的选择。这种观察问题的方法会将人引入歧途。这实际上是公共规制的两种方法——私人诉讼的普通法体系和直接控制的行政规制体系之间的选择,这种选择需要在不同的环境下,权衡两种体制的优劣之后才能做出。”③这里所谓的“权衡两种体制的优劣”,实际上正是本书将要比较的两种路径的实施成本。对此,丹尼尔在《管制与市场》一书将这一思路表述的更为清晰,他认为:在解决外部性和内部性问题上,“司法执行和行政管制的交互使用,取决于这些选择在改进资源配置方面的相对成本及效果”。④ 因此,本书将继续沿用学术界的这一研究思路,通过对比行政规制路径和司法控制路径的实施成本大小,从而选择实施成本更低的规制路径。这一研究思路可以简单表述为:“用更低的成本建设更安全的社会。”它包括以下两方面

① 该分析思路建立在以下假设条件下:两种备选路径的规制标准设计(即行政规制中的行为谨慎标准和司法控制中的责任威慑程度)符合社会最优标准,参见第四章“前提假设与研究思路”部分的论述。在这一假设条件下,两种规制路径之间的选择取决于谁的实施成本更低。

② Ronald H. Coase, “The Problem of Social Coast”, 3 *Journal of Law and Economics.* , 1, 1 – 44 (1960).

③ [美]理查德·波斯纳著:《法律的经济分析》,蒋兆康译,中国大百科全书出版社 1997 年版,第 483 页。

④ 参见[美]丹尼尔·F. 史普博著:《管制与市场》,余晖等译,上海三联书店 1999 年版,第 55 页。

内容:第一,最低的成本:即在两种路径当中选择实施成本最低的路径;第二,更安全的社会:即将事故的成本降至最低,其中包括事故造成的私人成本和社会成本。

二、在比较基础上作出选择

前文的研究表明,不管是行政规制路径还是司法控制路径,它们在实施层面都存在较高的实施成本,因而社会性规制中的路径选择是在两个不完善路径之间的选择。如何在两者之间作出选择?这有赖于对两种路径的实施成本进行比较。对此,理论上存在两种比较方法:一是在个别问题上对两种路径进行比较(以下简称单项比较);二是对两种路径进行综合比较。下文详述:

(一)两种规制路径的单项比较

关于行政规制路径与司法控制路径之间的选择问题,既有研究成果主要是在个别问题上进行单项比较,其基本思路为:假设其他条件不变,一次比较一个因素,分析该因素影响下的最优规制路径。例如,信息成本影响下的最佳规制路径、机会主义问题影响下的最优规制路径、当事人责任财产影响下的最优规制路径,诸如此类。结合上一章的研究来看,有待比较的因素如下:

第一,信息获取成本之比较。不管是行政规制路径还是司法控制路径,信息获取成本都是它们在实施层面难以绕开的关键问题。更多的信息往往意味着更有效的规制,因而高昂的信息获取成本将制约规制效果的实现。在路径选择问题上,我们应当选择信息成本更低的规制路径。哪一种规制路径的信息获取成本更低?这将是下文重点比较的问题之一。

第二,技术性问题的应对能力之比较。社会性规制涉及众多技术性较强的领域,例如转基因食品的危害性、新开发药品的副作用、污染物对人体健康的影响、汽车机械设备是否存在安全风险等,这些都需要专业技术人员进行监测。在路径选择问题上,是否有能力应对技术性问题,这将成为路径选择的重要影响因素。

第三,机会主义倾向之比较。行政执法人员和法官的机会主义行为,将导致规制工具在实施过程中偏离既定的规制目标。因此,在路径选择问题上,行政执法人员和法官的机会主义倾向是不得不考虑的因素。为降低规制路径的实施成本,理论上应当选择机会主义倾向更弱的规制路径。至于谁的机会主义倾向更弱,这有待于下文的比较研究。

第四,政策判断能力之比较。在规制路径实施过程中,如何进行准确的问题诊断？如何区别对待不同的规制对象？如何确定最佳的行为谨慎标准？如此种种，这些都对行政执法人员和法官的政策判断能力提出了较高的要求。一般来讲，更灵活的政策判断能力往往意味着更好的规制效果。至于谁的政策判断能力更灵活，有待下文进一步研究。

第五，事前规制与事后规制之比较。行政规制与司法控制还有一个重要差别，即事前和事后规制之间的差异，这一差异将对两种规制路径的实施成本产生重大影响。例如，事前规制相对而言缺乏针对性，并对所有规制对象进行“一刀切”处理，而事后规制则具有一定的选择性和针对性；此外，事前规制可以一次解决所有类似问题，而事后反复起诉则缺乏规模优势。以上这些差别是路径选择理论必须考虑的因素。

第六，其他相关问题上的比较。除了上述差异之外，行政规制路径与司法控制路径在规制权（或管辖权）的配置、规制程序的启动障碍、被规制者的对策行为等方面也存在重大差异。以上这些差异都将影响两种规制路径的实施成本和实施效果。为选择最佳的规制路径，本书需要对以上这些因素逐一进行比较分析。

（二）两种规制路径的综合比较

在单项比较的基础上，本书将把各种因素糅合在一起，对两种规制路径进行综合比较，并在综合比较的基础上对两种规制路径的优缺点进行综合判断。关于综合比较的方法，最理想的做法是：根据中国的实际情况，将各种因素对实施成本的影响力赋值，然后相加得出两种规制路径的总得分，并据此选择实施成本更低的路径。但是，这一理想思路在现实中有两个困难：第一，由于影响实施成本的因素众多，并随着社会的发展和不同的规制领域而发生变化，因而很难穷尽所有的影响因素；第二，对各种影响因素进行赋值更加困难，而且没有一个科学的标准来衡量赋值是否准确。鉴于此，综合比较两种规制路径的实施成本是难度较大的工程，这也是既有研究只进行单项比较的原因。本书将退而求其次，不使用赋值加总的比较方法，而是在单项比较的基础上，将单项比较的结论综合在一起，对行政规制路径与司法控制路径的优缺点进行宏观上的综合判断。

第二节　两种路径的实施成本比较

一、信息获取成本之比较

(一)行政规制的主动性:行政机关需主动搜集信息

第一,行政规制的主动性特征。与司法控制相比,行政规制有一个重要特点,即规制者需要运用国家公权力,主动限制或禁止风险行为。该主动性特征决定了规制者必须首先获取有关规制对象的信息,而后才能对其进行规制。① 根据行政规制的不同类型,规制者所需的信息至少包括两类:(1)在事前规制情况下,规制者首先需要获取有关潜在违法行为的信息,其中包括不同市场主体的行为样态、风险状况、谨慎程度等。规制者只有获取这些方面的信息,才可以根据行为风险的高低,决定是否采取事前规制措施,以及采取何种规制措施。否则,只能采取"一刀切"的规制或者放任风险的存在;(2)当违法行为已经发生时,规制者只有获取有关违法行为的具体信息,才可以采取相应的事后规制措施,这些信息包括违法行为是否发生、危害性、对他人和社会造成的影响等。否则,违法行为将逃避行政规制。因此,对于行政规制来讲,不管是采取事前还是事后的规制措施,规制者都需要积极主动搜集信息,但信息的获取是需要成本的。

第二,高昂的信息搜集成本与缓解措施。在行政规制过程中,行政执法人员需要主动寻找信息,这是行政规制的前提条件。行政机关搜集信息的方式主要是派驻市场"警察"跟踪交易、对市场行为进行监测、对风险进行评估、对产品进行检验等。由于市场行为和产品的多样性与复杂性,行政机关往往需要建立一个庞大的执法团队来搜集信息,随之而来的是机构、人员、编制、工资等,而这些都需要高昂的成本付出。正是由于高昂信息成本的制约,行政机关才推出了产品抽检、免检、鼓励个人举报、强制信息披露等缓解措施。即便如此,行政规制中的信息获取还主要依赖于行政机关主动的信息搜集。例如,在环境规制领域,只有将环境污染带来的外部社会成本完全内部化才能有效规制环境污染,要实现这一目标,行政执法人员就必须有能力评估环境污染带来的所有外部社会成本,其中包括对周围居民、大气、水源、牲畜、农业等造成影响,并在综合考量环境污染的社会成本与收益的基础上,才能够确

---

① See Steven Shavell, "Liability for Harm Versus Regulation for Safety", 13 *J Legal Stud.*, 357(1984).

定最佳的排污标准或数量,而这主要依赖行政机关主动搜集信息。

第三,被规制者积极隐藏信息的激励。行政规制所需的“内部信息”,①有相当大一部分掌握在被规制者手中。当行政规制机关积极搜集信息时,被规制者为了个人利益的最大化,将会有充足的激励实施对策行为来隐藏信息,以避免受到行政机关的规制,这将大大提高行政机关的信息搜集成本。例如,食品安全规制领域的“地沟油”问题,被规制者为了获取非法利益,有充足的激励将“地沟油”加工厂转移至偏远的郊区或农村地区,并在工厂附近“设岗放哨”、通风报信,以逃避行政机关的追踪。与此类似的还包括“黑砖窑”问题,它们较高的隐蔽性大大提高了行政规制机关的信息获取成本,因而被规制者隐藏信息的对策行为,对于规制者的信息搜集难题而言更是雪上加霜。因此,行政规制的主动性特征和被规制者隐藏信息的对策行为,大大提高了行政机关的信息搜集成本。

(二)司法控制的被动性:法院坐等当事人来披露信息

第一,司法控制的被动性特征。与行政规制相比,司法控制路径的实施具有被动性的特征。司法控制路径的被动性体现为,法院无须主动实施规制,而是借助当事人提起的私人诉讼,以坐堂问案的方式对外部性或内部性问题进行规制。正是基于这一原因,法官在司法控制路径的实施过程中,一般不需要积极主动地搜集信息,而是坐等当事人来披露信息。这是由司法控制路径的作用原理所决定的。由此,法院与行政规制机关相比,就免去了高昂的信息搜集成本,这也是司法控制路径在信息成本方面的优势所在。

第二,诉讼当事人主动披露信息的激励。司法控制路径之所以具有被动性特征,这与诉讼当事人的激励相关。具体来看,司法控制路径的作用原理是借助诉讼当事人对私人利益的追求、来实现社会公共规制效果。对于个人来讲,当受到外部性或内部性行为侵害时,只有诉讼的预期收益大于为此付出的诉讼成本时,个人才有充分的激励提起私人诉讼。为了取得胜诉的结果,诉讼当事人会有充分的激励去保存证据、搜集信息,并向法官披露有关违法行为的信息,而法官只需要组织双方当事人对彼此提供的证据信息进行质证即可。

第三,诉讼当事人更接近信息源。在司法控制路径实施过程中,法院之所以无需像行政机关那样主动寻找信息,除了当事人有积极披露信息的激励之外,还在于

---

① See Pamela H. Bucy, “Private Justice”, 76 *Southern California Law Review.*, 1(2002).

诉讼当事人往往更接近信息源，由当事人提供信息的成本更低。例如，住在化工厂附近的居民比行政机关或法院更了解工厂是否排放了污染物，以及什么时候开始排污；再如，购买食品的消费者一般比行政机关或法院更容易了解食品是否变质或过期，因而由消费者提供此类信息的成本更低。相比之下，行政机关或法院却不可能在每一家工厂、每一次交易中派驻市场"警察"来监督并发现信息。因此，司法控制路径的实施所需的信息，大部分由当事人提供，法院只有在极个别情况下，才会主动去搜集信息(下文详述)。

(三)路径选择：司法控制优于行政规制

综上所述，行政规制与司法控制相比，在信息获取方面至少存在以下差异：

第一，主动搜集信息与被动接受信息之间的差异。司法控制路径实施中所需的信息，主要由诉讼当事人主动提供，因而减少了信息成本方面的支出；相比之下，行政规制机关则需要主动去搜集信息，这将是一笔不小的成本支出。

第二，积极隐藏信息与主动披露信息之间的差异。在司法控制路径实施中，诉讼当事人为实现个人利益最大化，往往会积极向法院披露信息，一旦有人提供了虚假信息，也会受到对方当事人的质证；相比之下，在行政规制过程中，被规制者为实现个人利益最大化，往往会通过对策行为来隐藏信息，这将大大提供行政规制机关的信息搜集成本。

第三，信息提供者距离信息源的远近差异。一般来讲，行政规制路径由距离信息源更远的行政机关搜集信息，而司法控制路径则由距离信息源更近的当事人来披露信息，这符合基本的经济效益原则，即由掌握信息更多的人提供信息，这样可以有效降低信息成本。

基于以上三个理由，笔者可以得出如下基本判断：行政规制与司法控制路径相比，行政规制的信息获取成本相对较高，假定其他影响因素不变，单从信息获取角度来看，选择司法控制路径更容易实现规制目标——用更小的成本建设更安全的社会。对此，柏林斯基和萨维尔的观点也印证了上述判断，他们认为，"公共执法(即行政规制)与私人执法(即司法控制)的不同之处在于识别违法者的信息难题。当受害者能够很容易识别加害人时，允许他们通过私人诉讼的形式执法，将会激励受害者积极利用其所掌握的私人信息，从而提高执法效率。识别加害人信息的难易程度解释了为什么合同法和侵权法的执法主要通过私人诉讼的形式完成”。[①] 综上所述，假定其他影响因素保持不变，单从信息获取成本的角度来看，理论上应当选择司法控制路径，因为司法控制路径由掌握更多信息的人来披露信息，这可以大大降低规制过程中的信息获取成本。

二、技术性问题的应对能力之比较

（一）社会性规制中遇到的技术性问题

社会性规制涉及众多技术性较高的领域。正如前文所言，社会性规制所涉及的领域主要包括食品安全、药品安全、环境污染、汽车安全隐患、工业生产事故等领域，它们都存在较高的专业性和技术性。例如，转基因食品的危害性、新开发药品的副作用大小、污染物对人体健康的影响等，都需要专业技术人员进行监测。再如，在交通事故和工业事故规制领域，相关机械设备是否存在安全风险、特定交通事故或工业事故是否因为机械设备的固有风险所致，这些都有赖于该领域的专业技术人员来鉴定。而且，由于科学技术上的限制，甚至连专业技术人员也难以确定其风险状况。

面对以上较强的技术性问题，不管是行政规制路径还是司法控制路径，它们在实施过程中都面临技术性问题的困扰。（1）就行政规制而言，行政机关在实施规制措施之前，必须对规制对象的风险状况、质量状况、可能的副作用、对人体健康和环境的影响有充分的了解和评估，才可以选择适当的规制工具进行规制；（2）就司法控制路径而言，事后规制的特点要求当事人必须对一些特定的事实问题进行举证，例如，消费者的损害是否因为食用不安全的食品或药品所致，企业排放的污染物是否是周围居民健康状况下降的原因，这些都需要诉讼当事人通过技术性鉴定才能加以证明。由此引发的问题是：为规制技术性较强的问题，行政规制路径与司法控制路径何者更具有优势？

（二）行政规制与司法控制的优势对比

1. 行政机关在处理技术性问题时的分工与专业优势

在处理技术性问题上，行政规制机关与法院或诉讼当事人相比，前者更具专业性。这是因为，各个国家一般都拥有一个相对庞大的行政管理体系，其中的各个部

---

① Mitchell Polinsky, Steven Shavell, “The Economic Theory of Public Enforcement of Law”, 38 *J. Econ. Literature.* ,45(2000).

门一般都存在专业上的分工，例如，食品药品监督管理部门主要负责食品和药品安全的规制、环境保护部门主要负责环境污染问题的规制、交通行政管理部门主要负责交通安全的规制等。总体来看，一个有待规制的领域往往存在相应的行政规制机关，这些行政机关各自负责特定的规制领域，并长期与该领域或行业保持接触，因而对相关行业的了解程度也更深。而且，行政机关由于工作的需要，往往会在特定岗位安排相应的技术专家，或设立专门的技术鉴定或研究机构，以配合行政规制的实施。相比之下，各国的法院体系相对单一，法院要处理各种类型的纠纷，法院的这一功能定位决定了它不可能像行政机关那样，在内部设置各个领域的技术专家。“技术标准问题涉及广泛的领域，每个领域都有自己的专业知识、术语，法官并非这些问题的专家，也没有必要成为这些领域的专家，因此，不能要求法官对纯粹的技术问题作出准确的判断。其次，技术标准常常涉及某些未知事项，有时这种未知事项还有高度的不确定性。所以，当这样的技术问题被当事人作为争议焦点摆到法官面前的时候，事实认定变得非常困难。如果要求法官对这样的技术标准问题作出专业的、准确的认定，可能需要借助复杂的计算模型，甚至需要统计学的帮助，以便在纯技术事实间进行推演。这已经大大超出了法官的能力”。[①] 此外，诉讼当事人就更不可能拥有行政机关那样的专业技术优势。因此，相比较而言，行政机关在处理技术性问题上具有更强的专业优势。

2. 行政机关在处理技术性问题时的规模优势

在技术性较强的领域，其存在的风险往往属于公共风险，公共风险的特点在于，风险分布极为广泛，一旦出现事故，往往是大规模侵权事故。“公共风险往往伴随着大规模的工业生产而存在，并且分布极为广泛，它们远远超出了个人的理解能力和风险掌控能力”。[②] 例如，在环境污染、核工业事故、食品缺陷、疫苗污染、汽车安全隐患等领域，这些公共风险事故往往呈现群体性分布，并且受害者众多、损害结果具有不确定性和较长的潜伏期。如何对这些问题进行规制？

首先，对于行政规制而言，由于行政规制工具的普适性特点，当面对技术性较强的群体性致害事故时，行政机关可以运用其专业优势，委托该领域的技术专家或鉴定机构，进行统一的风险评估、损害认定和因果关系判断，并将其认定结果适用于所

---

① 吴英姿：《司法的限度：在司法能动与司法克制之间》，载《法学研究》2009 年第 5 期。

② Peter Huber, "Safety and the Second Best: The Hazards of Public Risk Management in the Courts", 85 *Colum. L. Rev.*, 277, 277 - 278 (1985).

有受害者。这样可以避免单个受害者分别委托专家或专业鉴定机构进行事故认定或技术鉴定,这是典型的规模优势。例如,在"三鹿奶粉事件"中,受到损害的婴儿达30万人之众,如果这30万名受害者为提起私人诉讼,分别进行取证和技术鉴定,这将会导致巨大的资源浪费。对此,政府实际上也借助行政规制的规模优势,一次性地解决了所有受害者的损害认定和赔偿问题。这里暂且不论其做法是否合理,单就行政规制的规模优势来看,这是私人诉讼所不可比拟的。

其次,对于司法控制路径而言,它旨在通过私人诉讼和法官的司法裁判来激励潜在违法者积极采取预防措施,以避免损害的发生或降低事故的成本。私人诉讼由此成为司法控制路径的实施工具。然而,当面对技术性较强的群体性事故时,由于受害者人数众多,他们在私人诉讼中往往需要分别进行损害认定和技术鉴定,因而通过私人诉讼进行规制显然会出现重复技术鉴定和"讼累"问题,[①]从而浪费了司法资源和专业技术资源。正如柏林斯基和萨维尔所言:"依赖私人执法的问题在于,当私人执法有利可图时,每个人都要去执法,这不符合规模效益原则。"[②]由此可以认为,司法控制路径显然缺乏规模优势。

(三)路径选择:行政规制优于司法控制

综上所述,与司法控制路径相比,在处理技术性较强的问题上,行政规制机关具有显著的专业技术优势和规模经济优势。因此,当遇到较强的技术性问题和群体性损害时,若其他影响因素保持不变,理论上应当选择行政规制路径,只有这样才有利于实现规制目标——用更小的成本建设更安全的社会。

三、规制者的机会主义倾向之比较

规制者的机会主义倾向是影响路径选择的重要因素,它是指法官或行政执法人员在法律实施过程中,为追求个人私利而实施的偏离规制目标的行为。为降低规制过程中的实施成本,理论上应当避免行政执法人员或法官的机会主义行为。由此,比较行政执法人员和法官的机会主义倾向对路径选择理论具有重要意义。由于影

---

① 参见为缓解"讼累"问题,中国在制度上虽然存在代表人诉讼和集团诉讼,但它们在实践中却面临实施困境。参见宋亚辉:《消协在大规模侵权案件中的诉讼信托研究》,载《甘肃政法学院学报》2011年第1期。

② See Mitchell Polinsky, Steven Shavell, "The Economic Theory of Public Enforcement of Law", 38 *J. Econ. Literature.*, 45(2000).

响机会主义倾向的因素众多,下文将主要从制度结构、问责制、内部控制、社会规范、自然人个体差异等角度进行简要分析:

(一)制度结构上的差异与机会主义倾向

基于结构—功能主义的分析思路,特定的制度结构决定了人们的行为选择。依据这一思路,行政执法人员和法官的机会主义倾向,与两种路径的制度结构密切相关。本书将行政规制路径的制度结构称为"线性结构";将司法控制路径的制度结构称为"三角结构"。两种路径在制度结构上的差异,将影响行政执法人员和法官的机会主义倾向,以下分别论述:

1. 行政规制的"线性结构"与机会主义倾向

行政执法人员的机会主义倾向与行政规制的"线性结构"密切相关。行政规制的"线性结构"主要体现为:在行政规制路径实施过程中,行政执法人员与行政相对人之间的关系体现为典型的"命令—服从"关系,或单向的隶属关系。一般来讲,行政执法人员在隶属关系中可以向行政相对人发号施令,而行政相对人则必须遵守,相互之间缺乏谈判与妥协的余地。由此带来的影响是,行政执法人员在执法过程中难以受到行政相对人的制约。当然,这里所指的不受制约是相对而言的。[①] 按照一般的理解,权力总是具有自我膨胀的本能,如果某人拥有不受制约的权力,则存在机会主义倾向就是顺理成章的事情了。正如前文所言,行政规制中的机会主义倾向体现为,行政规制机关及其执法人员的"寻租""偷懒"、被"俘获",从而作出有利于被规制者的决定,最终偏离行政规制的目标。

2. 司法控制的"三角结构"与机会主义倾向

与行政规制的"线性结构"相比,司法控制路径呈现出"三角结构"。司法控制路径的"三角结构"主要体现为:在司法过程中,原告、被告和法官之间形成了一个彼此制约的三角形结构。[②] 在这一制度结构中,双方当事人根据法定诉讼程序相互对抗、相互制约,法官仅处于居中裁判者的地位。与行政规制过程相比,司法过程是三

---

① 本书作出这一判断是相对于法官的司法权而言的。实际上,没有哪一种权力是不受制约的,行政法自身当然也存在相应的制约机制,例如,行政相对人的陈述答辩权和提起行政诉讼的权利。就陈述答辩权而言,它是一种程序上的制约机制,但它只具有附属性,难以对行政规制中单向的"命令—服从"关系产生决定性的影响;此外,行政相对人的诉权也无法改变行政规制的结构性特征。

② 在不同的司法体制下,他们三者相互之间的制约程度也存在差异。例如,在对抗主义体制下,司法过程主要体现为当事人之间的对抗与制约,法官的角色比较被动;在职权主义体制下,法官发挥着相对积极的作用,与当事人之间的相互对抗与制约相比,法官与当事人之间的制约相对较弱。

方法律主体之间的互动过程,这一结构特征对法官的制衡作用较强。因为在庭审过程中,法官要共同面对双方当事人,法官的任何举动都被相互对抗的双方当事人看在眼里,这对法官而言是一种强大的制约力量。而且,与行政规制过程中单向的"命令—服从"关系相比,法官仅在主持庭审程序上具有主导性地位,法官针对实质性问题作出的决定,主要依赖双方当事人的证据与质证过程。因此,司法制度的"三角结构"使法官更多地受到双方当事人的制约,相较于行政规制的"线性结构",法官所处的相互制约的制度结构有利于降低法官的机会主义倾向。

(二)其他因素对机会主义倾向的影响

1. 内部控制体系对机会主义倾向的影响

行政机关和司法机关的内部控制体系,也是影响机会主义倾向的重要因素。这里的内部控制体系主要是指行政机关的上下级之间、行政官僚的上下级之间的控制与制约机制;法院的上下级之间、法院对法官的控制与制约机制。一般来讲,各国的行政管理体系和司法管理体系存在较大差异,行政管理体系严格遵守上下级之间的隶属关系,即所谓的"官僚制",官僚制的内部控制体系较为严密;相比之下,司法体系一般不像行政管理体系那样严格遵守上下级之间的隶属关系,而主要体现为业务上的指导关系,因而其内部控制体系也相对宽松。由于内部控制体系主要是为了实现国家意志或领导意志的执行,因而严格的内部控制体系将大大降低机会主义行为。就目前的情况来看,行政管理体系与司法管理体系逐渐趋同化。理论上很难判断行政机关和司法机关的内部控制体系何者更严格,从而无法判断行政执法人员与法官何者的机会主义倾向更明显。

2. 问责制对机会主义倾向的影响

关于问责制,理论研究主要针对行政机关及其执法人员,即所谓的行政问责制。但是,由于中国目前广泛存在"错案追究制",这使司法问责制也开始受到学术界的关注。问责制作为事后的行为控制体系,它能够大大降低机会主义倾向。但就目前的情况来看,由于行政和司法都存在问责制,而且各地的执行力度也存在较大差异,因而很难判断行政与司法问责制何者更为严格,从而难以判断行政执法人员与法官何者的机会主义倾向更明显。

3. 社会规范、人的个体差异对机会主义的影响

社会规范与自然人的个体差异也是影响行政执法人员和法官机会主义倾向的重要因素。例如,不管是行政执法人员还是法官,强烈的正义感和责任心将有利于

降低其机会主义倾向;反之,一个责任心缺乏、生活腐化的行政执法人员或法官,在法律实施过程中更容易产生机会主义行为。由于人与人之间复杂的个体差异,这里很难判断谁的机会主义倾向更明显。

(三)路径选择:司法控制优于行政规制

行政执法人员与法官相比,谁的机会主义倾向更明显?由于影响机会主义倾向的因素众多且难以进行量化考核,因而这是个难以作出一般性判断的问题。但总体上来看,行政规制路径与司法控制路径的差异主要体现为制度结构上的差异,即前述“线性结构”和“三角结构”之间的差异,如果不考虑其他相关因素的影响(如内部控制、问责制、社会规范和个体差异),行政执法人员一般比法官的机会主义倾向更强。当然,基于制度结构上的判断具有一定的盖然性,在特定情况下完全可能出现相反结论。

四、个案判断上的灵活性之比较

在食品安全、环境污染和交通事故等风险规制领域,被规制者的个人情况往往存在较大差异。例如,被规制者的风险大小、风险控制能力、事故的严重程度等,均存在较大差异,这就给规制者提出了较高的要求。面对纷繁复杂的社会现实,“一刀切”的处理方法实际上是将复杂问题简单化,这不利于规制目标的实现。从理论上讲,更理想的做法是对不同的规制对象进行区别对待,根据不同人的风险高低、风险控制能力和事故的严重程度,提供有针对性的规制措施。这就要求规制者在个案判断上要具有灵活性。以下将围绕规制标准或行为谨慎标准问题,具体比较两种规制路径在个案判断上的灵活性差异。

(一)事前行政规制的“一刀切”处理与灵活性欠缺

前文关于行政规制工具系谱的梳理表明,行政规制主要以事前规制为主。事前规制的难题在于,它存在显著的信息不对称与较高的信息获取成本,规制者不知道哪一个行为或哪一个产品需要规制,以及采取何种规制措施。面对这一问题,行政规制路径的应对之策是,对所有规制对象(行为或产品)设定统一适用的规制标准。由此,行政规制的逻辑可以总体描述为,针对特定的规制对象(可以进一步细分,但难以具体到个案),先行设定统一适用的规制标准,在此基础上,由行政规制机关按照该普适性标准统一执行。行政规制的这一运行逻辑可以简单表述为“一刀切”的处理方法。在规制实践中,行政规制机关针对不同规制对象采取“一刀切”的处理方法,将使行政规制在个案判断上缺乏灵活性。① 此外,行政法所遵从的"依法行政原则"和"法无明确规定不可为"的信条,进一步加剧了其缺乏灵活性的特点。

然而,为实现预期规制目标,对被规制对象进行区别对待是十分必要的。例如,在交通事故规制领域,不同的驾驶员、在不同的路段、驾驶不同的车辆发生事故的风险不同,为实现最有效的规制,理论上应当根据驾驶员、路状和车况的不同,设定不同的行为谨慎标准,只有这样才能最小化事故的总成本。但是,从事前规制的角度来看,要达到这一最佳的规制标准,需要行政机关在事前获取各方面的信息,例如,不同驾驶员的驾驶技能、不同路段的风险状况、汽车的安全性能等,并需要通过加总以上信息对风险状况进行综合判断,由于信息获取成本的限制,以上要求对于行政规制者而言是极其困难的。

为降低信息成本方面的支出,行政规制者只能退而求其次,采取"一刀切"的处理方法,针对不同领域规定一些普适性的技术标准。例如,为降低交通事故的成本,行政规制者在特定路段规定了最高限速标准、驾驶员的资格限制、禁止醉酒驾车、汽车各部件的安全技术标准等。这些行政规制标准有一个共同的特点,即不区分驾驶员和汽车生产商的个人情况,采取"一刀切"的普适性标准。由此带来的结果是,行政执法人员在规制工具实施过程中,将严格按照规定的技术标准进行执法,不管实践中是否发生了事故,只要存在无照驾驶、醉酒驾车、超速行驶、汽车安全标准不达标等情况,即被视为违法。这对于社会性规制目标而言——用更低的成本建设更安全的社会,极有可能造成规制过度或规制不足。例如,这些标准对于技术高超的老驾驶员来讲,可能存在规制过度,从而限制了他们个人能力的发挥;但对于"新手"来讲,可能还远远不够。以上这些情况表明,以事前规制为主的行政规制工具所具有的"一刀切"的特点,导致行政执法人员在个案判断上的灵活性欠缺。

(二)事后司法控制的个案判断与灵活性优势

司法控制路径要想实现最佳的规制效果,就要求法官必须根据加害人的实际情况,选择适用最佳的行为谨慎标准。这是"政策实施型司法"对法官的个案判断能力

---

① See Steven Shavell, "Liability for Harm Versus Regulation for Safety", 13 *J Legal Stud.*, 357 – 374 (1984); Steven Shavell, "A Model of the Optimal Use of Liability and Safety Regulation", 15 *Rand J Econ.*, 271 – 280 (1984).

提出的要求。① 由于司法控制路径具有事后规制的特点,事后规制的优势在于:信息获取相对容易。这是因为,相关行为已经作出或产品已被生产出来,法官可以借助私人诉讼对相关当事人的行为进行个案判断,以确定其是否达到了最优谨慎标准,或者对涉案产品进行检验,以确定其是否符合安全标准。在此"个案判断"的基础上,法官可以对不同的当事人或产品进行区别对待,并根据实际情况为其设定有区别的行为谨慎标准。同样以交通事故规制为例,法官在事后规制过程中,可以对驾驶员自身的能力、道路交通状况、汽车部件的安全风险等因素进行"个案判断",并在此基础上为驾驶员或汽车生产商设定有区别的行为谨慎标准。例如,在人流密集区域,驾驶员的行为谨慎标准应当显著提高,而在郊外的旷野上,驾驶员的行为谨慎标准可以适当降低;同时,对于具有不同驾龄的驾驶员来讲,其应当具备的行为谨慎标准也应当存在差异,只有这样才可以最大限度地避免规制过度或规制不足,从而实现"用更低的成本建设更安全的社会"之目标。由此可以认为,司法控制路径所具有的事后规制的特点,决定了其信息获取相对容易,这为法官进行灵活的"个案判断"提供了便利,这是司法控制路径所具有的灵活性优势。

综上所述,通过比较两种规制路径的制度结构可以发现,事前行政规制的"一刀切"特点决定了规制者在个案判断问题上缺乏灵活性;而司法控制路径事后规制的特点决定了法官在个案判断上具有灵活性优势。此外,通过比较行政执法人员和法官的个人角色也可以得出同样结论。行政执法人员所处的官僚控制体系,具有典型的格式化、等级化、技术化和非人格化的特点,这一官僚控制模式要求行政执法人员必须严格按照法律或规章办事,只有这样才可以实现"政令畅通",并实现行政执法效率的要求。相比之下,法官所处的司法管理模式,毕竟不同于官僚模式(虽然有趋同化的趋势),审判独立甚至法官独立的制度结构,为法官的自由裁量权提供了理论基础,更大的自由裁量权往往意味着更灵活的个案判断能力。因此,不管是基于制度结构上的分析,还是基于个人角色的分析,行政执法人员在规制过程中的个案判断能力显然不如法官灵活。

(三)路径选择:司法控制优于行政规制

综上所述,行政规制路径与司法控制路径的结构性特征,使行政执法人员与法

---

① 参见[美]米尔伊安·R.达玛什卡著:《司法和国家权力的多种面孔》,郑戈译,中国政法大学出版社2004年版,第131页。

官在个案判断上的灵活性存在较大差异。对此，美国学者史蒂芬森从解释或执行法律的角度进一步证实了本书的这一判断，史蒂芬森认为，"由行政机关解释或执行法律的特点在于，针对个案中的不同问题（across issues）能够在解释理念上保持一致性……相比之下，由法院解释或执行法律的特点在于，针对不同问题能够在解释理念上保持灵活性。从理性立法者的视角来看，将解释或执行法律的权力授予行政机关可以在不同问题上保持稳定……同时，将解释或执行法律的权力授予法院可以在不同问题上分散风险"。[①] 如果上述分析能够成立，则行政执法人员与法官在个案判断上的灵活性差异，将影响两种路径的实施效果。在既定条件下，更灵活的个案判断往往意味着更有效的规制。因此，司法控制路径在那些复杂的尤其是难以"一刀切"判断的问题上具有相对优势。

五、时间维度上的政策判断之比较

首先需要说明的是，这里比较的"政策判断"，[②]主要针对的是时间维度上的政策判断，具体是指：两种规制路径在实施过程中，随着时间的变化而适时作出规制政策上的调整。例如，随着时间的推移、技术的变化和社会的发展（以下简称情势的变化），规制工具的选择及其实施中的相关问题也应当随之作出调整。由于受到技术变化的影响，食品药品安全、环境污染、交通事故等领域的情势变化速度也较快，为了防止规制工具出现滞后性，往往需要规制者提高其政策判断能力。一般来讲，更灵活的政策判断，往往意味着更好的规制效果。其中，行政规制中的政策判断主要体现在规制标准的设定及调整，以及行政执法人员在执法过程中的执法尺度宽严的把握；而司法控制中的政策判断主要体现在行为谨慎标准的设定及调整，以及法官自由裁量权的行使。

（一）行政规制路径在政策判断上的灵活性优势

从各国的立法来看，自20世纪以来，面对工业化所带来的各种社会问题，两大法系各主要国家纷纷开始在劳工保护、环境保护、食品安全等领域制定单行立法，并成立专门的行政机关负责实施，此即前文所谓的"行政规制路径的兴起"。一般来

---

① Matthew C. Stephenson, "Legislative Allocation of Delegated Power: Uncertainty, Risk, and the Choice Between Agencies and Courts", 119 *Harv. L. Rev.*, 1035, 1038 (2006).

② 参见在本书的语境下，"政策判断"是指当法律模糊、漏洞，或者法律与公共政策在某一特定问题上存在冲突时，法院或行政机关在这种情况下作出的决策就是一种政策判断。

讲，通过单行立法设立行政规制制度的主要优势在于，“一个事物领域一个法，立法者也被迫提出完整的政策和执行程序。”①因此，现代社会中的单行立法具有机动灵活的特征，立法者可以根据社会发展的需要和情势的变更，借助单行立法解决特定领域的特定问题，这些问题往往又具有较强的政策性，并随着时间的变化而需要在立法政策上作出调整。这是现代立法的一大趋势，它改变了传统民事立法或普通法的中立性特征，并体现出较强的政策性和灵活性。

此外，为追求行政执法的效率性要求，避免因社会发展导致法律或政策的滞后性，立法机关往往在诸多领域授权行政立法，由行政机关根据情势的需要，在授权范围内制定行政法规或规章。这是现代立法的又一趋势。相比之下，行政立法具有程序简便、高效的特点，它无须像法律的制定或修改那样需要遵循复杂的立法程序。因此，从时间维度上来看，行政规制机关可以根据社会发展的需要，适时作出政策上的调整，以避免法律的滞后性。实践中大量行政法规、部门规章和地方政府规章，依据公共政策上的变化，频繁出台或被修改，这些都使行政规制路径在政策判断上具有较强的灵活性。

从理论分析的角度，理论界提出的“不完备法律理论”认为，由于法律是不完备的，因而必须对“剩余立法权”进行配置，如何配置剩余立法权？备选的主体有法院和行政机关。其中，法院属于被动执法者，将剩余立法权配置给法院的滞后性明显；相比之下，行政执法则具有主动性的特征，因而将剩余立法权配置给行政机关可以显著提高法律实施的主动性与灵活性。② 不完备法律理论一方面解释了行政立法存在的合理性；另一方面指出了行政执法在时间维度上的政策判断具有灵活性的特征。此外，学者建立的“选择性执法”的理论模型也解释了行政规制的灵活性优势，“管制作为一种执法方式相比其他方式具有更加灵活的特征，从而符合对灵活性渴求更大的国家，灵活性的需求来自环境变动频繁与否”。③ 转型期的中国即是其典型。从目前的情况来看(参见第一章第三节)，历史上的“管制传统”使中国现行法更加依赖行政规制路径，“这种执法方式需要国家能够有效制约、影响执法代理人为前提，由此形成了目前这种严重依赖行政管制部门的执法体系。不仅如此，即使是法院系统的设置，法官任命、薪酬福利也都受到不同程度的影响。也就是说，目前的

① 参见苏永钦著：《民事立法与公私法的接轨》，北京大学出版社2005年版，第10页。

② See Katharina Pistor, Chenggang Xu, "Incomplete Law", 35 *N. Y. U. J. Int' l L. & Pol.*, 931(2003).

③ 参见戴治勇：《选择性执法》，载《法学研究》2008年第4期。

执法体制很可能是为国家灵活性需要服务的”。① 就本书研究的社会性规制而言，行政规制路径在时间维度上的政策判断具有较强的灵活性优势，行政规制者可以根据社会的发展与情势的变更，通过行政立法对规制政策作出调整，这是行政规制的优势所在。

（二）司法控制路径在时间维度上的时滞性

司法控制路径在实施过程中，必须以法律为依据，而法律具有稳定性的特征，它不能够朝令夕改，法律的制定和修改必须遵循严格的程序限制，这使法律极易出现滞后性问题。在大陆法系的司法实践中，不管法律是否存在滞后性，法官原则上必须依法裁判；而且，司法所具有的被动性特征，使法官在时间维度上的政策判断存在滞后性（以下简称时滞性）。为解决法官在政策判断上的时滞性问题，世界各国作出了各具特色的制度设计。例如，两大法系的判例制度、法官的漏洞补充技术、中国的司法解释制度和案例指导制度等。这些制度一方面旨在解决法律的滞后性问题；另一方面是为了提高法官在时间维度上的政策判断能力。目前，司法解释“立法化”现象在一定程度上改善了法律的滞后性问题。② 在此基础上，最高人民法院对司法所提出的“服务大局”的政治功能，以及近年来推出的“能动司法”理念，大规模地将公共政策融入司法裁判当中去，③从而强化了法官的政策判断意识。相比较而言，特殊的司法体制与实践做法，使我国法官比其他大陆法系国家的法官在时间维度上的政策判断能力更强。但即便如此，法律的稳定性与司法的被动性，仍然是司法的基本特征。与行政规制路径相比，司法控制路径仍然存在时滞性的缺陷。因此，在时间维度上，行政立法简便易行的特点与行政规制的主动性特征，使行政规制在时间维度上具有灵活性的优势；相比之下，法律的滞后性问题与司法的被动性特征，使司法控制路径在时间维度上的政策判断缺乏灵活性。正是基于这一原因，法官在时间维度上的政策判断能力仍然不及行政执法人员。

（三）路径选择：行政规制优于司法控制

综上所述，行政规制路径与司法控制路径的结构性特征，使行政执法人员在时间维度上的政策判断能力相对优于法官。对此，美国学者史蒂芬森从解释或执行法律的角度，印证了本书的这一判断。史蒂芬森指出：“大致来讲，由行政机关解释或

---

① 戴治勇：《选择性执法》，载《法学研究》2008 年第 4 期。

② 参见袁明圣：《司法解释“立法化”现象探微》，载《法商研究》2003 年第 2 期。

③ 参见宋亚辉：《公共政策如何进入裁判过程》，载《法商研究》2009 年第 6 期。

执行法律的特点在于,针对个案中的不同问题(across issues)能够在解释理念上保持一致性,但在时间维度上(over time)具有灵活性;相比之下,由法院解释或执行法律的特点在于,针对不同问题能够在解释理念上保持灵活性,但在时间维度上具有稳定性。从理性立法者的视角来看,将解释或执行法律的权力授予行政机关可以在时间维度上分散风险,而在不同问题上保持稳定;将解释或执行法律的权力授予法院可以在不同问题上分散风险,而在时间上保持稳定性。"①如果上述分析能够成立,那么,行政执法人员与法官在政策判断能力上的差异,将影响两种规制路径之间的选择。在既定条件下,更灵活的政策判断往往意味着更有效的规制,因而在那些情势变化速度较快的技术性领域,行政规制路径具有相对优势。

六、事前与事后规制之比较

(一)事前规制的无选择性与事后规制的有选择性

第一,事前规制的无选择性与运行成本。前文的研究表明,行政规制受到信息获取成本的制约,不得不采取"一刀切"的处理方法。行政规制的这一特点为其带来了较高的运行成本。对于行政规制者而言,受到信息不对称的影响,他们不知道哪个企业正在排污或者哪一批次的产品存在缺陷,为避免遗漏,行政规制者不得不像"大海捞针"一样,对所有企业、所有批次的产品进行监督检验。由此产生的影响是,行政规制存在规制对象不准确的缺陷,并需要持续性的运行成本支出,"不管是否发生被管制行为,行政成本都是存在的"。② 当然,实践中为降低运行成本,行政规制机关也在个别领域实施抽检或免检制度,但即便如此,与司法控制路径相比,行政规制仍然需要持续性的运行成本支出。

第二,事后规制的有选择性与运行成本。与行政规制不同,事后的司法控制具有很强的针对性和选择性。具体而言,司法控制路径事后实施的特点,决定了其信息不对称程度较低。作为司法控制路径的实施工具,私人诉讼的启动由掌握更多信息的当事人提起,而且,当事人往往在损害实际发生之后,或者确认存在较高风险的情况下才启动诉讼程序,这样就可以避免针对"无辜者"启动规制程序。此即司法控制路径的针对性和选择性。与行政规制相比,司法控制路径较强的针对性将产生以

---

① Matthew C. Stephenson, "Legislative Allocation of Delegated Power: Uncertainty, Risk, and the Choice Between Agencies and Courts", 119 *Harv. L. Rev.*, 1035, 1038(2006).

② [美]丹尼尔·F.史普博著:《管制与市场》,余晖等译,上海三联书店1999年版,第72页。

下影响：(1)司法控制路径的实施不需要持续性的运行成本支出，它可以有选择地启动规制程序，这样可以节约制度的运行成本；(2)司法控制路径的实施具有很强的针对性和选择性，这样可以将有限的权力资源使用在最需要的地方，从而提高资源的利用效率。

（二）事前规制的规模优势与事后反复起诉

第一，事前行政规制的规模经济优势。任何事物都有两面性，事前行政规制的"一刀切"特点虽然为其带来了持续性的运行成本支出，但它同时也存在规模经济上的优势。具体而言，行政规制工具具有普适性的特点，行政规制工具或规制措施可以适用于所有相关市场主体、行为或产品，它可以一次解决相关领域的所有同类问题。与事后反复提起的私人诉讼相比，这是典型的规模经济优势。

第二，事后反复起诉造成的司法资源浪费。与行政规制的规模经济优势相比，作为司法控制路径的实施工具，私人诉讼只能由当事人分别提起。对此，柏林斯基和萨维尔认为，"依赖私人执法的困难之处在于，当私人执法是有利的时，每个人都要去执法，这不符合规模效益原则"。① 为避免反复起诉造成的司法资源浪费，各国法律基本都建立了集团诉讼或代表人诉讼制度，并以此追求司法控制的规模经济优势。但是，"另外的一个问题是，私人执法难以保证私人能够享有所有私人执法带来的收益，因而可能存在搭便车问题"。② 对此，奥尔森的研究表明，"'搭便车'是集体行动的杀手"，越大的集团越难以实施集体行动。③ 除此之外，大集团内部的协调成本也将阻碍集体行动，这些都将影响集团诉讼或代表人诉讼的实施。例如，在"三鹿奶粉事件"中，受害的婴儿共有30万人左右，并分布在全国各地，要想让这些受害者协调一致谈何容易。因此，与行政规制相比，司法控制路径显然不具有规模优势。

（三）事前规制的预防性与事后规制的威慑不足

第一，事前行政规制的预防性优势。与司法控制路径相比，事前的行政规制还有一个重大优势，它可以在事前避免损害或事故的发生。具体而言，行政规制机关可以在损害或事故出现之前，针对实际存在的风险，运用特定的规制工具来避免事故的发生，或者降低事故发生的概率。从前文描述的行政规制工具系谱来看，市场

---

① See Mitchell Polinsky, Steven Shavell, "The Economic Theory of Public Enforcement of Law", 38 *J. Econ. Literature.*, 45(2000).

② Ibid..

③ 参见[美]曼瑟尔·奥尔森著：《集体行动的逻辑》，陈郁等译，上海三联书店1995年版，第3页。

准入、事前审查、过程控制等规制工具,都可以在一定程度上避免事故的发生。例如,行政规制机关为避免虚假广告而实施的广告发布前的内容审查制度,可以通过事前的"筛检"或"过滤"机制,避免虚假广告的出现;再如,为避免大规模食品、药品安全事故而实施的食品、药品上市前的许可制度,以及食品、药品生产过程中必须遵守强制性技术标准,都可以降低事故的发生概率。

第二,事后司法控制的结构性缺陷与威慑不足。与事前规制的预防性相比,司法控制路径主要通过事后法律责任的落实来威慑潜在违法行为,并以此激励行为人积极采取预防措施,从而避免事故的发生。因此,司法控制路径的核心原理是威慑机制。就此而言,现行司法制度在实施层面存在重大的结构性缺陷,这些结构性缺陷极有可能导致威慑不足,从而影响司法控制路径的规制效果。具体而言:(1)受害人起诉的激励不足与加害人逃避追诉的可能性。对此,前文的研究表明,受害人作为理性经济人,总是根据其个人的成本和收益作出决策。在私人诉讼问题上,如果提起私人诉讼的预期收益大于为此而付出的诉讼成本,则不提起私人诉讼是其理性选择。如果当事人选择不提起私人诉讼,加害人将因此而逃避追诉,司法控制路径的威慑机制将因此失灵,从而无法实现规制效果。(2)被告责任财产不足导致的激励不足。法律经济学的研究表明,被告承担损害赔偿责任的数额直接影响司法控制路径的威慑程度,当被告面临破产或其私人财产不足以承担损害赔偿责任时,私人诉讼显然无法提供足够的威慑。[①] 以上两点是司法控制路径存在的结构性缺陷,这是司法控制路径的劣势所在,它将影响司法控制路径的规制效果。

(四)路径选择:事前与事后规制各有千秋

综上所述,事前与事后规制的差别使两种规制路径在实施层面各有千秋。

第一,事前行政规制所具有的优势:行政规制的规模优势和事前预防事故的优势,将降低行政规制的实施成本;相比之下,司法控制则存在相应的缺陷,例如事后的反复起诉与结构性缺陷所导致的威慑不足,这将大大提高司法控制的实施成本。从这个意义上说,假定其他条件不变,理论上应当选择行政规制路径。

第二,事后的司法控制所具有的优势:事后规制具有选择性和针对性之优势,这样可以将有限的执法资源使用在最需要的地方,从而节约实施成本;相比之下,行政

---

① See Steven Shavell, "The Judgement Proof Problem", 6 *International Review of Law and Economics*. 45(1986).

规制则缺乏针对性，不管是否存在风险，都需要持续性的运行成本支出。从这个意义上来讲，假定其他条件不变，理论上应当选择司法控制路径。

七、其他相关问题上的比较

（一）行政规制权和司法管辖权的配置之比较

第一，行政规制路径的规制权配置不清。根据行政法的基本原理，行政规制机关必须坚守“法无明文授权不可为”的信条，因而行政规制必须首先取得法律的授权。而且，由于行政规制往往存在多元规制机构并存现象，例如，早期的食品安全规制涉及卫生部、国家工商总局、国家食品药品监督管理局等部门，如何在这些规制机构之间分配规制权就成了行政规制路径面临的首要问题。前文的研究表明，行政规制权配置不清晰现象在实践中普遍存在，再加上多元规制机构之间的协调不畅问题，这些都大大提高了行政规制的实施成本。

第二，私人诉讼的管辖权配置相对清晰。由于司法控制路径以私人诉讼作为实施工具，法院由此成为与行政规制机关相对应的“规制者”。关于法院的管辖权（对应于行政规制权）配置问题，与行政机关的复杂构成相比，各国的法院体系相对单一，按照现行法上的管辖权配置原则，司法控制路径在实施层面基本不存在管辖权配置不清的现象。即便存在管辖权冲突问题，制度上也有一套相对完整的解决程序和协调机制。

综上所述，司法控制路径的管辖权配置相对比较清晰，清晰的管辖权配置将大大降低司法控制路径的实施成本，这是司法控制路径的相对优势所在。从路径选择的角度，如果其他条件保持不变，则理论上应当选择司法控制路径，这样可以降低社会性规制的实施成本。

（二）规制程序的启动障碍之比较

行政规制依靠行政执法人员来启动规制程序，而司法控制依靠私人诉讼来启动规制程序。在制度实施层面，由于行政机关对其执法人员的有限控制，以及私人诉讼的高昂成本，两种规制路径都存在规制程序启动上的难题，以下详述：

第一，行政规制程序的启动障碍。行政规制程序的启动有赖于执法人员积极履行职责，在符合法律规定条件下积极启动执法程序，这是行政规制路径的实施条件。但前文的研究表明，由于受到官僚体系内部信息不对称的影响，行政机关难以完全观察和控制执法人员的行为，这就为执法人员的机会主义行为创造了条件。行政执法人员虽然代表公共部门履行职责,但他们在履行职责的过程中同样追求个人利益的最大化,这就为行政执法人员的机会主义行为提供了激励。具体表现为:(1)行政执法人员“偷懒”,例如面对普遍存在的虚假广告现象,执法人员却视而不见,这是虚假广告泛滥的重要原因;(2)行政执法人员“寻租”,例如执法人员以“权钱交易”或“权色交易”为目的,拒绝启动执法程序;(3)行政执法人员被“俘获”,从而放任违法行为。以上这些因素都将导致行政规制程序的启动障碍。

第二,私人诉讼程序的启动障碍。私人诉讼程序的启动有赖于当事人积极向法院提起诉讼,这是司法控制路径的实施条件。但前文的研究表明,当提起私人诉讼的预期收益小于为此而付出的成本,则不提起诉讼才是当事人的理性选择。除此之外,中国司法实践中存在的人为干涉司法程序的行为,也影响了诉讼程序的启动。由此发生私人诉讼的启动障碍。

综上所述,不管是行政规制还是司法控制,其规制程序的启动障碍都存在两方面的原因:一是制度层面的原因;二是人为的原因。其中,制度层面的原因是规制程序无法顺利启动的主要障碍。对于行政规制而言,官僚体系内部的信息不对称和有限控制问题,必然导致行政规制程序的启动障碍;对于司法控制路径而言,私人诉讼的成本—收益结构,也必然导致司法控制路径的启动障碍。这些制度层面的原因都难以从根本上加以排除。从比较的角度,两种规制路径的启动障碍是它们各自的制度缺陷造成的,由于其作用原理不同,因而它们在规制程序启动障碍问题上不具有可比性。再加上人为因素的干扰,笔者无法判断哪一种路径的启动障碍更为严重。因此,在路径选择问题上,我们也很难作出选择。

(三)被规制者的对策行为之比较

第一,行政规制将激发被规制者的对策行为。行政规制的“线性结构”使之具有典型的命令—服从的特点,它将直接改变被规制者的利益结构。就被规制者而言,追求私人利益的动机,会促使他们在约束条件下对各种激励作出反应,这一反映旨在抵消行政规制对被规制者产生的影响,并使规制工具偏离既定的规制目标。对此,理论上称之为对策行为。对策行为广泛存在,大大影响了行政规制的实施效果。前文的研究发现,行政规制中常见的对策行为主要有以下三类(详见第三章):(1)被规制者隐藏信息,从而提高规制者的信息获取成本;(2)被规制者收买或“俘获”规制者,从而使之作出有利于被规制者的决定;(3)被规制者采取措施抵消规制效果,从而避免行政规制对其造成影响。

第二,司法控制路径可能存在的对策行为。司法控制路径以私人诉讼作为实施工具,当事人追求私人利益最大化的行为,可能偏离社会公共利益最大化的目标。对此,为保持概念上的一致性,笔者称之为司法控制路径实施中的对策行为。概括来讲,司法控制中的对策行为包括如下几类(详见第三章):(1)当事人的诉讼和解影响既定的规制目标,尤其是在法院强调"大调解"的背景下,诉讼和解更是普遍存在;(2)被告积极采取措施逃避执行,从而导致私人诉讼的威慑效果不足;(3)被告还可能运用自身的资金能力和社会地位来影响诉讼结果,从而使司法控制路径偏离既定的规制目标。

综上所述,行政规制路径和司法控制路径在实施过程中都可能存在对策行为,被规制者的对策行为极有可能消解规制效果,这是实施成本的具体表现。从比较的角度,由于两种规制路径的作用原理存在较大差异,相应的对策行为也各不相同,笔者很难判断哪一种规制路径的对策行为对规制效果的影响更为严重,这一判断只能借助以后的经验研究。因此,关于路径选择问题,笔者很难根据对策行为的严重程度,对其两种规制路径作出优劣判断。

第三节　两种不完善路径之间的选择

在对行政规制与司法控制的实施成本进行单项比较之后,下文将把各种影响因素糅合在一起,对两种路径的实施成本进行综合比较。进行综合比较的目的在于:寻找这两种路径在整体上的优劣差异,并在此基础上进行选择。

一、两种路径的综合比较

(一)实施成本的普遍性

从综合比较的视角来看,两种规制路径都普遍存在较高的实施成本,这是两种规制路径的共性所在。实施成本的普遍性体现为:在两种规制路径的各个实施环节,都普遍存在高昂的实施成本。(1)在规制程序的启动环节,行政执法人员的"偷懒"行为和私人诉讼当事人追求个人利益最大的行为,都可能导致规制程序的启动障碍;(2)即便在规制程序启动以后,行政规制和私人诉讼的运行也需要高昂的成本支出,如配备行政执法人员所付出的成本和私人诉讼过程中的举证成本、诉讼费、律师费等支出;(3)规制过程中的信息搜集和技术性问题的处理,也需要较高的成本支出，虽然行政规制在处理技术性问题上具有一定的优势，但实施成本的支出是不可避免的；(4)行政执法人员和法官的机会主义行为，也将为两种规制路径带来较高的实施成本；(5)行政规制引发的对策行为，以及私人诉讼中的诉讼和解、责任财产不足等问题，也为两种规制路径的实施带来了较高的实施成本。综上所述，在两种规制路径实施过程中，各个环节都存在高昂的实施成本，普遍存在的实施成本就像物理世界无法消除的"摩擦力"一样，如影随形地伴随着两种规制路径，它们无时无刻不在影响着规制效果的实现。

(二)功能优势的相对性

前文的比较研究发现，在不同因素影响下，行政规制路径和司法控制路径都可能存在各自的比较优势，本书称之为"功能优势的相对性"。具体来看：(1)从信息获取成本的视角来看，司法控制路径具有相对优势，而行政规制路径则相对处于劣势，因为制度结构上的差异使前者"坐等当事人来披露信息"，而后者"需要主动搜集信息"；(2)然而，从技术性问题的处理能力来看，行政机关的专业分工使之具有专业上的优势和规模经济优势，而司法控制路径则相对处于劣势。由此可以发现，司法控制路径虽然在信息获取方面具有一定优势，但它在处理技术性问题时反而又处于劣势；而行政规制路径虽然在信息获取方面处于劣势，但它在处理技术性问题时反而又具有优势。此即本书所指的"功能优势的相对性"。对此，本书需要特别指出的是，在规制过程中，信息获取与技术性问题的处理并非相互分离，它们在实践中往往相伴而生，并在某一规制领域同时存在。例如，在环境规制领域或食品药品规制领域，发现或寻找违法行为、损害结果的认定和因果关系的判断等，不仅涉及信息获取，而且涉及技术性问题的处理，当这两个问题"绑定"在一起时，两种规制路径都不具有绝对的优势。与此类似，在政策判断能力问题上，两种规制路径所具有的相对优势，[①]同时意味着，两种规制路径都不具有绝对优势。因此可以认为，两种规制路径的相对优势同时也告诉我们任何一种路径都不存在绝对优势。

综合各种影响因素来看，行政规制与司法控制在社会性规制中的功能优势是相对的，他们分别在不同的方面各自具有不同的优势。其中，行政规制路径可能存在的优势包括：技术优势、规模经济优势、事前预防的优势和时间维度上的灵活性优

① See Matthew C. Stephenson, "Legislative Allocation of Delegated Power: Uncertainty, Risk, and the Choice Between Agencies and Courts", 119 *Harv. L. Rev.*, 1035, 1038 (2006).

势；相比之下，司法控制路径的相对优势在于：信息获取优势、个案判断上的灵活性优势、管辖权配置清晰的优势和保持中立的优势。此外，由于以上各种因素在实践中往往“绑定”在一起出现，因而对于特定的规制领域来讲，没有哪一种规制路径具有绝对优势。以环境规制为例，行政规制路径在规制环境污染问题上的专业性优势和规模优势，极有可能被行政执法人员的机会主义所抵消；同时，司法控制路径在规制环境污染问题上的信息优势，极有可能被排污企业责任财产不足或诉讼和解所抵消掉。因此可以认为，两种路径虽然在某些问题上具有各自的相对优势，但在特定领域，两种路径谁也没有绝对的优势。

（三）功能优势的不确定性

上文的分析表明，影响两种规制路径实施效果的因素众多，它们包括但不限于信息获取成本、技术性问题的处理能力、政策判断能力、机会主义倾向、被规制者的对策行为、规制权或管辖权的配置、规制程序的启动、责任财产的限制等。其中，在某些因素的影响下，两种规制路径具有各自的相对优势，但同时也存在相对优势的不确定问题。所谓“相对优势的不确定性”，主要是指两种规制路径在某些问题上很难进行比较，从而无法确定哪一种规制路径具有相对优势。例如，在规制程序的启动障碍问题上：（1）对于行政规制而言，由于受到行政管理体系内部信息不对称的影响，行政机关无法完全监控执法人员的行为，从而激励了执法人员的“偷懒”行为，具体表现为行政规制程序的启动障碍；（2）对于司法控制路径而言，由于私人诉讼的提起受到私人利益最大化的影响，而社会性规制追求的是社会公共利益的最大化，这一动机上的差异可能导致私人诉讼的启动障碍。从二者相比较的角度，两种规制路径虽然都存在规制程序的启动障碍，但它们彼此的作用原理不同，因而很难比较哪一种路径的启动障碍更严重，或者哪一种路径在该问题上具有相对优势。除此之外，法官和行政执法人员的机会主义倾向也同样存在功能优势的不确定性。相比之下，虽然司法控制路径的“三角结构”对法官的机会主义行为构成一定程度制约，而行政规制路径的“线性结构”则容易激发机会主义行为，但机会主义行为还受到内部控制体系、行政或司法问责制、社会规范、自然人的个体差异等因素的影响，如果综合分析这些因素，则很难判断谁的机会主义更强。因此，行政规制路径和司法控制路径的相对优势存在很大的不确定性。在现实世界中，由于众多因素的影响，理论上很难判决哪一种规制路径更具有优势。

（四）最佳路径选择中的不可知论

关于行政规制路径与司法控制路径之间的选择，理论上还存在一种观点，即最佳路径选择中的“不可知论”。[①] 对此，理论界在综合比较了两种路径的优缺点之后认为，司法控制和行政规制在社会性规制领域既有其成功之处，也有失败之处。如果将两种路径进行综合比较，则很难确定哪一种路径是更优的选择。例如，有学者从环境规制领域出发，通过研究进一步支持了路径选择中的“不可知论”。该学者认为：“关于普通法是否是规制环境问题的最佳工具，重要的问题是：普通法是否优于行政机关的规制措施？但遗憾的是，该问题的回答是不确定的。这是因为：(1)关于什么是法院执法优越的地方，理论上并没有达成一致见解；(2)实践中并没有固定的经验证据，来证实两种法律制度的相对高效性。”[②]此外，还有学者通过经验数据的考察发现，实践中并没有明显的证据显示哪一种路径是最佳的选择。[③] 这在一定程度上也支持了不可知论的观点。总之，由于两种路径的实施成本普遍存在，虽然两种路径分别在不同方面具有相对优势，但如果在某一规制领域对其进行综合判断，则两种路径的功能优势具有相对性和不确定性，因而很难确定哪一种路径具有总体上的优势。

（五）小结：两种不完善的规制路径

通过对两种规制路径进行综合比较之后发现，两种规制路径都普遍存在较高的实施成本，它就像物理世界的“摩擦力”一样，时时刻刻都在为两种规制路径的实施设置障碍或施加阻力。这些阻力和障碍如影随形地伴随着两种规制路径的整个实施过程。虽然在某些方面，行政规制路径与司法控制路径彼此之间可能存在相对优势，但如果对其进行综合判断，则没有哪一种路径具有绝对的优势。其原因可以概括为：行政规制路径在某些方面存在的相对优势，可能被其他方面的劣势所抵消掉；基于同样的道理，司法控制路径在某些方面存在的相对优势，也往往被其他方面的劣势所抵消掉。因此笔者认为，从综合比较的视角来看，两种路径的功能优势不是绝对的，没有哪一种路径是完美无缺的，它们都存在各自的瑕疵，因而它们是两种不完善的规制路径，也正是从这个意义上来说，社会性规制中的路径选择，是“两种不完善事物之间的选择”。

---

① See Stuart Buck, “The Common Law and the Environment in the Courts”, 58 *Case W. Res. L. Rev.*, 621(2008).

② Ibid..

③ See Eric Helland, Jonathan Klick, “The Tradeoffs Between Regulation and Litigation: Evidence From Insurance Class”, 1 *J. Tort L.*, 2(2007).

二、两种不完善路径之间的次优选择

由于两种规制路径的最佳实施条件(参见第三章第一节)在实践中均存在一定程度上的瑕疵,因而行政规制与司法控制路径之间的选择是两种不完善事物之间的选择。福利经济学上的次优理论(theory of second best)能够进一步解释"不完善事物之间的选择"问题。次优理论认为,在资源配置问题上,只要经济中某个组成部分仍然存在不可避免的低效率,那么资源配置状况的局部提高不可能将整体经济效率提高到最优状态,这同时也意味着,在现实条件下,人们不得不接受一个总体上不完善的资源配置状况。① 在社会性规制领域,由于两种规制路径都存在不可避免的实施成本,因而我们也必须接受一个总体上不完善的规制路径。在这一约束条件下,路径选择的核心由此转化为:如何在两种不完善事物之间作出选择?对此,进一步发展的次优选择理论提供了一个基本的分析思路:即在约束条件下选择"第二最优"(second best)的规制路径。这里的"第二最优"对应于最优选择。其中,最优选择是指理想状态下的最优选择;而"第二最优"实际上是约束条件下的相对较好的选择。换句话说,"第二最优"选择不是理想状态下的最优选择,但却是现实条件下更好的选择。更通俗一点,"第二最优"选择不是最好的,但却是约束条件下最务实的选择。

依据这一思路,社会性规制中的路径选择也应当是一种"次优选择"。因为只要将制度实施成本考虑进去,则没有哪一种规制路径是完美无缺的,它们都存在各种各样的缺陷。在这种情况下,我们不得不接受两种均存在缺陷的规制路径。如何进行路径选择?这有赖于对两种规制路径的相对优势及其伴随的缺陷或"副产品"进行综合权衡,并在综合权衡的基础上作出取舍和选择,而这正是中国经济进行渐进式改革的精髓之所在。② 以下将进一步展开分析:

第一,就行政规制路径而言,前文的比较研究表明,它通常具有专业技术优势和规模经济优势,但其伴随的副产品是"一刀切"的处理和行政执法人员的机会主义倾向。在这种情况下,如果决策者选择了行政规制路径,这将意味着选择了更专业、更

---

① 关于福利经济学中"次优理论"的分析和运用,请参见盖多·卡拉布雷西著:《事故的成本》,毕竟悦等译,北京大学出版社2008年版,第72~74页;李光德著:《经济转型期中国食品药品安全的社会性管制研究》,经济科学出版社2008年版,第25页。

② 参见樊纲等:《"过渡性杂种":中国乡镇企业的发展及制度转型》,载《经济学》(季刊)2005年第4期。

高效的规制方案,但同时必须接受"一刀切"处理可能带来的执法资源浪费、规制对象与规制工具不准确以及行政执法人员可能存在的机会主义行为。因此,关于规制路径的选择问题,立法者越倾向于选择行政规制路径,就必然要面临越来越多的因行政规制所伴随的弊端。正像经济学家长期以来争论不休的问题——政府与市场之间的选择一样,"体制的选择越倾向于非市场,那么,体制就会遭遇越多的非市场失灵的陷阱和缺点"。[①] 从这个意义上来说,路径选择的关键在于:如何在对比的基础上,把握一个"度"的问题。

第二,就司法控制路径而言,前文的比较研究表明,它能够在个案判断的基础上对不同规制对象进行区别对待,即个案判断上的灵活性优势;但随之而来的"副产品"是事后反复起诉引发的规模不经济问题。在这种情况下,如果决策者选择了司法控制路径,这将意味着选择了政策判断更灵活的规制方案,但同时也必须接受事后反复起诉所带来的规模不经济问题和司法资源的浪费,以及被告责任财产不足可能导致的威慑不足和预防激励不足。因此,立法者越倾向于选择司法控制路径,就必然要面临越来越多的因司法控制路径所伴随的弊端。

面对上述"优劣参半"的规制方案,如何作出取舍?这有赖于对两种规制路径的利弊得失进行综合权衡,而这正是路径选择理论的精髓之所在。这与"委托—代理"理论所面临的取舍极其相似,在"委托—代理"理论中,委托人在利用代理人所享有的信息优势的同时,又必须接受代理人可能存在的机会主义行为或道德风险问题。[②] 如何在两难的问题之间作出选择?这取决于决策者更看重什么,是代理人的信息优势?还是代理人可能存在的道德风险问题?如果信息优势给委托人所节省的交易成本大于道德风险所增加的交易成本,则委托一个代理人是更理性的选择;反之则否。就社会性规制而言,如何在行政规制与司法控制路径之间作出取舍?这完全取决于在特定规制领域,哪一种规制路径的优势更加显著。下文将结合个别规制领域展开分析。

---

① 参见[美]查尔斯·沃尔夫著:《市场,还是政府——不完善的可选事物间的抉择》,陆俊等译,重庆出版集团2007年版,第135页。

② See generally J. Bendor et al., "Theories of Delegation", 4 *Ann. Rev. Pol. Sci.*, 235 (2001).

三、两种路径的比较优势与匹配领域

(一)行政规制的相对优势与可能的匹配领域

规制路径与规制对象之间的匹配性选择,是路径选择理论的核心内容。学术界既有研究表明,规制路径与规制对象的不匹配是规制失败的主要原因。因此,针对特定规制领域,选择合适的规制路径是实现规制效果的必要条件。[①] 就本书研究的社会性规制而言,只有选择相匹配的规制路径,才可能实现预期的规制效果。如何进行匹配性选择?上述次优选择理论提供的基本思路认为:行政规制路径与司法控制路径之间的选择,取决于它们二者在特定规制领域的相对优势。为选择更合适的规制路径,下文有必要总结两种规制路径的比较优势,并根据它们各自的比较优势来选择相互匹配的规制领域,见表6。

表6　行政规制路径的优劣对比与可能的匹配领域

项目	影响因素	可能的匹配领域
相对优势	专业技术优势	技术性较强的规制领域
	规模经济优势	扩散性、群体性事故领域
	事前预防损害的优势	损害严重或存在潜伏期的领域
	在时间维度上的灵活性优势	应急事故或技术变化较快的领域
相对劣势	不同个案的“一刀切”处理	行为可标准化程度高的领域
	信息获取成本较高	—
	行政执法人员的机会主义	—
	多元规制机构的协调难题	—
	持续性的运行成本支出	—
	被规制者的对策行为	—

关于行政规制路径的选择,需要回答的核心问题是:哪些领域适合用行政规制路径进行规制?这取决于司法控制路径的优劣对比。正如上表所示,行政规制路径与司法控制路径相比,具有专业技术优势、规模经济优势、事前预防损害的优势和时

① 参见[美]史蒂芬·布雷耶著:《规制及其改革》,李洪雷等译,北京大学出版社2008年版,第191页以下。

间维度上的灵活性优势;同时,行政规制路径还有相应的劣势,例如,对不同个案的“一刀切”处理。依据这些相对优势和劣势,行政规制路径可能更适合对以下事故与风险进行规制:

第一,行政规制路径更适合对专业性、技术性较强的事故风险进行规制。由于行政规制机关存在较为精细的专业分工,甚至配备有相关领域的技术专家和技术鉴定机构,因而与司法控制路径相比,行政规制路径具有专业技术上的优势。基于这一相对优势,行政规制路径也更适合于对专业性、技术性较强的事故风险进行规制。例如,核工业事故风险的规制、航空航天事故风险的规制、医药事故风险的规制、新型污染物的规制等。这些领域存在的风险都涉及较强的专业性和技术性,只有该领域的专业技术人员才可以在风险评估的基础上,采取措施来应对此类风险。从两种规制路径的比较来看,只有行政机关才有可能在专业分工的基础上,通过专业技术人员的执法来规制此类风险。

第二,行政规制路径更适合对扩散性、群体性事故风险进行规制。前文的研究表明,行政规制路径不仅具有专业技术上的优势,而且具有规模经济上的优势,它可以在事前或者事后一次性地解决所有同类型的问题。因此,行政规制路径在应对扩散性、群体性事故风险问题上具有相对优势。在现代工业化社会中,专业分工和大规模生产虽然大大提高了生产率,但其带来的风险和事故也是巨大的,并呈现出群体性分布的特点。例如,核工业事故、食品安全事故、医药事故、环境污染事故等,这些领域一旦发生事故,往往具有扩散性和群体性的特点。对此,如果采用司法控制路径,不仅法官难以应对这些领域的专业技术性问题,而且群体性受害者的反复起诉也将浪费大量的司法资源。即便在这些领域建立集团诉讼或代表人诉讼制度,也会面临群体性受害者之间的协调困难和“搭便车”难题。因此,在处理扩散性、群体性事故时,司法控制显然比不上行政规制的规模优势。

第三,行政规制路径更适合对损害程度极其严重且存在潜伏期的事故领域进行规制。现代工业化社会存在的事故风险,往往会对人身和财产造成难以弥补的巨大损害,这些损害还可能存在或长或短的潜伏期。例如前述核工业事故、航空航天事故、食品安全事故、医药事故、环境污染事故等。面对这些损害后果极其严重的事故,司法控制路径在实施过程中常常出现被告的责任财产不足的问题。由于司法控制路径主要通过事后责任制度的实施来威慑和激励潜在加害人积极采取预防措施,以避免事故风险的发生。如果出现被告责任财产不足之问题,则事后责任制度显然会出现威慑不足或激励不足，从而无法有效规制此类风险。同时，较长的潜伏期还将导致受害者的举证困难。在这种情况下，事前的行政规制就具有显著的优势，它可以通过命令—控制工具，要求潜在加害人在事前必须采取特定的安全措施或者安装安全设备，从而将事故的社会总成本最小化。因此，行政规制路径更适合规制那些损害后果极其严重的事故风险。

第四，行政规制路径更适合对应急事故与技术变化速度较快的领域进行规制。前文的分析表明，与法律的制定和修改相比，行政立法或行政规章的制定不需要遵循严格的程序限制，这使行政机关可以对社会情势的变化作出快速反应，并作出相应的政策调整，因而行政规制在时间维度上具有灵活性的优势。行政规制路径的这一灵活性特点，使它在处理社会应急事故和技术变化速度较快的规制领域，具有显著的灵活性优势。例如，在处理SARS疫情、手足口病疫情和甲型流感等应急事故时，司法控制路径的时滞性缺陷和事后规制的特点，使它难以及时应对上述问题。但相比之下，行政规制路径的机动灵活性优势和事前规制的特点，使得它更适合对社会应急事故进行规制。再如，在技术变化速度较快的信息技术和计算机领域，该领域存在的事故或风险更适合运用行政规制路径，因为行政规制机关可以对日新月异的技术变化作出反应。

第五，行政规制路径更适合对行为可标准化程度（the level of standardization）较高的领域进行规制。按照皮尔森和许成刚的定义，这里的"行为可标准化程度"是指，规制者是否能以适当的成本来识别相关行为的类型及其后果，如果规制者能够以很低的成本来识别所有相关行为的类型，则说明该行为的标准化程度较高，反之则较低。[①] 例如，现代工业生产事故与交通事故相比，前者建立在高度机械化和格式化的生产模式基础上，工人在生产过程中面临的事故风险的标准化程度较高；相比之下，交通事故受到人为因素的影响较大，事故的风险随着时间、地点的变化而改变，因而其标准化程度较低。从规制的角度来看，由于事前的行政规制受到信息成本的制约，行政规制路径在处理不同个案时，往往对不同规制对象采取"一刀切"的

---

① See Katharina Pistor, Chenggang Xu, "Incomplete Law", 35 *N. Y. U. J. Int' l L. & Pol.*, 931, 952 (2003). (Standardization refers to the ability to describe actions and outcomes at reasonable cost so that regulators can exercise their proactive law enforcement powers effectively. The effectiveness of proactive law enforcement hinges on the ability of regulators to monitor the market and identify types of actions and outcomes that reasonably may be expected to result in harmful outcome.)

处理方案，这使行政规制路径在实施过程中，难以对不同个案进行区别对待，即在个案判断上的灵活性欠缺。行政规制路径的这一劣势，决定了它不适合对行为可标准化程度较低的领域进行规制。需要进一步思考的问题是，其反面是否成立？即行政规制路径是否更适合对行为可标准化程度较高的领域进行规制？对此，笔者的回答是肯定的。因为行政规制路径具有显著的规模经济优势，当被规制行为的可标准化程度较高时，行政规制机关可以制定统一适用的规制标准，一次性地解决所有相关问题，这是行政规制路径的优势所在。

（二）司法控制的相对优势与可能的匹配领域

与行政规制路径相类似，司法控制路径也存在相应的优势和劣势，下文将对司法控制路径的相对优势和劣势进行总结，以寻找其可能的匹配领域，见表7。

表7　司法控制路径的优劣对比与可能的匹配领域

项目	影响因素	可能的匹配领域
相对优势	个案判断上的灵活性优势	行为可标准化程度低的领域
	事后有针对性的规制	行为可标准化程度低的领域
	信息获取成本相对较低	—
	管辖权配置相对清晰	—
	法官的机会主义相对较弱	—
相对优势	私人诉讼的启动障碍	非轻微、无潜伏期的损害领域
	被告责任财产不足造成的威慑不足	非巨额损害的领域
	规模不经济的劣势	非群体性损害的领域
	政策判断上的时滞性劣势	情势变化较慢的领域
	处理技术性问题上的劣势	技术性不强的领域
	诉讼和解对规制效果的消解	—

关于司法控制路径的选择，本书需要回答的核心问题是：哪些领域适合用司法控制路径进行规制？这取决于司法控制路径的相对优势。正如表7所示，司法控制路径与行政规制路径相比，具有个案判断上的灵活性、有选择性和信息获取成本相对较低的优势；同时，与行政规制路径相比，司法控制路径也存在相应的劣势，例如技术性问题的应对能力不足、规模不经济、政策判断上的时滞性、私人诉讼的启动障碍和被告责任财产不足等。依据这些相对优势和相对劣势，司法控制路径可能更适

合对以下事故与风险进行规制：

第一，司法控制路径更适合对行为可标准化程度较低的领域进行规制。由于司法控制路径具有事后规制的特点，事后规制的优势在于，法官可以根据不同个案的实际情况，对其作出区别对待，以选择最佳的行为谨慎标准和相应的规制措施。除此之外，事后规制还具有很强的针对性，它往往在损害发生之后，或者确认存在较高风险的情况下才启动规制程序，这样可以避免针对"无辜者"实施规制，而且可以避免持续性的运行成本支出。司法控制路径存在的上述两方面优势，有利于对行为可标准化程度较低的领域进行规制。根据前文的定义，行为可标准化程度较低将意味着，被规制对象的风险状况将随着时空的变化而发生变化，典型的如相邻关系引发的纠纷。对此，行政规制路径的"一刀切"处理显然不利于规制效果的实现。相比之下，司法控制路径在个案判断上的灵活性优势与针对性优势，将对不同规制对象进行区别对待，并为其"量身定做"最佳的规制措施，这样可以将有限的资源使用在最需要的地方，并在提高资源利用效率的同时，提高规制质量。如果还拿工业生产事故与交通事故相比，司法控制路径显然更适合对行为可标准化程度较低的交通事故进行规制。

第二，司法控制路径不适合对专业性、技术性较强的事故风险进行规制。由于法院不像行政机关那样，存在专业上的分工，一个地区的法院往往要管辖各种类型的案件，这一普适性的特点使它在处理技术性问题上缺乏专业性。因此，司法控制路径不适合处理技术性和专业性较强的事故与风险。需要进一步思考的问题是，其反面是否成立？即司法控制路径是否更适合对非专业性的问题进行规制？本书难以作出准确回答。因为现有证据无法证明，司法控制路径是否比行政规制路径更适合对非技术性问题进行规制，这取决于其他众多因素的影响。如果不与行政规制路径相比较，单从司法控制路径的匹配性选择来看，司法控制路径适合对非技术性问题进行规制，而非技术性问题。

第三，司法控制路径不适合对轻微的、巨额的、有潜伏期的、群体性损害领域进行规制。前文的研究表明，司法控制路径存在的以下缺陷影响其适合规制的领域：(1)建立在理性经济人假设基础上，当某违法行为引发的损害极其轻微，以至于提起私人诉讼的成本大于预期收益时，或者存在较长的潜伏期才能发现实际损害，以至于提起私人诉讼存在较大的举证困难时，不提起私人诉讼是当事人的理性选择。例如，轻度噪声污染对民众造成的损害、放射性污染导致潜伏期较长的损害等。当私人诉讼的启动遭遇障碍时，司法控制路径将难以发挥规制作用，因而司法控制路径不适合对轻微的损害进行规制。(2)当损害程度巨大，以至于超过加害人的责任财产时，通过私人诉讼和事后责任的实施将难以为潜在加害人提供足够的激励来预防损害的发生。[①] 如重大食品药品安全事故、核工业事故等。正如基于这一原因，萨维尔才认为："当环境或健康案件导致严重的损害时，行政规制措施更具有优势"，[②]相比之下，司法控制路径则不适合对此类重大事故进行规制。(3)当违法行为造成的损害呈群体性分布时，事后反复起诉将导致司法资源的浪费。而且，可能弥补这一缺陷的集团诉讼或代表人诉讼，在实施过程中往往存在协调困难和"搭便车"难题，甚至有地方以"维稳"为由进行人为的干预。正是基于以上原因，胡伯教授才明确指出，"法院在处理多边的、扩散性、低概率和可能造成永久性伤害的案件时，可能不是最佳的规制工具，如全球变暖问题"。[③] 这里需要进一步思考的问题是，对于非轻微、非巨额、非群体性损害或风险，司法控制路径是否比行政规制路径更具有优势？对此，本书难以作出准确回答，因为这取决于其他众多因素的影响。但是，如果不与行政规制路径相比较，单从司法控制路径的匹配性选择来看，司法控制路径适合对非轻微、非巨额、非群体性的事故风险进行规制。

第四，司法控制路径不适合对情势变化速度较快的领域进行规制。前文的研究表明，由于法律的稳定性要求和司法的被动性特点，导致司法控制路径在时间维度上的政策判断不够灵活，即所谓的"时滞性缺陷"，由此导致司法控制路径不适合对情势变化速度较快的领域进行规制。例如，各种传染病疫情，应对此类事故需要规制者迅速作出反应，并根据情势的变化适时作出政策上的调整。然而，司法控制路径显然不具备这方面的优势。因此，司法控制路径不适合对情势变化较快的领域进行规制。这里同样需要进一步思考的问题是，其反面是否成立？即对于情势变化较

---

① 当然也有学者认为，责任财产不足可能导致预防损害的激励过度。例如，彼耶德的研究认为："责任财产不足还可能导致注意标准的提高，因为当潜在加害人处于破产的临界点时，避免破产带来的'补贴'可能激励潜在加害人过度投资于注意义务，从而导致注意标准的提高。在这种情况下，随着潜在加害人财产状况的不断改善，他们可能逐渐降低其注意标准"，See Rudolph T. Beard, "Bankruptcy and Care Choice", 21 *Rand J Econ.* 626, 633(1990). 不管怎样，责任财产不足问题都将影响司法控制路径的实施效果。

② See Steven Shavell, "Liability for Harm versus Regulation of Safety", 13 *Journal of Legal studies.*, 357, 373(1984).

③ See Peter Huber, "Safety and the Second Best: The Hazards of Public Risk Management in the Courts", 85 *Colum. L. Rev.*, 277, 331(1985).

慢的领域，司法控制路径是否比行政规制路径更适合进行规制？其答案同样是不确定的。但是，如果不与行政规制相比较，单从司法控制路径的匹配性选择来看，司法控制路径适合对情势变化较慢的领域进行规制。

除上述分析之外，行政规制路径与司法控制路径还存在其他方面的优劣对比，如信息获取成本、机会主义倾向、被规制者的对策行为等。从笔者的研究来看，关于这些因素，理论上很难找出相匹配的规制领域，因而这里没能对所有影响因素都进行匹配性分析。

第四节　特定领域的不完全匹配现象

上文作出的匹配性分析是在“肢解”各种影响因素的基础上，假定其他因素保持不变，逐一对单个影响因素进行匹配性分析，从而作出匹配性选择。与现实世界相比，上述匹配性分析的缺陷在于，它割裂了各种影响因素之间的关联性。因为在实践中，面对社会性规制的任何一个领域，以上众多影响因素都是一个结合体，当我们把以上各种因素结合在一起进行匹配性分析时，将很难轻易作出匹配性选择。因此，上述匹配性分析是将复杂问题简单化，是一种偷懒的做法。为揭示现实世界中的真实情况，下文将从食品安全和环境污染规制领域出发，将各种影响因素结合在一起，对上述匹配性选择进行验证。

一、食品安全规制领域的匹配性验证

（一）食品安全领域路径选择的影响因素或衡量指标

在食品安全规制领域，有众多因素共同影响了两种路径之间的选择。下文将选取其中较为重要的影响因素，并以此作为衡量指标，分别来验证行政规制路径和司法控制路径在食品安全领域的匹配性。影响食品安全领域路径选择的因素主要包括以下几个方面：

第一，技术性程度。食品安全领域存在的风险具有较强的技术性，尤其是现代高科技手段在食品生产、加工、包装环节的运用，再加上农药、化肥、食品添加剂的使用，不仅提高了产品的技术含量，而且也增加了食品安全风险。例如，在判断食品与消费者损害之间是否存在因果关系问题上，更体现出了其较高的技术含量。面对这一现状，在选择规制路径时，必须考虑其技术性优势。

第二,损害或风险分布。食品安全领域的事故风险呈现出群体性、多边分布的特点,尤其是规模化生产的大型企业,其生产、销售遍布全国各地,如果其产品存在缺陷,则事故风险的分布也极为广泛,潜在的受害者也呈现出群体性分布。为此,在路径选择时,必须考虑两种路径在实施过程中的规模经济优势。

第三,损害是否存在潜伏期。从实践中的情况来看,食品致害事件有些存在较长的潜伏期,有些则可能立即出现致害症状。例如,被放射性物质污染的食品,其致害事件往往存在较长的潜伏期,这一期限可能需要数年甚至数十年。因此,食品致害的情况较为复杂,有些存在潜伏期,有些则没有。在路径选择问题上,当存在潜伏期时,司法控制路径的事后规制可能存在证据消失问题,相比之下,事前的行政规制路径则具有相对优势。

第四,损害的严重程度。当出现食品安全致害事件时,受害者的损害程度也呈现出多样化的分布。从实践中出现过的食品安全事故来看,既有可能出现轻微的损害,又有可能出现严重的致命损害。例如,有些损害仅仅表现为消费者身体上的不舒服,而有些损害可能致人死亡,甚至出现"三鹿奶粉事件"那样的严重损害后果。因此,食品安全损害的严重程度呈现出多样化的分布。在选择规制路径时,必须考虑受害者的起诉激励不足和企业责任财产不足问题的影响。当存在此类问题时,行政规制路径具有相对优势。

第五,发现违法行为的信息成本。由于食品的生产、加工、储存、销售遍布全国各地,而且其流动性较强,因而食品安全规制领域的信息获取成本往往较高,尤其是在解决"地下黑加工厂"问题时,其较强的隐蔽性,更是提高了规制者的信息获取成本。在规制实践中,获取有关违法行为的信息是实施规制的前提条件,更多、更及时的信息往往意味着更有效的规制。因此,在路径选择问题上,必须考虑信息获取成本问题。对此,司法控制路径可能具有优势,因为任何食品都是以消费为目的,因而消费者是最终接受食品的终端。当食品安全问题发生时,往往具有明确的受害者,而且受害者与食品经营者之间通常还有买卖合同的存在,这使受害者在食品安全规制中具有信息优势,他们是缺陷食品的直接接触者,因而其掌握的有关违法行为的信息也更多,这是司法控制路径的优势所在。

第六,可标准化程度。由于食品的种类繁多,其生产和加工环节也各不相同,再加上全国各地的食品小摊贩、小加工厂更是数不胜数,要想对其施行统一的标准化管理,其难度可想而知。因此,在食品安全规制领域,食品的生产、加工、包装、储存行为的可标准化程度较低。这一状况影响着两种规制路径之间的选择。其中,司法控制路径具有个案判断上的灵活性优势,这一灵活性优势可以有效应对可标准化程度较低的规制领域。

第七,情势变化的速度。正如前文所言,食品的生产、加工、包装、运输和储存等各个环节,越来越受到技术变化的影响,这使食品安全规制领域的情势变化速度也随之加快。例如,各种转基因食品的诞生、高科技人工合成食品的出现、食品生产工艺的创新、新型食品添加剂的使用等,这些都将对现有的规制制度提出挑战,并要求规制工具的不断更新。为此,在选择规制路径时,必须考虑规制者在时间维度上的灵活性。

第八,规制程序的启动。食品的生产、加工、储存、销售遍布全国甚至全球各地,大街小巷还布满了小餐馆和食品小摊贩,如何对这些众多的食品经营者进行规制?是有选择地启动规制程序,还是无差异地一律启动或不启动规制程序?这一选择将受到实施成本的制约。就此而言,行政规制路径的“一刀切”处理往往缺乏针对性,并需要持续性的运行成本支出。相比之下,司法控制路径则可以有选择地启动规制程序,并将有限的司法资源使用在最需要的地方,从而避免了对“无辜者”启动规制程序,这是其优势所在。

第九,机会主义倾向对规制效果的影响。在食品安全领域,规制者的机会主义倾向严重影响着规制路径的实施效果。对此,正如前文所言,实践中常见的情况是,“食品监管部门为罚款而放任企业违法”,这是典型的机会主义行为。除此之外,规制者的机会主义行为还包括偷懒、被俘获、“寻租”等,机会主义行为严重影响着实际的规制效果。为此,在路径选择时,必须考虑规制者可能存在的机会主义,并选择机会主义倾向较弱的规制路径。

(二)对两种路径在食品安全领域的匹配性验证

在食品安全规制领域,上述九个因素影响着行政规制和司法控制路径之间的选择,这些影响因素同时也是验证路径选择是否匹配的衡量指标。下文将根据这九个影响因素或衡量指标,分别对两种路径在食品安全领域的匹配性进行验证。

1. 行政规制路径在食品安全领域的匹配性验证

根据行政规制路径的相对优势,可以推断出其可能的匹配领域。上节的研究表明,行政规制路径可能的匹配领域包括:(1)技术性较强的领域;(2)损害或风险呈现出群体性分布的领域;(3)损害程度极其严重的领域;(4)存在较长潜伏期的领域；(5)情势变化速度较快的领域。与此相对应，在食品安全领域，分别有以下四个方面与行政规制路径相匹配：风险分布广泛、技术性较强、损害程度严重、存在较长的潜伏期、情势变化速度较快(详见表8)。此外，上一节的研究也表明，与司法控制相比，行政规制还存在以下4个方面的缺陷或相对劣势：(1)发现违法行为的信息成本较高；(2)对不同个案的“一刀切”处理；(3)缺乏针对性与持续性的执法；(4)执法者的机会主义较强。与此相对应，在食品安全规制领域，分别有相应的四个方面与行政规制路径不匹配，见表8。

表8　行政规制路径在食品安全领域的匹配性验证

食品安全领域路径选择的影响因素		行政规制路径的优势/劣势	匹配	不匹配
技术性程度	较强	专业分工与技术优势	√	
损害或风险分布	分布广泛	规模经济优势	√	
损害的严重程度	轻重不同	事前预防损害的优势	√	
潜伏期的长短	长短各异	事前预防损害的优势	√	
违法信息的获取	较难	违法行为的信息获取成本较高		√
行为可标准化程度	较低	对不同个案的“一刀切”处理		√
情势变化的速度	较快	时间维度上的灵活性优势	√	
规制程序的启动	有选择性	缺乏针对性与持续性执法		√
受机会主义的影响	较严重	执法人员的机会主义较强		√

上述分析表明，在食品安全规制领域，有五个方面指标与行政规制相匹配，同时，还有四个方面指标与行政规制不匹配。面对这一现象，理论上应当如何理解行政规制在食品安全领域的匹配性？对此，笔者称之为“不完全匹配现象”。

2. 司法控制路径在食品安全领域的匹配性验证

根据司法控制路径的相对优势和劣势，可以推断出其在食品安全规制领域的匹配性。对此，上节的研究表明，司法控制路径的优势在于：(1)发现违法行为的信息成本较低；(2)个案判断上的灵活性优势；(3)事后有选择性地启动诉讼程序，从而节约规制成本；(4)法官的机会主义倾向较弱。与此相对应，在食品安全规制领域，分别有相对应的四个方面与司法控制路径相匹配(详见表9)。此外，上节的研究也表明，与行政规制路径相比，司法控制路径还存在以下五个方面的劣势：(1)技术性问题的应对能力有限；(2)事后反复起诉导致司法资源浪费；(3)较小的损害可能导致起诉激励不足,较大的损害可能存在被告责任财产不足问题,这些都将影响规制效果的实现;(4)不可验证性导致举证成本较高,损害存在较长的潜伏期进一步加剧了该问题;(5)政策判断上的时滞性缺陷,即法官在时间维度上的政策判断缺乏灵活性。与此相对应,在食品安全规制领域,分别有相对应的五个方面与司法控制路径不相匹配,详见表9。

表9　司法控制路径在食品安全领域的匹配性验证

食品安全领域路径选择的影响因素		司法控制路径的优势/劣势	匹配	不匹配
技术性程度	较强	技术性问题的应对能力有限		√
损害或风险分布	分布广泛	事后反复起诉与规模不经济		√
损害的严重程度	轻重不同	诉讼启动障碍与责任财产不足		√
潜伏期的长短	长短各异	不可验证性与举证成本高		√
违法信息的获取	较难	发现违法行为的信息成本较低	√	
行为可标准化程度	较低	个案判断上的灵活性优势	√	
情势变化的速度	较快	政策判断上的时滞性缺陷		√
规制程序的启动	有选择性	有选择性的启动诉讼程序	√	
受机会主义的影响	较严重	法官的机会主义相对较弱	√	

上述分析表明,在食品安全规制领域,有四个方面指标与司法控制相匹配,同时,还有五个方面指标与司法控制不匹配。面对这一现象,理论上应当如何理解司法控制在食品安全领域的匹配性?对此,笔者称之为“不完全匹配现象”。

综上所述,不管是行政规制路径还是司法控制路径,其在食品安全规制领域都存在不完全匹配现象。这同时也意味着,行政规制路径与司法控制路径之间的选择,是两种不完善事物之间的选择,因为没有哪一种规制路径是完美的,实践中的选择只能是“第二最优”的选择,即在约束条件下,选择总体实施成本相对较低的规制路径。至于哪一种规制路径的总体实施成本较低,这将很难作出精确判断。从本书提供的九个匹配性指标来看,笔者初步认为,在食品安全规制领域,行政规制路径可能具有总体上的相对优势。

二、环境规制领域的匹配性验证

(一)环境规制领域路径选择的影响因素或衡量指标

在环境规制领域,有众多因素共同影响了两种之间的选择。下文将选取较为重要的影响因素,并以此作为衡量指标,分别来验证行政规制和司法控制在环境规制领域的匹配性。影响环境规制领域路径选择的因素主要包括以下内容:

第一,技术性程度。一般的污染物都包含有复杂的化学成分,如何确定其中的化学成分?以及如何确定这些成分对环境和健康可能产生的影响?这些都具有较强的技术性。因此,环境规制领域存在的风险具有较强的技术性特征,在选择规制路径时,必须考虑两种规制路径在处理技术性问题时的相对优势。

第二,损害或风险分布。环境污染事故或风险呈现出典型的扩散性、多边分布的特点。例如,不管是大气污染、水污染还是固体废弃物污染,都具有相当程度上的扩散性,因而其潜在的受害者也呈现出群体性分布的特点。对此,在选择规制路径时,行政规制路径具有显著的规模经济优势,而司法控制路径则可能受到反复诉讼或“搭便车”问题的制约。

第三,损害是否存在潜伏期。在实践中,环境污染对人体所造成的损害往往存在一定的潜伏期,其中,潜伏期较长的损害可能需要数年甚至数十年才能发现。例如放射性物质对人体的损害;当然,也有些损害可能在几小时甚至几分钟内就会出现;例如浓度较高的硫化氢,可以在短时间内对脑和呼吸系统造成损害。在路径选择问题上,当环境污染致害存在较长的潜伏期时,司法控制路径的事后规制可能存在证据消失问题,相比之下,事前的行政规制路径则具有相对优势。

第四,损害的严重程度。当出现环境污染致害事故时,受害者的损害程度也呈现多样化的分布。实践中既有可能出现轻微损害,又有可能出现严重的致命损害。对此,在选择规制路径时,必须考虑受害者的起诉激励不足、“搭便车”和排污企业责任财产不足等问题。相比之下,行政规制路径则具有相对优势。

第五,有关违法行为的信息获取。一方面,对于某些肉眼可观察到的污染物,企业的排污行为相对容易被察觉,尤其是企业附近的居民(潜在受害者),他们长期暴露于污染物当中,因而在信息获取方面具有优势;另一方面,对于某些无色无味的液体或气体污染物,则很难被潜在受害者立即察觉,再加上排污企业可能采取的隐蔽措施,从而使潜在受害者的信息优势不再明显。相比之下,行政机关的专业监测技术可能更容易发现此类污染物，从而使行政规制路径具有相对优势。因此，在环境规制领域，针对不同类型的污染物，行政规制路径和司法控制路径在信息获取方面分别具有各自的优势。

第六，行为可标准化程度。在环境规制领域，虽然全国各地的排污企业数量众多，而且其污染物的表现形式也有较大差异，但从专业技术分析的角度，这些污染物隐含的有毒、有害化学成分，基本都在专业技术人员的掌控之内。这就意味着，污染物排放行为的可标准化程度相对较高，这就为行政规制中的强制性标准的实施提供了可能性。例如环境保护部门设定的各种有毒、有害物质排放的“一刀切”标准。因此，行政规制路径与可标准化程度较高的环境规制领域具有一定程度上的匹配性。需要进一步说明的是，在可标准化程度较高的环境规制领域，司法控制路径同样具有匹配性，司法控制路径在个案判断上的灵活性优势，将进一步提高环境规制的精确性。

第七，情势变化的速度。环境规制领域广泛受到技术变化的影响。一方面，从污染物排放的角度，各种新技术、新产品的出现，可能伴随着新型污染物的产生，从而导致环境规制制度的变迁；另一方面，从污染物防控的角度，现代科技的发展将不断更新现有的污染控制技术，从而可能导致既有环境规制标准变得滞后。因此，环境规制领域受到现代科技的影响较大，这将对规制路径的选择产生影响。对此，与司法控制路径相比，行政规制路径在时间维度上的灵活性优势，使它在环境规制领域具有显著的优势。

第八，规制程序的启动。自改革开放以来，全国各地的招商引资力度不断加大，各种工业企业“遍地开花”，中国内地甚至有了“世界加工厂”的美誉，随之而来的是大量的污染物排放。面对如此众多的工业企业或加工厂，如何启动规制程序成了环境规制面临的问题。是有选择地启动规制程序，还是无差异地启动规制程序？这一选择将受到实施成本的制约。就此而言，行政规制的“一刀切”处理往往缺乏针对性，并需要持续性的成本支出，而司法控制路径则可以有选择地启动规制程序，并将有限的司法资源使用在最需要的地方，最大限度地避免对“无辜者”启动规制程序，这是其优势所在。

第九，机会主义倾向对规制效果的影响。在环境规制领域，规制者的机会主义倾向严重影响着规制路径的实施效果。例如，不管是行政执法人员还是私人诉讼中的法官，他们任何的偷懒、被俘获和“寻租”行为，都将严重影响环境规制效果的实现。尤其是行政执法人员，偷懒可能导致他们对排污行为视而不见，从而不利于规制效果的实现。为此，在路径选择时，必须考虑规制者可能存在的机会主义，并选择机会主义倾向较弱的规制路径。就此而言，司法控制路径在避免机会主义方面，可能比行政规制路径具有相对优势。

（二）对两种路径在环境规制领域的匹配性验证

在环境规制领域，上述九个因素影响着行政规制和司法控制路径之间的选择，这些影响因素同时也是验证路径选择是否匹配的衡量指标。下文将根据这九个影响因素或衡量指标，分别对两种规制路径在环境规制领域的匹配性进行验证。

1. 行政规制路径在环境规制领域的匹配性验证

根据行政规制路径的相对优势，可以推断出其可能的匹配领域。就此而言，行政规制路径在以下几方面与环境规制领域基本相匹配：（1）以专业优势来应对环境规制领域较强的技术性问题；（2）以规模经济优势来应对广泛分布的事故风险；（3）以事前预防损害的优势来避免严重的环境致害；（4）以事前预防损害的优势来应对有潜伏期的致害；（5）行政规制机关发现排污行为的信息成本相对较低；（6）行政规制的"一刀切"处理可以应对标准化程度较高的排污行为；（7）行政规制在时间维度上的灵活性优势可以应对情势变化较快的环境问题（详见表10）。但需要注意的是，行政规制在以上七个方面的优势，极有可能被行政执法人员的机会主义全部抵消。如表10所示，行政执法人员的机会主义倾向也因此成为行政规制路径与环境领域不匹配的地方，除此之外，在规制程序启动方面，行政规制路径也与环境规制领域不相匹配，因为事前的行政规制缺乏针对性。

表10 行政规制路径在环境规制领域的匹配性验证

环境规制领域路径选择的影响因素		行政规制路径的优势/劣势	匹配	不匹配
技术性程度	较强	专业分工与技术优势	√	
损害或风险分布	分布广泛	规模经济优势	√	
损害的严重程度	轻重不同	事前预防损害的优势	√	
潜伏期的长短	长短各异	事前预防损害的优势	√	
违法信息的获取	相对容易	发现排污行为相对容易	√	
行为可标准化程度	较高	对不同个案的"一刀切"处理	√	
情势变化的速度	较快	时间维度上的灵活性优势	√	
规制程序的启动	有选择性	缺乏针对性与持续性执法		√
受机会主义的影响	较严重	执法人员的机会主义较强		√

通过上述分析可以发现，在环境规制领域，共有7个方面的衡量指标与行政规制路径相匹配，同时，也有两个指标与行政规制路径不相匹配。因此，在环境规制领域，行政规制路径同样存在“不完全匹配现象”。

2. 司法控制路径在环境规制领域的匹配性验证

根据司法控制路径的相对优势和劣势，可以推断出其在环境规制领域的匹配性。前文的研究表明，司法控制路径的优势在于：(1)发现违法行为的信息成本较低；(2)个案判断上的灵活性优势；(3)有针对性地启动规制程序与执法成本节约；(4)法官的机会主义倾向较弱。与此相对应，在环境规制领域，分别有相对应的四个方面与司法控制路径相匹配（详见表11）。此外，与行政规制路径相比，司法控制路径还存在以下五个方面的劣势：(1)技术性问题的应对能力有限；(2)事后反复起诉导致司法资源浪费；(3)较小的损害可能导致起诉激励不足，较大的损害可能存在被告责任财产不足，这些都将影响规制效果的实现；(4)不可验证性导致举证成本高昂，有潜伏期的损害进一步加剧了该问题；(5)法官在时间维度上的政策判断缺乏灵活性。与此相对应，在环境规制领域，分别有相对应的五个方面与司法控制路径不匹配（详见表11）。

表11　司法控制路径在环境规制领域的匹配性验证

环境规制领域路径选择的影响因素		行政规制路径的优势/劣势	匹配	不匹配
技术性程度	较强	技术性问题的应对能力有限		√
损害或风险分布	分布广泛	事后反复起诉与规模不经济		√
损害的严重程度	轻重不同	诉讼启动障碍与责任财产不足		√
潜伏期的长短	长短各异	不可验证性与举证成本高		√
违法信息的获取	相对容易	发现排污行为的信息成本较低	√	
行为可标准化程度	较高	个案判断上的灵活性优势	√	
情势变化的速度	较快	政策判断上的时滞性缺陷		√
规制程序的启动	有选择性	有针对性的规制与成本节约	√	
受机会主义的影响	较严重	法官的机会主义相对较弱	√	

通过上述分析可以发现，在环境规制领域，有四个方面的指标与司法控制路径相匹配，同时，还有五个方面的指标与司法控制路径不匹配。这一状况表明，在环境规制领域，司法控制路径同样存在“不完全匹配现象”。

综上所述,不管是行政规制路径还是司法控制路径,其在环境规制领域都存在不完全匹配现象。这同时也意味着,行政规制路径与司法控制路径之间的选择,是两种不完善事物之间的选择,因为没有哪一种规制路径是完美的,实践中的选择只能是次优的选择,即在约束条件下,选择总体实施成本相对较低的规制路径。至于哪一种规制路径的总体实施成本较低,这将很难作出精确判断。就前文的匹配性分析来看,笔者初步认为,在环境规制领域,行政规制路径的总体优势相对明显。史普博的研究进一步验证了笔者的这一判断,他认为:在环境规制领域,由于环境污染的分散性、群体性,"由一个管制机构来集中地做出这些决定也许是经济的。通过司法程序,在每一个案件中反复决定空气污染的最低成本避免者,显而易见是高成本、低效率的做法。不仅如此,在决定企业的治理污染投资的成本是否高于或低于消费者的避免成本时,需要具备高度的技术知识。而每一管制机构在处理各种产业和各地域内的污染案件时,能够提供所需知识和经验,从而适合于做出上述决定"。① 因此,在环境规制领域,行政规制路径具有相对优势。当然,行政规制路径若能克服上述两个缺陷(机会主义倾向和缺乏针对性),则它将成为较好的环境规制工具。

三、交通事故领域的匹配性验证

(一)交通事故规制领域路径选择的影响因素或衡量指标

在交通事故规制领域,有众多因素共同影响了路径选择问题。下文将选取其中较为重要的影响因素,并以此作为衡量指标,分别验证行政规制和司法控制在交通事故领域的匹配性。影响交通事故领域路径选择的因素主要包括:

第一,技术性程度。与食品安全或环境规制领域相比,交通事故规制领域的技术性相对不强。在实践中,除了交通事故中可能存在的汽车机械故障及其技术监测之外,交通事故的发生原因、损害、责任认定和因果关系都相对容易判断。面对技术性不强的规制领域,行政规制路径的专业性优势显得不那么重要。

第二,损害或风险分布。与食品安全或环境规制领域的群体性损害相比,交通事故领域的损害分布较为集中。在通常情况下,一次事故往往只有个别受害者,即便是重大交通事故,其受害者也只是处于特定时间、地点的特定群体。面对比较集中的损害或风险,行政规制路径的规模经济优势也显得不那么重要。

---

① [美]丹尼尔·F. 史普博著:《管制与市场》,余晖等译,上海三联书店1999年版,第62页。

第三，损害是否存在潜伏期。从实践中的一般情况来看，交通事故造成的损害大多数都直接表现出来，只有极个别的人身损害可能会存在一段时间的潜伏期。面对这一情况，在选择规制路径时，司法控制路径在实施过程中的举证问题也变得相对容易，这将提高司法控制路径在交通事故规制领域的匹配性。

第四，损害的严重程度。与食品安全事故类似，交通事故中的损害程度也呈现出多样化分布。实践中既有可能出现轻微的损害，又有可能出现严重的致命损害。因此，在选择规制路径时，必须考虑受害者的起诉激励和被告责任财产不足等问题。当此类问题发生时，司法控制路径将出现威慑不足的缺陷，相比之下，行政规制路径主动实施的特点，以及事前预防事故的优势，将使行政规制路径与交通事故规制领域相匹配。

第五，发现事故的信息成本。由于全国的交通线路四通八达，交通工具遍布城乡各地，对于行政规制机关而言，要及时发现交通事故或者事故风险，都需要付出较高的监控成本。然而，令人欣慰的是，现代信息技术的发展为交通事故的监控，以及相关证据的保存提供了便利。例如，公路上普遍设置的“电子眼”，就像一名电子警察一样，以较低的成本将道路上发生的一切都记录下来，它大大降低了行政规制的信息获取成本。与此同时，司法控制路径在信息获取方面的相对优势也依然存在，对于身陷交通事故的当事人来讲，他们也掌握第一手的交通事故信息。因此，在信息获取方面，两种规制路径都存在各自的优势。

第六，可标准化程度。由于交通工具的种类繁多，其安全状况更是各不相同，再加上驾驶员的驾驶技术和经验因人而异，从而使交通事故领域的可标准化程度较低。面对可标准化程度较低的规制领域，行政规制的“一刀切”处理显得过于武断，相比之下，司法控制在个案判断上的灵活性优势则显得更为明显。

第七，情势变化的速度。与食品安全规制领域相比，交通事故领域的风险和规制手段，受到技术变化和社会变迁的影响不大。对此，在规制路径选择问题上，行政规制路径在时间维度上的灵活性优势没有太大的发挥余地。

第八，规制程序的启动。由于全国的交通线路四通八达，交通工具遍布城乡各地，对于行政规制机关而言，是有选择地进行规制，还是无差异地进行规制？这一选择将受到实施成本的制约。就此而言，行政规制路径的“一刀切”处理往往缺乏针对性，并需要持续性的运行成本支出。相比之下，司法控制路径则可以有选择地启动规制程序，并将有限的司法资源使用在最需要的地方，从而避免了对“无辜者”启动规制程序,这是其优势所在。

第九,机会主义倾向对规制效果的影响。在交通事故领域,规制者的机会主义倾向严重影响着规制路径的实施效果。例如,偷懒的行政执法人员可能对违章驾驶行为视而不见,或者为罚款而纵容违章驾驶,这些机会主义行为都将影响行政规制路径的实施效果。因此,在路径选择时,必须考虑规制者可能存在的机会主义倾向,并选择机会主义倾向较弱的规制路径。就此而言,司法控制路径在实施过程中的机会主义相对较弱。

(二)对两种路径在交通事故领域的匹配性验证

在交通事故规制领域,上述九个因素影响着行政规制和司法控制之间的选择,这些影响因素同时也是验证路径选择是否匹配的衡量指标。下文将根据这九个影响因素或衡量指标,分别对两种路径在交通事故领域的匹配性进行验证。

1. 行政规制路径在交通事故规制领域的匹配性验证

正如前文所言,行政规制路径与司法控制路径相比,在很多方面存在相对优势。例如,处理技术问题的专业优势、规模经济优势、时间维度上政策判断的灵活性优势。但遗憾的是,行政规制路径的这些优势在交通事故领域没有太大的发挥空间。其原因在于,交通事故规制领域的技术性不强、事故造成的损害也比较集中、情势变化速度也较慢,从而使行政规制路径的上述优势无从发挥。此外,行政规制路径在两个方面与交通事故领域相匹配:(1)由于交通事故可能造成极其严重的损害,面对这一问题,司法控制路径在实施过程中可能出现被告责任财产不足的问题,相比之下,行政规制路径事前预防损害的优势,恰好可以解决该问题;(2)现代信息技术的发展大大降低了监控成本,从而使行政规制路径在信息获取方面,与交通事故规制领域相匹配(详见表12)。

表12 行政规制路径在交通事故规制领域的匹配性验证

交通事故领域路径选择的影响因素		行政规制路径的优势/劣势	匹配	不匹配
技术性程度	不强	专业分工与技术优势		√
损害或风险分布	比较集中	规模经济优势		√
损害的严重程度	轻重不同	事前预防损害的优势	√	
潜伏期的长短	无潜伏期	—	—	—
违法信息的获取	较难	信息技术降低了监控成本	√	

续表

交通事故领域路径选择的影响因素		行政规制路径的优势/劣势	匹配	不匹配
行为可标准化程度	较低	对不同个案的“一刀切”处理		√
情势变化的速度	较慢	时间维度上的灵活性优势		√
规制程序的启动	有选择性	缺乏针对性与持续执法		√
受机会主义的影响	较严重	执法人员的机会主义较强		√

通过上述分析可知，在交通事故领域，有两个衡量指标与行政规制路径相匹配，其他7个衡量指标都与行政规制路径不相匹配，详见表12。因此笔者认为，与司法控制路径相比，行政规制路径在交通事故规制领域的优势并不明显。

2. 司法控制路径在交通事故规制领域的匹配性验证

根据司法控制路径的相对优势和劣势，可以看出其在交通事故领域的匹配性。司法控制路径在以下8个方面与交通事故规制领域相匹配：(1)由于交通事故领域的技术性相对不强，从而使司法控制路径在这方面的缺陷不明显；(2)交通事故造成的损害比较集中，从而使司法控制路径的规模不经济问题也不明显，即便出现群体性事故，由于每个人的损害一般都比较具体、确定，因而“搭便车”问题也不明显；(3)交通事故的潜伏期问题相对不太显著，从而使证据消失问题也不严重；(4)交通事故当事人能够以较低的成本获取相关信息；(5)法官在个案判断上的灵活性优势可以应对交通事故领域的可标准化程度较低的问题；(6)交通事故领域的情势变化较慢，从而使司法控制路径的时滞性缺陷不明显；(7)有选择地启动规制程序；(8)法官的机会主义倾向较弱，详见表13。此外，司法控制路径也有与交通事故领域不相匹配的地方。具体表现为：一是轻微损害时的起诉激励不足问题；二是严重损害时的责任财产不足问题，见表13。

表13　司法控制路径在交通事故规制领域的匹配性验证

交通事故领域路径选择的影响因素		司法控制路径的优势/劣势	匹配	不匹配
技术性程度	不强	技术性问题的应对能力有限	√	
损害或风险分布	比较集中	事后反复起诉与规模不经济	√	
损害的严重程度	轻重不同	诉讼启动障碍与责任财产不足		√
潜伏期的长短	无潜伏期	不可验证性与较高的举证成本	√	
违法信息的获取	较难	发现违法行为的信息成本较低	√	

续表

交通事故领域路径选择的影响因素		司法控制路径的优势/劣势	匹配	不匹配
行为可标准化程度	较低	个案判断上的灵活性优势	√	
情势变化的速度	较慢	时间维度上的政策判断不灵活	√	
规制程序的启动	有选择性	有选择性的启动诉讼程序	√	
受机会主义的影响	较严重	法官的机会主义相对较弱	√	

通过上述分析可以发现,在交通事故规制领域,有 8 个方面的衡量指标与司法控制路径相匹配,同时,还有一个衡量指标与司法控制路径不匹配。因此笔者认为,与行政规制路径相比,司法控制路径在交通事故规制领域具有总体上的相对优势,但它同样存在“不完全匹配现象”。

综上所述,本书通过九个方面的衡量指标,对两种规制路径在食品安全、环境污染和交通事故规制领域的匹配性进行了初步验证,验证结果表明:不管是行政规制路径还是司法控制路径,其在以上 3 个规制领域都存在不完全匹配现象。其中,食品安全规制领域代表的是内部性规制,而环境规制领域和交通事故规制领域代表的是外部性规制。由此可以发现,外部性和内部性问题在规制过程中都存在不完全匹配现象。这同时也意味着,行政规制路径与司法控制路径之间的选择,是两种不完善事物之间的选择,两种规制路径在实施层面均存在各自的缺陷,没有哪一种路径是完美的。这是不完全匹配现象的根本原因。

四、小结:不完全匹配现象与两难困境

本章的研究表明,行政规制与司法控制路径分别在不同方面具有相对优势,这同时也意味着,没有哪一种规制路径具有绝对优势。这一现象对路径选择理论产生的影响是:行政规制与司法控制之间的选择只能是不完善事物之间的次优选择。这里所谓的“次优选择”不是理想状态下的最优选择,它是在约束条件下(二选一),通过比较两种路径的相对优势而作出相对较好的选择。结合具体的规制领域来看,两种路径的相对优势,决定了它们各自不同的匹配性选择。本书对两种规制路径可能的匹配领域作出了初步判断。为进一步验证这一匹配方案,本书分别结合食品安全、环境污染和交通事故规制领域,通过九个方面的衡量指标,对上述匹配方案进行验证。验证结果表明,虽然两种规制路径在不同的规制领域具有相对优势,但其共性问题在于,这两种规制路径在以上三个具体领域都存在不完全匹配现象——没有

哪一种路径能够与规制对象实现完全匹配。不完全匹配现象的存在进一步表明：没有哪一种规制路径在某个领域具有绝对优势。由此可以认为，行政规制路径与司法控制路径之间的选择，是两种不完善事物之间的次优选择；在具体的规制领域，两种规制路径都存在不完全匹配现象。

由于存在不完全匹配现象，社会性规制中的路径选择不应当是一种简单的非此即彼的选择，而是一个程度问题（更倾向于哪一种路径）。即便如此，路径选择理论依然存在两难困境：如果实践中的选择越倾向于行政规制，那么该领域就会遭遇更多的因行政规制所伴随的各种缺陷；如果实践中的选择越倾向于司法控制，那么该领域就会遭遇更多的因司法控制所伴随的各种缺陷。这是一个典型的两难困境。当然，次优选择和不完全匹配现象同时也意味着，两种规制路径都有改进的空间。一旦路径选择的限制条件发生变化（即不再坚持二选一），也许可能存在更好的"第三条道路"。这正是下一章将要研究的问题。

第五章　合作规制与“第三条道路”

由于制度实施成本的普遍存在,行政规制与司法控制路径之间的选择只能是不完善事物之间的两难选择。但值得注意的是,两种路径虽然都有缺陷,但它们也存在的各自的相对优势,而且,其相对优势具有互补性的特征,这是本书进行比较分析的新发现。两种路径的优势互补具有重大的理论意义,优势互补意味着:两种路径相互合作具有广阔的发展前景,这是合作规制存在的理论基础。合作规制的提出与发展,为规制模式的转型提供了契机,社会性规制从两种路径的替代性选择,逐渐转向合作规制。当然,合作规制也存在一个程度问题,有学者将更深入的合作规制称为社会性规制的“第三条道路”。本章将详细研究这些内容。

第一节　比较分析的新发现

在对行政规制和司法控制路径进行比较分析时,笔者意外的发现:两种路径不仅存在各自的相对优势,而且其相对优势具有互补性的特征,本书称之为“功能优势的互补性”。例如,政策判断的灵活性与时滞性之间的互补,个案判断的灵活性与稳定性之间的互补,事前规制与事后规制之互补等。

这是前文进行比较分析的新发现。① 这一发现为合作规制提供广阔的发展空间。以下将具体分析两种路径的优势互补之处，并为两种路径的合作规制提供理论基础。

一、事后威慑不足与事前预防之互补

前文的研究表明，司法控制路径的核心原理在于：通过事后责任制度的实施，为潜在加害人提供一种威慑机制，从而激励潜在加害人于事前采取措施，预防事故的发生或降低事故的总成本。然而，由于人类本性的限制和制度结构上的原因，司法控制路径在实施过程中，极有可能出现威慑不足和激励不足的问题。例如，原告起诉激励不足或被告责任财产不足都将引发事后威慑不足（详见第三章），而事后威慑不足必将进一步引发规制不足。在这种情况下，行政规制路径所具有的事前预防损害的优势，将能够有效弥补事后威慑不足之缺陷，这正是行政规制路径与司法控制路径之间的互补性特征。

第一，事后起诉激励不足与事前预防优势之间的互补。司法控制路径以私人诉讼作为实施工具，因而私人诉讼能否顺利启动，是司法控制路径的首要条件。然而，由于高昂诉讼成本的制约，当私人诉讼的预期收益小于为此而付出的诉讼成本时，受害人更理性的选择是不提起私人诉讼，由此发生“被告消失难题”。② 当私人诉讼无法顺利启动时，司法控制路径自然无法得到有效实施，从而导致威慑不足和规制不足问题。除此之外，群体性受害者之间的“搭便车”问题、人为的诉讼筛选机制和“厌诉”传统，都将导致起诉激励不足，这是司法控制路径的结构性缺陷。相比之下，行政规制路径则可以通过命令—控制工具的实施，在事前避免损害或事故的发生。行政规制路径的这一优势恰好可以弥补司法控制路径存在的上述缺陷，这是两种路径的互补性特征之所在。

第二，被告责任财产不足与事前预防优势之间的互补。第三章的研究表明，司法控制路径存在的另外一个结构性缺陷是：被告责任财产不足导致威慑不足和规制不足之问题。在食品药品安全、环境污染、工业生产事故等社会性规制领域，普遍存

---

① 这里的“新发现”是相对于比较分析的预设目的而言的。本书进行比较分析的目的在于寻找最优的规制路径，但在比较过程中，笔者意外发现：行政规制路径与司法控制路径不仅存在各自的相对优势，而且其相对优势存在互补性的特征，这是本书所谓的新发现，这一发现为合作规制提供了理论基础。

② See Gerrit De Geest, Giuseppe Dari-Mattiacci, “Soft Regulators, Tough Judges”, 15 *Sup. Ct. Econ. Rev.*, 119(2007).

在重大安全事故和严重的群体性损害。面对这些大规模损害,实践中常常出现加害人的责任财产不足之问题,由此引发司法控制路径的威慑不足。相比之下,行政规制路径则可以通过命令—控制工具的实施,在事前避免损害或事故的发生,从而弥补司法控制路径存在的上述结构性缺陷,这是行政规制路径与司法控制路径之间的互补性特征的重要体现。

二、揭露违法行为的信息优势之互补

行政规制路径和司法控制路径的实施,都需要规制者首先获取有关潜在加害行为或风险行为的信息,而后才能有针对性地进行规制,因此,违法信息的获取就变得极为重要。在违法信息获取问题上,行政规制路径与司法控制路径又存在互补性的特征,具体内容如下:

第一,规制者主动搜集信息与被动接受信息之间的互补。行政规制路径的实施,需要行政执法人员主动搜集信息,而行政执法人员与当事人相比,往往距离信息源更远,这将大大提高信息获取成本,从而严重制约了行政规制者的信息获取能力;相比之下,司法控制路径的实施,则依赖私人诉讼的当事人主动披露信息,而当事人往往距离信息源更近,从而降低了信息获取成本,这将有效弥补行政规制路径的信息获取不足之问题。

第二,被规制者积极隐藏信息与主动披露信息之间的互补。在行政规制路径的实施过程中,被规制者为实现个人利益最大化,往往会通过对策行为来隐藏信息,这将大大提高行政规制机关的信息搜集成本;相比之下,在司法控制路径实施过程中,诉讼当事人为实现个人利益最大化,往往会积极向法院披露信息,一旦有人提供了虚假信息,也会受到对方当事人的质证,这将弥补行政规制路径的信息获取不足之问题。因此,在信息获取能力方面,行政规制路径与司法控制路径具有互补性的特征,这也将为合作规制埋下了伏笔。

三、技术性问题的应对能力之互补

社会性规制涉及众多技术性较高的领域,如转基因食品的危害、新开发药品的副作用、污染物对人体健康的影响、交通工具的机械故障和风险等。在这些规制领域,不管是行政规制路径还是司法控制路径,它们的实施都需要规制者具备相应的专业技术。其中,行政机关在作出规制措施之前,必须对规制对象的风险状况、质量状况、副作用，以及对人体健康和环境的影响有充分的了解和评估，才可以选择适当的规制工具对其进行规制；同时，司法控制路径的实施，要求当事人必须对一些特定的事实问题进行举证，而这些都需要借助相应的专业技术。面对上述技术性问题，司法控制路径的应对能力稍显不足。这是因为：各国的法院体系相对单一，法院要处理各种类型的纠纷，法院的这一功能定位决定了它不可能在法院内部设置各领域的技术专家。而且，诉讼当事人在面对上述技术性问题时，其应对能力更显得不足。相比之下，各个国家基本都具有一个相对庞大的行政官僚体系，行政机关的各个部门一般都有专业上的分工，总体上来看，一个规制领域往往存在相应的行政机关，这些行政机关各自负责特定的规制领域，并长期与该领域或行业保持接触，因而对相关行业的了解程度也更深。而且，行政机关由于工作的需要，往往会在特定岗位安排相应的技术专家，或设立专门的技术鉴定或研究机构，以配合行政规制的实施。因此，行政规制机关在处理技术性问题上的专业性优势，可以用来弥补司法控制路径在该方面的不足，这是两种规制路径实现优势互补的典型表现。

四、个案判断上的灵活性之互补

学术界的既有研究表明，行政规制路径的实施难题在于，它存在显著的信息不对称与信息获取难题，规制者不知道哪一个行为或哪一个产品需要规制。面对该问题，行政规制者为降低信息成本上的付出，不得不对所有行为实施“一刀切”的规制标准，这就使事前行政规制难以对不同规制对象进行区别对待，①从而使行政规制路径在个案判断上缺乏灵活性。相比之下，司法控制路径所具有的事后规制的特点，决定了其信息获取相对容易，这使它可以在事后根据不同规制对象的实际情况，为其设定有区别的行为谨慎标准。司法控制路径所具有的上述特点，为法官进行灵活的个案判断提供了便利，这是司法控制路径所具有的灵活性优势。② 因此，事前行政规制的“一刀切”特点决定了规制者在个案判断上缺乏灵活性；而事后司法控制路径所具有的个案判断上的灵活性优势，恰好可以弥补行政规制路径的不足，这体现了

---

① See Steven Shavell, “Liability for Harm Versus Regulation for Safety”, 13 *J Legal Stud.*, 357 - 374 (1984); Steven Shavell, “A Model of the Optimal Use of Liability and Safety Regulation”, 15 *Rand J Econ.*, 271 - 280 (1984).

② See Matthew C. Stephenson, “Legislative Allocation of Delegated Power: Uncertainty, Risk, and the Choice Between Agencies and Courts”, 119 *Harv. L. Rev.*, 1035 (2006).

两种规制路径的互补性特征。

此外,通过比较行政执法人员和法官的个人角色也可以得出同样结论。行政执法人员所处的官僚控制体系,具有典型的格式化、等级化、技术化和非人格化的特点,这一官僚控制模式要求行政执法人员必须严格按照法律或规章办事,只有这样才可以实现"政令畅通",并实现行政执法效率的要求。相比之下,法官所处的司法管理模式,毕竟不同于官僚模式(目前有趋同化的趋势),审判独立甚至法官独立的制度结构,为法官的自由裁量权提供了理论基础,更大的自由裁量权意味着更灵活的个案判断。综上所述,事前行政规制的"一刀切"处理,将使它在个案判断上缺乏灵活性,而司法控制路径在个案判断上所具有的灵活性优势恰好可以弥补行政规制路径的不足,这为合作规制提供了空间。

五、时间维度上的政策判断能力之互补

司法控制路径在实施过程中,必须以法律为依据,而法律具有稳定性的特征,它的制定和修改必须遵循严格的程序限制,不能朝令夕改,由此引发的法律滞后性问题一直困扰人们上千年。在实践中,不管法律是否存在滞后性,司法裁判原则上都必须以法律为依据;而且,司法具有被动性的特征,它难以及时对社会进步和技术的发展作出回应,这使得法官在时间维度上的政策判断缺乏灵活性。为此,世界各国的法院(尤其是最高人民法院)尝试通过各种方式来发展法律,例如,判例制度、法官自由裁量权、司法解释制度等,这些制度一定程度上可以提高法官在时间维度上政策判断的灵活性。即便如此,与行政规制路径相比,司法控制路径在政策判断的灵活性问题上,仍然存在不足;而行政规制路径在时间维度上的政策判断,则具有显著的灵活性优势。[①] 这是因为:世界各国为了追求行政效率,避免因社会发展导致法律或政策的滞后性,立法机关往往在诸多领域授权行政立法,而行政立法具有程序简便、高效的特点,它无须像法律的制定或修改那样遵循复杂的立法程序。由此带来的结果是:行政规制机关可以根据社会发展和情势需要,适时作出政策上的调整,从而解决法律的滞后性。因此,从时间维度上看,司法控制路径在政策判断上具有滞后性的缺陷,而行政规制的灵活性优势恰好可以弥补司法控制的不足,这为两种路

① See Matthew C. Stephenson, "Legislative Allocation of Delegated Power: Uncertainty, Risk, and the Choice Between Agencies and Courts", 119 *Harv. L. Rev.*, 1035 (2006).

径的合作提供了理论前提。

六、规制者的机会主义之互补

前文的分析表明，在行政规制路径的实施过程中，行政执法人员与行政相对人之间的关系体现为典型的“命令—服从”关系，或单向的隶属关系。行政执法人员在隶属关系中可以向行政相对人发号施令，而行政相对人则必须遵守，相互之间缺乏有效的谈判与妥协空间。由此产生的影响是，行政执法人员在执法过程中难以受到行政相对人的制约。此即所谓的行政规制的“线性结构”。行政规制路径的这一结构性特点使行政执法人员的机会主义倾向相对明显，这严重影响了行政规制路径的实施效果。[①] 具体体现为：行政执法人员在规制过程中，出现“寻租”“偷懒”“被俘获”现象，从而作出有利于被规制者的决定，最终偏离行政规制的预期目标。相比之下，司法控制路径在实施过程中呈现出“三角结构”，这里的“三角结构”主要表现为：在司法过程中，原告、被告和法官之间形成了一个彼此制约的三角形结构。[②] 法官在庭审过程中要同时面对双方当事人，法官的任何举动都被相互对抗的双方当事人看在眼里，这对法官而言是一种强大的制约力量。而且，与行政规制过程中的单向“命令—服从”关系相比，法官仅在主持庭审程序上具有主导地位，法官针对实质性问题作出的决定，主要依赖双方当事人的证据与质证过程。因此，司法制度的“三角结构”使法官更多地受到双方当事人的制约，相比行政规制的“线性结构”，法官所处的相互制约的制度结构有利于降低了社会性规制中的机会主义问题，这同时也为两种规制路径之间的合作提供了契机。

第二节 优势互补与合作规制

一、优势互补的理论意义

前文的研究表明，行政规制路径和司法控制路径虽然都存在瑕疵，没有哪一个

---

① 影响行政执法人员机会主义倾向的因素，除了制度结构上的差异之外，还包括行政问责制、内部控制体系、社会规范、自然人的个体差异等，详细内容见第三章和第四章的相关论述。

② 在不同的司法体制下，他们三者相互之间的制约程度也存在差异。例如，在对抗主义体制下，司法过程主要体现为当事人之间的对抗与制约，法官的角色比较被动；在职权主义体制下，法官发挥着相对积极的作用，与当事人之间的相互对抗与制约相比，法官与当事人之间的制约相对较弱。

是完美无缺的,两种路径之间的选择只能是不完善事物之间的选择。但令人欣慰的是,它们二者的功能优势具有互补性的特点(功能优势的互补性)。这将意味着,一种规制路径在某些方面存在的不足或缺陷,可能被另外一种路径在该方面的相对优势所弥补,具体分析如下:

第一,司法控制路径在某些方面存在的缺陷,可能被行政规制路径在该方面的功能优势所弥补。例如,上文总结的优势互补领域:司法控制路径所存在的起诉激励不足和责任财产不足等问题,可能被事前行政规制的预防性优势所弥补;司法控制路径在处理技术性问题上的能力不足,可能被行政规制路径的专业技术优势所弥补;司法控制路径在时间维度上的政策判断能力不足,可能被行政规制路径在政策判断上的灵活性优势所弥补。

第二,行政规制路径在某些方面存在的缺陷,可能被司法控制路径在该方面的功能优势所弥补。例如,上文总结的优势互补领域:行政规制路径在信息获取方面的缺陷,可能被司法控制路径在信息获取上的优势所弥补;行政规制路径在实施过程中,针对不同规制对象的“一刀切”处理问题,可能被司法控制路径的个案判断优势所弥补;行政规制路径在实施过程中的机会主义倾向,可能被司法控制路径的中立性优势所弥补。

综上所述,行政规制路径与司法控制路径之间的互补性特征,具有深远的理论意义,它为社会性规制中的路径选择问题,提供了一条新思路——合作规制。本书之所以称之为“新思路”,是因为传统理论上的路径选择是在两种路径之间的选择,也可以称之为非此即彼的选择(参见导论中的理论梳理),而本书的研究则进一步证实,行政规制与司法控制之间的选择是两种不完善事物之间的选择,这将意味着,选择任何一种路径都必须接受其存在的缺陷或者伴随的“副产品”。由此产生的问题是,在理论上是否有可能消除两种路径所存在的缺陷?在笔者看来,行政规制与司法控制之间的互补性特点,为社会性规制提供了一条新的思路,即合作规制。因为两种路径的互补性特点,决定了合作规制的可行性,当我们把两种路径结合在一起时,它们各自存在的缺陷将被对方的功能优势所弥补。正如学者所言:“在使用责任制度的几个必要条件不具备的情况下,把责任制度与其他的方法结合起来使用通常是较好的选择;没有理由把各种不同的方法视为替代其他方法的方法。例如,假设由于某些当事人的财产非常少,不能单独依靠责任制度来控制风险,然而,也不能单独依靠安全规制来控制风险,因为规制主体关于风险的信息是不全面的。那么把安全规制与责任制度联合起来使用可能是最好的方法。”①因此，两种路径之间的互补性特点，为合作规制指明了方向。

二、合作规制的可行性

行政规制路径与司法控制路径之间的互补性特征，为合作规制铺平了道路。以下将结合食品安全、环境污染和交通事故等规制领域，进一步分析合作规制的可行性。中国现行立法也采纳了两种路径并行使用的立法思路。从解释论的角度来看，下文关于合作规制的可行性分析，实际上也为中国现行法上的“两种路径并行使用现象”提供了一个解释论框架。

(一)食品安全领域的合作规制及其解释

在食品安全规制领域，有如下几个方面与行政规制路径相匹配：(1)受害者的损害程度轻重不一，甚至可能存在大规模的群体性损害，而且损害还可能存在较长的潜伏期，这大大提高了司法控制路径的实施成本；相比之下，行政规制路径所具有的事前预防损害的优势，以及处理群体性事故的规模优势，更适合来规制食品安全问题；(2)食品安全问题造成的损害以及因果关系的认定存在较强的技术性，这使行政规制路径的专业技术优势恰好有发挥的余地；(3)食品安全规制领域的情势变化速度较快，这恰好与行政规制路径在时间维度上的政策判断灵活性优势相匹配(详见第四章)。因此，行政规制路径在食品安全规制领域具有相对优势。由此引发的问题是：司法控制路径是否还有存在的意义？

当然，食品安全领域也存在与行政规制路径不相匹配的地方，例如，(1)在食品安全规制领域，风险行为的可标准化程度较低，行政规制“一刀切”处理的特点难以应对复杂的规制对象；(2)潜在违法行为或事故风险的分布极其广泛，再加上被规制者隐藏信息的对策行为，这将大大提高行政规制中的信息获取成本；(3)食品安全领域存在多个规制机关，它们之间的规制权配置常常出现模糊地带，多元规制机关之间的协调也存在难度；(4)行政执法人员的机会主义倾向可能导致行政规制路径在实施过程中偏离既定的规制目标。以上这些因素严重影响了行政规制路径在食品安全领域的实施效果。但值得欣慰的是，司法控制路径所具有的个案判断的优势、

---

① [美]斯蒂文·萨维尔著：《事故法的经济分析》，翟继光译，北京大学出版社2004年版，第330页。

信息获取优势、管辖权配置清晰的优势和中立性优势，恰好与上述问题相匹配，从而可以有效弥补行政规制存在的上述不足。例如，私人诉讼当事人在食品安全规制中的信息优势，可以通过个人举报制度来弥补行政规制路径在信息获取方面的不足。再如，对行政规制行为的司法审查可以大大降低行政执法人员的机会主义倾向。

食品安全规制领域存在的上述特征表明，行政规制路径和司法控制路径在该领域都有各自的相对优势和劣势，因而单独使用任何一种规制路径都不可能解决所有问题。鉴于行政规制路径和司法控制路径的互补性特点，如果联合使用两种路径来规制食品安全问题，则可以发现，两种路径的互补性特点将最大限度地弥补它们各自的诸多缺陷。从目前的立法情况来看，行政规制路径与司法控制路径在食品安全领域存在并行使用的现象，这实际上正是由两种路径的互补性特征所决定的。从解释论的角度，两种路径的互补性特征，可以用来解释现行立法上的“两种路径并行使用现象”。

（二）环境规制领域的合作规制及其解释

环境规制领域的情况与食品安全规制极为类似，环境规制领域存在的如下特点与行政规制路径相匹配：(1)环境污染造成的损害程度轻重不一，甚至可能造成大规模的群体性损害，而且损害可能存在潜伏期，这使得司法控制路径存在诸多实施障碍，相比之下，行政规制路径所具有的事前预防损害的优势，以及处理群体性事故的规模优势，可以有效应对环境污染问题；(2)环境规制领域的风险评估、损害认定、因果关系的判断等，都存在较强的技术性，这使行政规制路径的专业技术优势恰好有发挥的余地，而且，行政规制路径的技术性优势，在揭露违法信息方面也具有一定的优势，例如，通过各种技术手段来监测环境污染物的排放；(3)环境污染行为的可标准化程度较高，行政规制路径可以通过“一刀切”的处理方法来发挥其规模经济优势；(4)环境规制领域的情势变化速度相对较快，这恰好与行政规制路径在时间维度上的政策判断灵活性优势相匹配（详见第四章）。因此，行政规制路径在环境规制领域具有相对优势。由此引发的问题是：司法控制路径是否还有存在的意义？

当然，环境规制领域也存在与行政规制路径不相匹配的地方，例如，(1)潜在违法行为或风险行为的分布及其广泛，再加上被规制者隐藏信息的激励，这可能提高行政规制路径的信息获取成本；(2)行政执法人员的机会主义倾向可能导致行政规制路径在实施过程中偏离既定的规制目标。以上这些因素严重影响了行政规制路径在环境规制领域的实施效果。但值得欣慰的是，司法控制路径所具有的信息获取优势和中立性优势，恰好与上述问题相匹配，从而可以有效弥补行政规制存在的上述不足。例如，私人诉讼当事人在环境规制中的信息优势，可以通过个人举报制度来弥补行政规制路径在信息获取方面的不足。再如，对行政规制行为的司法审查可以大大降低行政执法人员的机会主义倾向。

环境规制领域存在的上述特点表明，行政规制和司法控制在该领域都有各自的相对优势和劣势，因而单独使用任何一种规制路径都不可能解决所有问题。鉴于行政规制和司法控制的互补性特点，联合使用这两种路径可能是更优的选择。从中国目前的立法来看，行政规制与司法控制在环境规制领域存在并行使用的现象，这正是由两种路径的互补性特征所决定的。因此，两种路径的互补性特征，可以用来解释现行立法上的“两种路径并行使用现象”。

（三）交通事故规制领域的合作规制及其解释

前文的研究表明，在交通事故规制领域，司法控制路径比行政规制路径的优势更为明显，这是因为：（1）交通事故领域的技术性不强，因而司法控制路径无须面临技术难题；（2）交通事故造成的损害较为集中，且基本不存在潜伏期，这有利于私人诉讼的提起；（3）私人诉讼的当事人掌握更多的信息，从而有利于发挥司法控制路径的信息优势；（4）交通肇事行为的可标准化程度较低，法官在事后进行的个案判断恰好可以应对该问题；（5）情势变化的速度较慢，从而使得司法控制路径的时滞性体现的不明显；（6）司法控制路径在事后有选择地启动规制程序，可以避免执法资源的浪费；（7）法官的中立性优势可以降低机会主义倾向对规制效果的影响。因此，司法控制路径在交通事故规制领域具有显著的优势。由此引发的问题是：行政规制路径是否还有存在的意义？

当然，司法控制路径在交通事故规制领域也有不相匹配的地方。例如，交通事故造成的损害轻重不一，当出现重大交通事故时，极有可能出现被告责任财产不足之问题，从而引发威慑不足和规制不足。对此，行政规制路径所具有的事前预防损害的优势，恰好可以弥补司法控制路径的不足（如限速标准和驾驶许可）。这正是两种规制路径的互补性特征的典型体现。交通事故规制领域存在的上述特点进一步表明，单独使用任何一种规制路径都可能存在不足或缺陷，鉴于两种路径的互补性特征，在立法上并行使用两种规制路径才是更好的选择。这实际上也是中国现行立法的基本政策取向。从解释论的角度，两种规制路径的互补性特征，可以用来解释中国现行立法上的“两种路径并行使用现象”。

三、合作规制的基本框架

(一)合作规制可能存在的问题及其制度设计

鉴于行政规制路径和司法控制路径之间存在互补性,在食品安全、环境污染和交通事故等规制领域,联合使用两种路径也许是更优的选择。然而,由于社会性规制的目标是:“用更低的成本建设更安全的社会。”这一规制目标可以分解为两部分:一是最低的规制成本;二是建设更安全的社会。以此来看,合作规制也许可以“建设更安全的社会”,但不无疑问的是:合作规制是否可能引发两种路径的功能重叠,从而导致规制成本的提高?对此,笔者认为,如果合作规制所降低的事故成本,可以弥补因此而增加的规制成本,则合作规制仍然是可接受的。问题的焦点由此转化为:如何在“建设更安全的社会”基础上,同时降低合作规制的实施成本?[①] 当然,这有赖于制度设计,即如何进行合作?

为降低合作规制的实施成本,本书必须对合作规制进行制度设计。制度设计的核心指导思想是:要有选择性地进行合作,不能在所有问题上都采取“双管齐下”的合作规制策略。如何有选择性地进行合作?本书的基本思路是:两种规制路径在哪些领域进行合作,取决于它们在哪些方面具有互补性。换句话说,两种路径存在互补性的地方,就对应着一个合作规制的空间。因此,两种路径的互补性,为合作规制指明了方向。

依据上述基本思路,两种规制路径只要存在互补性的地方,都可以展开合作,因而合作规制的领域可能很多。本书将在梳理两种路径互补性特征的基础上,将合作规制分为两个层次:一是制度外合作;二是制度内合作。详见表14:

---

① 从逻辑上来讲,合作规制所降低的事故成本是否可以弥补因此而增加的规制成本?这需要对合作规制的边际成本和边际收益进行定量分析。只有当合作规制的边际收益大于为此而付出的边际成本,则选择合作规制才是可接受的。但是,限于定量分析的难度,本书将问题简化为:如何在提高合作规制收益的基础上,降低合作规制的实施成本。当然,这有赖于对合作规制进行制度设计。

表 14 两种路径合作规制的理由及其合作方式

类型	合作理由	合作方式
制度外合作	事后起诉激励不足与事前预防损害之优势	在损害程度轻重不一的领域，并行使用两种路径；行政规制路径重点对轻微损害进行规制
	事后责任财产不足与事前预防损害之优势	在损害程度轻重不一的领域，并行使用两种路径；行政规制路径重点对巨额损害进行规制
	司法控制在个案判断上的灵活性优势与行政规制的“一刀切”处理	在行为可标准化程度较低的领域，并行使用两种规制路径；其中，行政规制应当采纳普适性的最低规制标准，而司法控制路径应当采纳更高的规制标准，并在个案中进行“查漏补缺”
制度内合作	司法控制路径的信息优势与行政规制路径的信息劣势	在行政规制中建立个人举报制度
		法官向行政规制机关的司法建议
	行政规制路径的技术性优势与司法控制路径的相对劣势	承认行政规制的技术标准在司法上的效力
		承认行政规制决定或意见在司法上的效力
	行政规制在政策判断上的灵活性优势与司法控制路径的时滞性	让行政管制性规范进入私法，并产生司法上的效力，从而实现公私法的接轨
	法官的中立性优势与行政执法人员的机会主义倾向	建立行政规制决定的司法审查制度

(二)制度外合作:两种路径并行使用

表 14 中的“制度外合作”也可称为两种路径在特定领域的并行使用。具体是指根据行政规制路径和司法控制路径的互补性特点，在某一规制领域并行使用两种规制路径，并依据它们二者的相对优势，使之进行分工合作。

根据两种规制路径的互补性特点，本书初步确定了以下三个方面的制度外合作方式：(1)为解决司法控制路径可能存在的诉讼程序启动障碍，在损害程度轻重不一的领域，应当并行使用两种规制路径，其中，行政规制路径重点对轻微损害进行规制；(2)为解决司法控制路径可能存在的被告责任财产不足之问题，在损害程度轻重不一的领域，应当并行使用两种规制路径，其中，行政规制路径重点对巨额损害进行规制；(3)为解决事前行政规制“一刀切”处理可能存在的弊端，在行为可标准化程度较低的领域，应当并行使用两种规制路径，它们二者的合作方式为：行政规制路径应当采纳普适性的最低规制标准，而司法控制路径应当采纳更高的规制标准，并在个案中进行“查漏补缺”。

(三)制度内合作:两种路径的互动与接轨

与制度外合作相比,表14中的“制度内合作”是更深层次的合作规制,也可称为两种路径的互动与接轨。具体是指根据两种路径的互补性特点,在行政规制路径的制度内部,引入司法控制的某些优势因素;或者在司法控制路径的制度内部,引入行政规制的某些优势因素,从而实现两种路径的互动与接轨。

根据两种规制路径的互补性特点,本书初步确定了以下四个方面的制度内合作方式:(1)为充分利用司法控制路径在信息获取方面的优势,从制度设计角度,应当建立行政规制中的个人举报制度,以及法院向行政规制机关的司法建议制度,从而实现信息获取方面的优势互补,最终降低行政规制中的信息获取成本;(2)为充分利用行政规制路径的专业技术优势,从制度设计角度,应当承认行政规制的技术标准在司法上的效力,以及行政规制决定或意见在司法上的效力,从而在处理技术性问题上实现优势互补,并提高司法控制路径在技术性问题上的应对能力;(3)为充分利用行政规制路径在政策判断上的灵活性优势,从制度设计角度,应当承认行政管制性规范在私法(或司法)上的效力,从而实现政策判断能力上的优势互补,并最终提高法官的政策判断能力;(4)为充分利用司法的中立性优势,并解决行政规制中的机会主义倾向,在制度设计上,应当建立行政规制决定的司法审查制度,从而为行政规制提供外部制约机制,最终降低机会主义行为对行政规制效果的影响。

此外,需要进一步说明的是,不管是制度内合作还是制度外合作,以上均属于有限列举,这只是笔者根据两种路径的互补性特点,初步确立的合作领域与合作方式。除此之外,两种路径还可能在更广泛的领域存在互补性。随着研究的深入,可能有更多的互补性特征被揭示出来,相应地,两种路径也将会有更多的合作领域与合作方式。

第三节 两种路径的全面合作与接轨

一、事后威慑不足与合作规制

前文的研究表明,当事故造成的损害出现如下情况时,司法控制路径在实施过程中,不可避免地会出现诉讼程序启动障碍或责任财产不足问题:(1)事故造成的损害极其轻微,以至于提起私人诉讼的预期收益小于为此而付出的诉讼成本,从而导致受害者的起诉激励不足，或者因为“搭便车”的激励导致起诉激励不足；(2)事故造成的损害极其严重，以至于被告的责任财产不足以填补其行为所造成的损失，从而导致司法控制路径的威慑不足。以上这两种情况都将导致潜在加害人预防损害的激励不足，并最终影响司法控制路径的规制效果。为解决这一问题，立法上可以充分利用行政规制路径和司法控制路径之间的互补性特点，通过事前的行政规制来弥补司法控制路径的威慑不足。法经济学的既有研究也证实，联合使用侵权责任和行政规制可以解决逃避追诉和责任财产不足的问题。“我们的研究表明，潜在加害人责任财产不足问题和逃避追诉问题将被最低限度的行政规制措施所排除。”①对此，立法上可以从以下两个角度实施合作规制：

(一)原告起诉激励不足与合作规制

为解决司法控制路径可能存在的诉讼程序启动障碍，在损害程度轻重不一的规制领域，立法上应当并行使用两种规制路径，其中，行政规制重点对轻微损害领域进行规制，因为轻微损害领域极易出现原告起诉激励不足之问题。例如，在虚假广告规制领域，若消费者没有因虚假宣传而陷入错误，则虚假广告对消费者造成的影响，仅仅表现为视觉上的不适或心理上的反感。由于此类“损害”极其轻微，消费者往往缺乏足够的激励将虚假广告发布行为诉至法院，由此产生原告起诉激励不足之问题，这实际上也是中国目前的虚假广告得不到有效规制的重要原因之一。对此，立法上可以通过行政规制来弥补司法控制的不足，即在事前制定广告发布标准，并强制执行这些标准，从而避免虚假广告的出现。从目前的广告规制立法来看，事前的行政规制标准在美国主要由联邦贸易委员会(Federal Trade Commission, FTC)负责实施，中国主要由国家工商行政管理部门负责实施。

(二)被告责任财产不足与合作规制

为解决司法控制路径可能存在的被告责任财产不足之问题，在损害程度轻重不一的领域，应当并行使用两种规制路径，其中，行政规制路径重点对巨额损害进行规制。例如，在备受关注的中国乳制品安全领域，近几年来连续发生的“阜阳奶粉事件”和“三鹿奶粉事件”都充分表明，在以大规模工业生产为主导的中国乳制品行业，一旦某一批次的产品出现安全隐患，其所引发的事故往往是大规模的群体性事

① Gerrit De Geest, Giuseppe Dari-Mattiacci, “Soft Regulation, Tough Judges”, 15 *Sup. Ct. Econ. Rev.*, 119, 119(2007). 原文如下：In the previous sections, we have shown that the judgment proof problem may be removed by a minimum regulatory standard lying anywhere within a defined range of the injurer's precaution。

故。在这种情况下,即便是像三鹿集团这样的大企业也将因此而濒临破产,从而导致司法控制路径的威慑不足和规制不足。对此,萨维尔的开创性研究表明:在风险中性的假设前提下,当加害人的财产不足以赔偿其所造成的全部损害时,事后的损害赔偿责任将无法提供足够的激励来控制风险。① 其基本原理在于,当实际损害超过了加害人的财产数额时,加害人会认为其所需承担的责任等于他拥有的财产,从而导致加害人预防事故的激励不足,这将提高潜在加害人的机会主义倾向。② 为避免被告责任财产不足问题造成的影响,我们可以通过事前的行政规制措施,为乳制品行业设定安全标准,并强制推行这些标准,从而在事前避免事故的发生,这是合作规制的优势之所在。

综上所述,在损害程度轻重不一的领域,应当采取合作规制的策略,用行政规制来弥补司法控制路径可能存在的起诉激励不足和责任财产不足之问题。它们二者的角色分工为:行政规制路径主要针对轻微损害和严重损害领域进行规制,对于损害程度处于中间状态的事故,可以由司法控制路径进行规制。这在目前的立法实践中也极为常见。

二、信息揭露优势与合作规制

司法控制路径以私人诉讼作为实施工具,而私人诉讼的当事人往往长期身处风险之中,或者亲历事故现场,因此,与行政执法人员相比,当事人往往掌握更多有关违法行为或事故风险的信息。与此同时,法院在长期处理各类事故的过程中,往往对特定领域的事故风险有一定的了解,而这些信息是实现良好规制效果的必要条件。与行政规制路径相比,这实际上正是司法控制路径的信息优势之所在。为充分发挥司法控制路径的信息优势,立法上可以采纳制度内合作的策略,在行政规制路径的制度内部,引入司法控制的信息优势,从而弥补行政规制路径的信息获取不足,并最终实现两种路径的互动与接轨。从既有立法情况来看,基于信息获取而实施的合作规制主要体现在以下两个方面:

(一)当事人与行政规制者的信息合作:个人举报制度

正如前文所言,私人诉讼的当事人掌握更多的有关规制对象或规制行为的信

---

① See Steven Shavell,"Liability for Harm Versus Regulation of Safety",13 *Journal of Legal Studies.*, 357(1984).

② See Steven Shavell,"The Judgement Proof Problem",6 *International Review of Law and Economics.*,45(1986).

息,为充分利用当事人的这一信息优势,立法上可以通过特定的制度设计,来激励当事人向行政规制机关披露私人信息,从而弥补行政规制机关在信息获取方面的不足,最终实现信息获取方面的优势互补。能够实现这一目标的制度设计,即行政规制中的个人举报制度。[①] 就中国目前的立法情况来看,个人举报制度在食品安全、环境规制、安全生产等社会性规制领域均广泛存在。为进一步激励个人举报的积极性,2000 年的《产品质量法》、2002 年的《安全生产法》、2007 年的《劳动合同法》和 2007 年的《道路交通安全法》还建立了悬赏举报制度,[②]通过奖励的方式激励个人向行政规制机关提供相关信息,从而降低行政规制的信息获取成本。例如,《道路交通安全法》第 71 条规定:“车辆发生交通事故后逃逸的,事故现场目击人员和其他知情人员应当向公安机关交通管理部门或者交通警察举报。举报属实的,公安机关交通管理部门应当给予奖励。”个人举报制度是典型的制度内合作方式,其优势在于,它可以集广大群众之力量,将每个人掌握的私人信息汇集到行政规制机关那里,从而提高行政规制路径的信息获取能力,并以此辅助行政规制路径的实施。

(二)法院与行政规制者的信息合作:司法建议制度

由于信息的缺乏,行政规制机关往往对所有规制对象进行“一刀切”处理,这大大提高了行政规制的实施成本。为实现有选择性、有针对性的规制,实践中应当充分利用法院或法官所掌握的有关事故风险的信息。制度设计上应当建立司法建议制度,尤其是法院向行政规制机关发出的司法建议,这可以实现法院与行政规制机关之间的信息共享,从而降低行政规制中的信息获取成本。从目前的司法实践情况来看,法院向行政规制机关发出相关司法建议,在个别地方法院已是普遍现象,只是在司法建议的个别细节上有待进一步完善。例如,对司法建议文本的进一步规范,以及接受者对司法建议处理情况的反馈等,都有待完善。从总体上来看,司法建议制度的设置目的在于:通过司法建议,将法院掌握的有关规制对象的信息反馈给行政规制机关,从而辅助行政规制机关在事前作出更理性的规制决策,以提高行政规制的准确性和针对性。

---

① 参见李友根:《论公私合作的执法机制》,载《上海财经大学学报》2010 年第 5 期。

② 关于悬赏举报制度在中国现行立法上的使用与统计,请参见应飞虎:《公共规制中的信息工具》,载《中国社会科学》2010 年第 4 期。

三、技术性优势与合作规制

社会性规制涉及众多技术性较强的问题,如食品添加剂的使用、转基因食品的危害、新药品的副作用、污染物对人体健康的影响等。由于现代政治构架将法院的角色定位于解决各类纠纷的"通才",这也使法院在处理技术性问题时缺乏专业性。相比之下,各国基本都有一个相对庞大的行政官僚体系,一个规制领域往往对应一个行政机关,它们长期与相关行业接触,并对相关行业的运行更加了解。由于工作的需要,它们还会在特定岗位安排相应的技术专家,或设立专门的技术鉴定或研究机构,以配合行政规制的实施。因此,对于相关技术问题,法官往往难以把握,而行政机关在处理技术性问题上具有专业性优势。为充分利用行政规制路径的专业技术优势,制度设计上应当促成行政规制路径与司法控制路径之间的合作,从而提高司法控制路径应对技术性问题的能力。从目前的理论和实践情况来看,行政规制路径和司法控制路径在技术问题上的合作主要体现在两个方面:一是行政规制决定或意见在司法上的效力;二是技术标准在司法上的效力,以下将分别论述:

(一)行政规制决定或意见在司法上的证据效力

为充分发挥行政规制机关的相对优势,行政规制机关依据其专业技术优势所作出的相关决定或意见,在司法审判过程中应当具有证据上的效力。这是行政规制路径与司法控制路径进行合作规制的又一体现,其意义在于:它一方面可以降低诉讼成本;另一方面还可以实现优势互补,从而提高司法控制路径在处理技术性问题上的应对能力。在社会性规制领域,面对食品药品安全、环境污染、交通事故等技术性较强的问题,"法院也会认为自己是法律问题而非事实问题的专家,因此,对行政机关适用技术标准所进行的事实认定,给予更多的尊重。当然,最后的判断权依然操控于法院之手"。① 这在环境污染侵权和交通事故侵权领域体现的尤为明显,在这些领域,行政规制机关依据其专业技术优势所作出的风险评估、鉴定报告、违法性认定、行政处罚决定和事故责任认定书等文件,在诉讼程序上具有较强的证据效力。对此,最高人民法院2002年颁布的《关于民事诉讼证据的若干规定》第77条第1项规定:"国家机关、社会团体依职权制作的公文书证的证明力一般大于其他书证。"②

---

① 宋华琳:《论行政规制对司法的规范效应》,载《中国法学》2006年第6期。

② 参见《最高人民法院关于民事诉讼证据的若干规定》,法释〔2001〕33号。

这其中就包括行政规制机关作出的相关决定或意见。例如，在环境侵权之诉中，行政规制机关做出的行政处罚决定或鉴定结论，往往是法院认定“违法性”或“因果关系”的基本依据。在交通事故规制领域，《道路交通安全法》第 73 条规定：“公安机关交通管理部门应当根据交通事故现场勘验、检查、调查情况和有关的检验、鉴定结论，及时制作交通事故认定书，作为处理交通事故的证据。交通事故认定书应当载明交通事故的基本事实、成因和当事人的责任，并送达当事人。”从中国目前的司法实践来看，行政规制机关对交通事故责任作出的认定，在此后的侵权之诉中具有极其重要的作用，法院在事实认定过程中，往往承认交通事故认定书上所载事实的证据效力，并以此做出裁判。对此，表 15 进一步梳理了事故认定书在司法裁判过程中的效力及其依据：

表 15　中国现行法上的“事故认定书”在司法上的效力①

类型	制作机关	事故认定书在司法上的效力
交通事故	公安机关交通管理部门	交通事故认定书是处理交通事故的证据（参见《道路交通安全法》第 73 条）；在民事诉讼中，交通事故认定书可以作为证据使用，但并非侵权赔偿责任分配的唯一依据（参见《最高人民法院公报》2010 年第 11 期）
火灾事故	公安机关消防机构	火灾事故认定书是处理火灾事故的证据（参见《消防法》第 51 条第 3 款）
农机事故	农业机械化主管部门	农机事故认定书是处理农机事故的证据（参见《农业机械安全监督管理条例》第 27 条）
铁路事故	组织事故调查组的机关或铁路管理机构	铁路交通事故认定书是事故赔偿、事故处理以及事故责任追究的依据（参见《铁路交通事故应急救援和调查处理条例》第 29 条）；经庭审质证，对于事故认定书所认定的事实，当事人没有相反证据和理由足以推翻的，法院应当作为认定事实的根据（参见《关于审理铁路运输损害赔偿案件若干问题解释》第 14 条）

（二）行政规制的技术标准在司法上的效力

在食品、药品和环境规制等领域，行政规制的技术标准往往是相关领域的技术专家，经过综合的成本—收益分析而制定的能够为社会所接受的安全标准，这一标

① 参见程啸著：《侵权责任法》，法律出版社 2011 年版，第 415 页。

准不仅融合了该领域专家的技术分析,而且经过了行政机关的政策判断,它对产品或服务的质量及其相关问题做出了相对详细的规定。需要注意的是,规制过程中的技术分析与政策判断,往往也是法官在司法实践中所面临的问题。由于法官的技术能力相对不足,以及时间维度上的政策判断缺乏灵活性,在面对上述问题时,依据或参照行政机关制定的技术标准能够提高司法控制路径的规制效果。因此,行政规制中的技术标准在司法上具有重要意义。承认技术标准在合同法和侵权法上的效力,能够提高当事人对其行为后果的预见性,从而发挥司法控制路径的规制效果。司法控制路径也因此成为"辅助管制的工具"。

1. 承认技术标准在合同法上的效力

行政规制中的技术标准在合同法上的效力主要体现在以下两个方面:

第一,行政规制中的技术标准对合同内容的拟制效果。对此,《合同法》第 62 条第 1 项规定:当事人就有关合同内容约定不明确,依照本法第 61 条的规定仍不能确定的,适用下列规定:质量要求不明确的,按照国家标准、行业标准履行;没有国家标准、行业标准的,按照通常标准或者符合合同目的的特定标准履行。《合同法》的这一规定实际上是在合同约定不明确的情况下,将行政规制中的技术标准作为认定合同内容的依据,从法律效果上看,行政规制中的技术标准对合同内容具有一定的拟制效果。这一思路在此前的《经济合同法》(已失效)中体现得更为明显,该法第 17 条明确规定:"购销合同(包括供应、采购、预购、购销结合及协作、调剂等合同)中产品数量、产品质量和包装质量、产品价格和交货期限按以下规定执行……产品质量和包装质量,有国家标准或专业标准的,按国家标准或专业标准签订;无国家标准或专业标准的,按主管部门标准签订;当事人有特殊要求的,由双方协商签订。"该法律条文更是直接拟制了合同内容,强制性地要求当事人必须依据相关技术标准签订合同,并不得约定排除。承认技术标准对合同内容的拟制效果有利于规制政策的落实,但必须把握好合理的限度,防止行政规制中的技术标准僭越私法自治的空间。

第二,行政规制中的技术标准对合同效力的影响。行政规制中的技术标准还可以通过影响合同效力的认定,来实现行政规制路径和司法控制路径之间的接轨。对此,《合同法》第 52 条第 5 项规定"违反法律、行政法规的强制性规定"的合同无效,《民法通则》第 55 条第 3 项的规定与此类似。依据上述规定,只要相关技术标准被法律和行政法规所确认,则所有违反该技术标准的合同都将被判定无效。这一规定也因此成为沟通行政规制与司法控制的管道。关于其详细内容与评价,笔者将在下文进行详细论述。

2. 承认技术标准在侵权法上的效力

从学术界目前的研究来看，行政规制中的技术标准在侵权法上的效力，主要体现在技术标准对侵权责任构成要件的影响，具体包括以下两方面内容：

第一，违反技术标准的行为将意味着侵权责任构成要件中的“违法性”或“过错”要件的具备，这在法学理论和实务中已经成为共识。例如，在交通事故规制领域，机动车驾驶人超速行驶或酒后驾驶酿成事故的，法院将据此认定机动车驾驶人的行为具有“过错”或“违法性”。此外，在特殊侵权领域，行为违反技术标准也将成为重要的归责基础。例如，在食品安全领域，《侵权责任法》第 41 条规定：“因产品存在缺陷造成他人损害的，生产者应当承担侵权责任。”该规定表明，产品责任的成立以涉案产品有缺陷为前提。如何认定产品缺陷？《产品质量法》第 46 条规定：“本法所称缺陷，是指产品存在危及人身、他人财产安全的不合理的危险；产品有保障人体健康和人身、财产安全的国家标准、行业标准的，是指不符合该标准。”据此，当食品不符合国家标准时，法官将据此认定该食品属于“缺陷产品”，从而应当承担侵权责任。本书对此不做过多探讨。

第二，遵守技术标准的行为是否能够成为免除侵权责任的抗辩事由（本书简称合规抗辩），这在理论和实践中存在较大争议。① 其中，支持合规抗辩的学者认为：合规抗辩能够有效地融合公法和私法这两种法律制度，使其能够最大限度地发挥自身的优势，尤其是行政规制机关在处理技术性问题上的优势。② 相比之下，反对合规抗辩的学者认为：在技术标准制定过程中，由于信息上的限制、利益团体和政治压力的影响，再加上行政执法资源的匮乏，使行政规制中的技术标准本身就存在诸多问题。③ 例如，行政规制机关被“俘获”或“绑架”后所作出的有偏向性的行政规制标准。面对学术界存在的上述争议，美国《侵权法重述》采取了适度认可的态度。美国

---

① 笔者在本部分的研究，受到宋华琳两篇重要文章的启发，特此致谢！参见宋华琳：《论政府规制与侵权法的交错》，载《比较法研究》2008 年第 2 期；宋华琳：《论行政规制对司法的规范效应》，载《中国法学》2006 年第 6 期。

② See Robert L. Rabin, “Reassessing Regulatory Compliance”, 88 *GEO. L. J.*, 2049, 2051 (2000); Lars Noah, “Rewarding Regulatory Compliance: The Pursuit of Symmetry in Products Liability”, 88 *Geo. L. J.*, 2147 (2000).

③ See Clayton P. Gillette, James E. Krier, “Risk, Court, and Agencies”, 138 *U. Pa. L. Rev.*, 1027, 1086 – 1088 (1990).

《侵权法重述》第3版的§4(b)部分中写道:“在确定产品是否有着所适用法律或规章所意图削减的风险时,产品符合所适用的产品安全法律或行政规章的事实,应该得到适当考虑。但根据法律,这样符合法律的实施,并不妨碍做出产品存在缺陷的认定。”①美国侵权法第三次重述的这一做法,不仅为两种规制路径的接轨提供了管道,而且也为侵权法的独立判断提供了空间,具有一定的合理性。

我国在该问题上的做法较为混乱,不同地方和不同领域的实践做法也不完全一致。从环境规制领域来看,(1)对于违反行政规制中的技术标准的行为,司法实践中基本都将其视为“违法性”或“过错”要件的具备,这一做法值得肯定;(2)对于遵守技术标准的行为,司法实践中的做法较为混乱,有承认合规抗辩的做法,也有否认的。例如,在环境保护领域,《国家环境保护局关于确定环境污染损害赔偿责任问题的复函》(1991年10月10日)中指出:“承担污染赔偿责任的法定条件,就是排污单位造成环境污染危害,并使其他单位或者个人遭受损失。现有法律法规并未将有无过错以及污染物的排放是否超过标准,作为确定排污单位是否承担赔偿责任的条件。至于国家或者地方规定的污染物排放标准,只是环保部门决定排污单位是否需要缴纳超标排污费和进行环境管理的依据,而不是确定排污单位是否承担赔偿责任的界限。”②国家环境保护局的观点明确否认了合规抗辩的效力。从理论上讲,国家环境保护局的观点与理论界存在的“公法私法二分论”的观点相一致,③即认为公法和私法分属两个系统,它们二者“彼此独立互不干涉”,不承认行政规制的技术标准在私法上的效力。这也意味着,遵守行政规制标准的行为,并不必然免除其在侵权法上的损害赔偿责任,即不承认合规抗辩的效力。

从司法实践中的情况来看,也有诸多地方法院的判决书,在不同程度上承认合规抗辩的效力,此类判决书的核心观点认为:由于企业的排污行为或使用的机械设备符合相关国家标准,因而不会产生环境污染,并据此驳回原告的侵权诉讼请求。④关于是否承认合规抗辩的问题,本书初步认为,行政规制路径与司法控制路径之间

① 宋华琳:《论政府规制与侵权法的交错》,载《比较法研究》2008年第2期。完整的译本请参见[美]许传玺主编:《侵权法重述第三版:产品责任》,肖永平等译,法律出版社2006年版,第172页。

② 参见《国家环境保护局关于确定环境污染损害赔偿责任问题的复函》,〔91〕环法函字第104号。

③ 关于《公法私法二分论》的重要观点梳理,请参见解亘:《论管制规范在侵权行为法上的意义》,载《中国法学》2009年第2期。

④ 持该观点的相关判决书,请参见重庆市第五中级人民法院〔2010〕渝五中法民初字第3407号民事判决书;青岛海事法院〔2003〕青海法海事初字第14号民事判决书。

的优势互补现象，为公私法的合作与接轨提供了理论基础，要想充分发挥行政规制路径在处理技术性问题上的相对优势，在制度设计上就应当参照美国侵权法第三次重述中的基本态度，适度认可合规抗辩的效力。当然，这只是本书的初步看法，至于合规抗辩能够在多大程度上被接受？以及承认合规抗辩的主要理由和适用领域为何？这将在下一主题中进行讨论。①

四、个案判断的灵活性优势与合作规制

（一）行为可标准化程度及其规制难题

为说明上文主张的“适度认可合规抗辩”的理由，及其适用的领域，这里需要引入“行为可标准化程度”（the level of standardization）这一概念。按照皮尔森和许成刚的定义，“行为可标准化程度”，是指规制者是否能以适当的成本来识别待规制行为的类型及其后果，如果规制者能够很容易识别所有相关行为的类型，则说明该行为的可标准化程度较高，反之则较低。② 行为可标准化程度是一个相对的概念，只有在比较的基础上才能作出判断。例如，药品规制领域与食品规制领域相比，前者的行为可标准化程度相对较高，因为药品的种类及其数量相对较少，其成分和适用症的匹配性较强，因而药品生产行为的可标准化程度相对较高，这实际上也是药品上市许可制度的存在基础；相比之下，食品生产行为的可标准化程度相对较低，因为食品的种类和数量相对较多，食品的生产、加工、包装、运输、储存、销售和消费环节较为复杂，食品“从农田到餐桌”的复杂流程大大降低了该领域的行为可标准化程度。再如，大型食品企业与食品小加工厂或流动摊贩相比，前者的行为可标准化程度较高，因为大型食品生产企业一般实行机械化生产流程，因而其行为的可标准化程度相对较高，这实际上也是现代流程控制技术存在的基础；相比之下，城市中大街小巷普遍存在的食品小摊贩不仅数量众多，而且生产、加工行为千差万别，其行为可标准化程度相对较低。

---

① 此外，关于合规抗辩，理论上还有其他问题有待探讨，例如，合规抗辩在侵权法的技术上如何实现？这将是另外一个相对独立的问题，本书对此不做过多探讨。

② See Katharina Pistor, Chenggang Xu, “Incomplete Law”, 35 *N. Y. U. J. Int' l L. & Pol.*, 931, 952 (2003). (Standardization refers to the ability to describe actions and outcomes at reasonable cost so that regulators can exercise their proactive law enforcement powers effectively. The effectiveness of proactive law enforcement hinges on the ability of regulators to monitor the market and identify types of actions and outcomes that reasonably may be expected to result in harmful outcome.)

从社会性规制的角度来看,行为可标准化程度越高的领域,也越容易进行规制,因为行政规制的“一刀切”处理可以一次性地解决所有类似问题。例如,在药品规制领域,新药上市前的许可和强制性技术标准的实施,可以大大降低药品领域的事故风险。反之,对于行为可标准化程度较低的领域,相应的规制难度也越大。例如,在规制食品小摊贩问题上,行政规制路径的“一刀切”处理势必将复杂问题简单化,而司法控制路径也存在威慑不足的结构性缺陷。对此,下文将重点分析行为可标准化程度较低领域的规制问题。

(二)行政规制的最低标准与司法控制的个案补充

引入“行为可标准化程度”这一概念的理论意义在于:它可以在区分不同规制领域的基础上,为两种规制路径之间的合作,以及在合作规制前提下适度承认合规抗辩提供了理论铺垫。

第一,对于行为可标准化程度较高的领域(如前述药品规制领域),行政规制路径具有显著的规模经济优势、专业技术优势和事前预防损害的优势。在规制制度设计上应当适用最佳的事前规制标准,并由行政规制机关统一负责实施。在此前提下,侵权责任制度的存在意义主要在于填补违规行为所造成的损害,并在一定程度上“辅助”行政规制标准的实施。这一制度设计同时也意味着,加害行为符合行政规制标准的事实,将阻却侵权责任的成立(承认合规抗辩的效力)。这实际上也是拉宾教授主张在处方药品规制领域承认合规抗辩的主要理由,他认为:处方药品为侵权法对于政府规制的尊重提供了最有力的例证,合规抗辩之所以会得到支持是因为:(1)FDA(Food and Drug Administration,美国食品与药品管理局)所设立的并非最低而是最优的标准;(2)FDA在其所规制的领域内具有专业技术上的优势;(3)FDA所规制的产品是具有极高价值的产品;(4)如果侵权法在行政规制之外造成了过度威慑,这将产生以下影响——部分药品可能逐渐退出市场,新药的研发以及药品产业的发展也可能受到阻碍。[①] 拉宾教授的上述分析为承认合规抗辩提供了有力的理由,但这只适用于“行为可标准化程度”较高的领域。

第二,对于行为可标准化程度较低的领域(如食品小摊贩的规制),行政规制路径和司法控制路径都存在各自难以克服的结构性缺陷。一方面,就行政规制路径而言,其所具有的事前“一刀切”处理的特点,使它在面对纷繁复杂的被规制行为时,缺

① See Robert L. Rabin, “Reassessing Regulatory Compliance”, 88 *Geo. L. J.* 2049, 2074 – 2075 (2000).

乏必要的灵活性和针对性,从而无法在区别对待的基础上实施有效的规制;另一方面,就司法控制路径而言,其所具有的事后规制的特点,使它在个案判断上具有灵活性的优势,但同时又存在原告起诉激励不足和被告责任财产不足等问题,最终可能导致事后威慑不足和规制不足。此即前文所谓的“不完善路径之间的选择”(参见第四章)。如何解决这一问题呢?

对于上述问题,笔者初步认为,针对行为可标准化程度较低的领域,最佳的选择是合作规制——联合使用行政规制与司法控制,它们二者的合作方式为:将行政规制的标准设定为普适性的最低规制标准,并要求所有被规制者都必须遵守该最低标准;在此基础上,司法控制路径应当采用更高的规制标准(行为谨慎标准),并通过事后的个案判断进行“查漏补缺”,以弥补事前的最低规制标准可能存在的规制不足。这一制度设计可以实现两种路径的优势互补,它一方面利用了行政规制的规模经济优势、专业技术优势和预防损害的优势来缓解司法控制路径的威慑不足和规制不足;另一方面又利用了司法控制路径在个案判断上的灵活性优势来缓解行政规制在事前“一刀切”处理可能存在的规制不足。

根据上述制度设计思路,前文提出的有关合规抗辩的争议也将随之解决。具体来看,由于事前行政规制的标准被确定为最低规制标准,它就像风险控制的最低“门槛”一样,要求所有人都必须遵守。对于被规制者而言,若违反行政规制标准并造成损害,则其必须承担侵权责任;若遵守了行政规制标准,则不一定就能免除事后的侵权责任,因为行政规制标准只是适用于所有人的最低标准,而事后的侵权责任才是为每一个被规制者量身定做的最优规制标准。此外,这一制度设计还有一项重要意义,它可以借助法官在个案中对行政规制标准的突破,来推动行政规制标准的不断改进。当然,上述制度设计并不意味着合规抗辩完全不能成立,也并不意味着法官可以随意提高规制标准。这里更准确的含义是:面对“行为可标准化程度”较低的规制领域,法官在判断侵权责任是否成立时,必须根据个案的实际情况和影响因素(具体因素下文详述),来判断加害人属于哪一种类型——是属于最低规制标准的适用者,还是更高标准的适用者?如果属于最低规制标准的适用者,则其遵守了最低的行政规制标准,将意味着侵权责任的免除,即承认合规抗辩的效力;如果属于更高规制标准的适用者,则其遵守了最低的行政规制标准,并不意味着事后侵权责任的免除。对于后者,合规抗辩也并非完全没有意义,实际上,加害人符合最低行政规制标准这一事实,将成为法官在判断加害人是否具有可归责性以及责任大小的重要影响因素。[①] 综上所述，在合作规制的框架下，加害行为合规这一事实，在不同的个案中有不同的意涵，这需要法官通过个案判断来确定合规抗辩能否成立。

综合上述分析，在认定合规抗辩能否成立时，法官在个案判断中需要综合考量多方面的因素，这些因素包括但不限于：(1)行政规制标准的性质——属于社会可接受的最佳标准还是最低的标准；如果是经过技术判断和政策考量后的最佳标准，则承认合规抗辩可能会导致威慑过度，反之，若属于最低标准，则承认合规抗辩是更理性的选择；(2)行政规制的剩余风险的性质——是否容易被发现并具有改进的空间，如果是，则不承认合规抗辩有利于降低社会风险，反之，即便承认合规抗辩，也难以有效降低社会风险；(3)加害人的风险掌控能力和技术水平，如果加害人的风险掌控能力和技术水平较高，则由加害人来承担剩余风险不仅符合效率原则，而且能够督促加害人积极采取措施降低风险，不承认合规抗辩恰好可以达到这一效果；反之，如果受害人的风险掌控能力和技术水平更高，则承认合规抗辩更符合效率原则。此即罗纳德·科斯曾经讨论的，是督促排污企业安装污染控制设备，还是让附近居民关好门窗并戴上口罩？这取决于谁的实施成本更低。当然，以上只是笔者认为较为重要的考量因素，除此之外，还可能有其他的影响因素，这有待进一步的研究。总而言之，随着不同规制领域在个案上的差异，合规抗辩将得到不同程度上的尊重。

（三）上述合作规制方案的几个遗留问题

针对上述合作规制方案，以及合作规制影响下的合规抗辩问题，理论上可能存在如下争议性：(1)法官在实践中应当如何对加害人的类型进行判断？(2)提高部分人的行为谨慎标准是否会造成规制政策上的不公现象？(3)让众多法官在个案中提高规制标准或行为谨慎标准，是否会造成被规制者对自己行为的法律后果的可预见性降低（从而可能影响规制效果）？

关于第一个问题，法官在实践中应当如何对加害人的类型进行判断？由于上述合作方案是针对"行为可标准化程度"较低的规制领域所设计的合作方案，这里的"行为可标准化程度"较低意味着，被规制者的存在样态与行为类型较为复杂，并可能随着时间和空间的变化而变化，这为事前的行政规制带来了极大困难，实践中只

---

① 按照侵权法二元归责体系的理论，除了过错归责外，风险归责需要考量各种影响因素，它们包括但不限于：合规与否、利益获取、风险开启与维持、信赖保护、损害分散可能性、自我保护可能性等。参见叶金强：《风险领域理论与侵权法二元归责体系》，载《法学研究》2009 年第 2 期。此外，学术界关于归责体系还有其他众多观点，如朱岩：《风险社会与现代侵权责任法体系》，载《法学研究》2009 年第 5 期。

能在行政规制标准的基础上,依赖法官在个案判断上的灵活性优势,多样化的被规制者“量身定做”更高的规制标准或行为谨慎标准。鉴于复杂的社会现实,法官在对加害人进行区别对待时,不可能有什么硬性的标准对加害人进行对号入座,可行的办法是通过众多影响因素的考量,综合作出判断。这里的考量的因素包括但不限于:(1)加害人所处的地域差异,例如,在工业区和居民区,加害人的行为谨慎标准可能存在差异;(2)进入某区域的时间先后,例如,加害人与受害人进入某一区域的时间先后,可能影响加害人的行为谨慎标准;(3)风险防范能力上的差异,例如,具有更高风险防范能力和技术水平的加害人,可能需要提高行为谨慎标准;(4)原因行为的公益性高低,也可能影响加害人的行为谨慎标准。当然,以上考量因素是一个相对开放的体系,针对具体领域可能还会有其他影响因素加入进来,这些影响因素共同组成了一个有弹性的判断标准,这需要法官根据具体情况进行综合考量。

关于第二个问题,提高个别人的行为谨慎标准是否会造成规制政策上的不公平现象?对此,“追求产品责任的对等”实际上也是部分美国学者支持合规抗辩的主要理由。[①] 就此而言,对公平性的质疑主要来自形式主义的批评,最极端的表现即要求对所有的被规制者同等对待。但需要指出的是,社会性规制本质上是对公共风险进行的规制,它本身就是一个政策性很强的问题,来自形式主义的评价标准不应当被放大化。原因不管是在食品、药品安全、环境污染还是交通事故规制领域,风险都是它们与生俱来的“副产品”,不同被规制者的风险状况存在较大差异,为了将风险水平控制在社会所能接受的最低限度,上文采用的合作规制方案实际上是在考虑形式公平的基础上(任何人都必须遵守最低的行政规制标准),从实质主义标准出发,对不同人进行区别对待。这一规制方案是在承认一个最基本的形式公平的基础上,进一步追求更高层次的实质公平。因此,上述合作规制方案并非不考虑形式公平问题,因而来自形式主义的评判不应当被放大。而且,从侵权法的角度来看,法律对公共风险的规制实际上是一个风险分担问题,让更有能力的人承担更多的风险,不仅符合法经济学上的效率标识,而且是一种更高层次的实质公平。因此,来自形式主义的批评不应当被放大化,社会性规制要更多的关注实质主义的标准,以及规制效率问题。

---

① See Lars Noah, “Rewarding Regulatory Compliance: The Pursuit of Symmetry in Products Liability”, 88 *Geo. L. J.* ,2147(2000).

关于第三个问题,让众多法官在个案中提高规制标准或行为谨慎标准,确实可能会使被规制者未来行为的可预见性降低(而且可能出现各地做法不一致现象),如果行为人难以预见其行为后果,因而就难以决定采取何种预防措施,这将不利于规制效果的实现。这一问题确实存在,与行政规制所明文规定的规制标准相比,侵权法上的行为谨慎标准确实存在较大的不确定性,这是司法控制路径所存在的结构性缺陷(参见第三章第三节)。对此,考夫曼也曾指出:“实质正义与法律安定性之间永恒不断的紧张关系是无法消解的,然而法律安定性本身就是正义的一种属性,因而这种紧张关系就是正义本身的一种紧张关系。”①但需要注意的是,行政规制的确定性标准,只能用来应对相对确定的社会现实(行为可标准化程度较高的领域);而司法控制路径所采纳的不确定标准本身就是为了应对具有较大不确定性的规制领域(行为可标准化程度较低的领域),如果用确定的标准来应对不确定的规制领域,则是将复杂问题简单化,这是社会性规制所应当避免的做法。从这个意义上来说,面对行为可标准化程度较低的规制领域,如果我们不愿接受“一刀切”的行政规制标准,那么就不得不接受相对模糊的司法规制标准,这是规制政策选择上的两难问题。更何况,司法控制路径所采纳的标准也并非“无迹可寻”,实践中可以通过以下两种方式提高被规制者的预见性:(1)在可标准化程度较低的领域,应当明确告知被规制者:行政规制标准只是最低的“门槛”,而非最后的标准,遵守行政规制标准并不意味着侵权责任的免除,在这种情况下,被规制者应当有理由根据其个人能力和实际情况,适当提高自己的行为谨慎标准;(2)至于提高标准到何种程度?对于该问题,法官在对加害人进行区别对待时,应当考量相对客观的影响因素,如前文列举的加害人所处的地域差异、进入某区域的时间先后、风险防范能力差异、原因行为的公益性高低等,这些相对客观的考量因素主要来自加害人的自身情况,加害人自己往往也了解或掌握这些信息,因而应当具有相当程度上的预见性。

五、时间维度上的政策判断优势与合作规制

(一)公私法接轨的理论基础与立法技术

前文的研究表明,行政规制在时间维度上的政策判断具有灵活性优势,相比之

① [德]亚图·考夫曼著:《类推与“事物的本质”——兼论类型理论》,吴从周译,学林文化事业有限公司1999年版,第119页。

下,司法控制路径在时间维度上的政策判断则具有滞后性的缺陷(以下简称时滞性,参见第四章),这使得两种路径在政策判断上具有一定的互补性。两种路径所具有这一互补性特征具有重大的理论意义。从制度设计的角度,两种规制路径的这一互补性特征意味着,合作规制可以弥补司法控制路径的时滞性缺陷,这实际上也是合作规制的又一理论基础。在社会性规制实践中,“当状态有限且能够准确预见,即在确定性世界中,契约或法律等制度是完美的,不需要灵活性;当世界变化无端,不确定性极大时,灵活性的重要可能使任何事先的制度约束都成为障碍。现实中大部分情况介于两者之间。一方面,是不确定世界;另一方面,很多情形也是可以事先预知,或者至少是有规律可循的,因此是可以在经验中加以总结并制度化的。”①从这个意义上说,实践中所要求的并非绝对的灵活或绝对的稳定,而是介于两者之间的状态,这就为两种路径的合作提供了理论基础。因此,两种路径在政策判断上的互补性特点,为合作规制提供了更为广阔的空间。当然,不同的互补性领域为合作规制提供了不同的需求,它同时也支持了不同的合作方案。就政策判断上的灵活性与时滞性之互补而言,它所支持的合作规制方案可以概括为两类:一是非制度性的合作规制;二是制度性的合作规制。

第一,非制度性的合作规制主要包括,法官在司法裁判中,运用其裁判技术和自由裁量权,将行政规制机关确立的规制政策融入司法裁判中,这一合作方式也可以称为“公共政策进入司法裁判”。② 由于该合作方式受到法官自由裁量权的影响,其主观性较强,这里不做过多探讨。本书集中关注制度性合作规制。

第二,制度性的合作规制主要是指,通过特定的立法技术,在制度层面为那些相对灵活的行政管制规范进入私法预留通道,通过司法实践,使行政管制规范产生私法和司法适用上的效力,从而实现公法和私法的全面接轨。对此,需要进一步说明的是,前文所研究的行政规制路径的“技术性优势”所支持的合作规制方案——承认行政规制的技术标准在司法上的效力,实际上也是“行政管制规范进入私法”的一个重要组成部分,它是“公法与私法的全面接轨”的具体体现之一。实际上,技术性问题上的合作规制与政策判断能力上的合作规制,虽然都属于“行政管制规范进入私法”的范畴,但由于他们各自的理论基础不同(前者是技术性问题处理能力上的互

① 戴治勇、杨晓维:《间接执法成本、间接损害与选择性执法》,载《经济研究》2006年第9期。

② 详细内容请参见宋亚辉:《公共政策如何进入裁判过程》,载《法商研究》2009年第6期。

补,后者是政策判断能力上的互补),因而本书将其分开论述。由于前文已全面述及技术性问题上的合作规制,这里不再赘述。

实现公私法的全面接轨具有重大的理论意义:一方面,政策性更强、更灵活的行政管制规范,就像一股源源不断的新鲜"血液",经过特定的立法技术和"管道",被注入相对稳定的私法制度中去,为私法带来更灵活的政策性因素,从而解决私法(和司法)的时滞性缺陷;另一方面,把管制规范"运送"进入私法,并承认其在私法上的效力,能够以公、私合力的方式,全面落实特定时期的规制政策,这实际上也是本书所谓的"合作规制"。当然,在承认公私法接轨的基础上也应当保持一定谨慎,公私法在现代法治社会和委以宪制构架中,毕竟扮演着不同角色,毫无保留地将政策性较强的管制规范运送进入私法,可能侵占私法自治的空间。因此,在公私法接轨问题上,必须建立适当的"过滤"机制,以控制管制规范进入私法的"量"和"度"。用苏永钦教授的话说,"司法者站在公私法汇流的闸口,正要替代立法者去做决定:让公法规范以何种方式,以多大的流量,注入私法"。① 由此引发的问题是,在立法技术上如何建立这一过滤机制?

关于公私法接轨的技术,苏永钦的研究认为,私法制度中存在一些"转介条款"或"引致条款",②为管制性规范进入私法提供了"管道",从而使古老的私法制度不断被注入政策性因素,并使私法制度随着时间的变化而适应社会的需要。从立法技术来看,现代私法为管制规范预留了三条可供进入的"管道":(1)财产法中的转介条款,例如,中国台湾地区"民法"第765条规定:所有人,于"法令"限制之范围内,得自由使用、收益、处分其所有物,并排除他人之干涉。该规定实际上已为所有权日后的分类和分级预留了通道。(2)契约法中的转介条款,例如,台湾地区"民法"第71条规定的,"法律行为,违反强制或禁止之规定者,无效。但其规定并不以之为无效者,不在此限",该条款为管制性规范进入契约法提供了"管道"。(3)侵权法中的转

① 苏永钦著:《走入新世纪的私法自治》,中国政法大学出版社2002年版,第331页。

② 引致条款,是指法官在审理民事案件时,直接通过民法上肩负沟通民法与公法任务的管道性条款的授权直接适用管制规范。转介条款,是指法官在审理民事案件时,通过民法中的管道性条款的授权,斟酌管制规范。之所以需要斟酌而不是直接适用,是因为在多数情况下,立法者在制定管制规范时只是从公法的角度衡量,其无暇也无力仔细考量其民事效果。转介条款只是概括的转介某个社会伦理或公法规定,对于它在私法领域的具体适用,如何与私法自治的价值适度调和,都还未作成决定。关于这两个概念的总结,请参见解亘:《论管制规范在侵权行为法上的意义》,载《中国法学》2009年第2期;苏永钦著:《民事立法与公私法的接轨》,北京大学出版社2005年版,第83~87页。

介条款,例如,中国台湾地区“民法”第 184 条第 2 项规定:违反保护他人之“法律”,致生损害与他人者,负赔偿责任。但能证明其行为无过失者,不在此限。台湾地区“民法”构建的这一侵权责任类型,为管制规范产生侵权法上的效力提供了管道。以上这些转介条款的意义在于,“使得在民法之后陆陆续续订立的多如牛毛的法令,像躲在木马里的雄兵一样进入特洛伊城,管制法令摇身一变成为民事规范,私法自治的空间,包括法律行为和事实行为,实际上随着国家管制强度的增减而上下调整”。(4)除了上述之外,比“民法”年轻一个世代的“宪法”,本来以公权力机关为规范对象,“民法”第 2 条、第 72 条及第 184 条第 1 项后段的“公序良俗”,也为它提供了间接“投射”的窗口,使“宪法”规定所蕴含的价值秩序可以产生一定的第三人效力。[①] 以上这些都是中国台湾地区“民法”为实现公私法的接轨,所预留的管道。当然,我国当前的民事立法也存在相应的转介条款,以下将具体分析。

(二)行政管制规范与物权法的接轨

1. 行政管制规范进入物权法的管道

从解释论的角度,现行《物权法》也存在相应的转介条款,在立法技术层面为公私法的接轨埋下了伏笔。其中,《物权法》第 2 条第 3 款规定:物权“是指权利人依法对特定的物享有直接支配和排他的权利”。从文义解释的角度,这里的“依法”除了包括其他单行的民事立法之外,还应当包括行政管制性立法,以及相应的行政管制规范,例如,《禁毒法》规定的毒品管制条款。现行《物权法》的这一规定具有转介作用,为行政管制规范进入物权法预留了通道。除此之外,在一般条款之外,《物权法》在具体制度领域上也规定有相应的转介条款,例如,在相邻关系制度中,《物权法》第 89 条规定:“建造建筑物,不得违反国家有关工程建设标准,妨碍相邻建筑物的通风、采光和日照。”第 90 条规定:“不动产权利人不得违反国家规定弃置固体废物,排放大气污染物、水污染物、噪声、光、电磁波辐射等有害物质。”这里规定的“不得违反国家有关工程建设标准”和“不得违反国家规定弃置固体废物”,为行政管制性规范所设定的国家强制标准进入物权法提供了管道,从而在立法技术上实现了公私法的接轨。

2. 管制规范影响物权的类型及其内容

为实现特征的政策目的,立法机关及其授权立法者可以通过管制性立法,增加

---

① 参见苏永钦著:《私法自治中的国家强制》,中国法制出版社 2005 年版,第 8 ~ 9 页。

物权的类型或限制物权的内容。(1)关于物权的类型,《物权法》第5条规定:"物权的种类和内容,由法律规定",此即物权法定原则。在物权法之外,立法者可以根据管制政策的需要,通过单行立法增加新的物权类型,例如,《矿产资源法》及其附属法规规定的"采矿权",即属此类。(2)关于物权的内容,管制性立法可以根据政策的需要,通过行政许可制度对物权的内容施加限制。例如,在户外广告领域,户外广告的发布必须依附于特定的广告阵地(如房屋、土地、桥梁、隧道等),发布户外广告实际上是权利人对其所有权的使用方式,是物权"使用"权能的体现。按照物权法的一般原理,所有权人可以对其所有权行使占有、使用、收益和处分的权利,但由于户外广告的设置可能影响行人安全、通风采光、环境保护、市容市貌等社会公共利益。为防止户外广告的不当设置影响到社会公共利益,《广告法》第41条授权地方政府建立"户外广告的设置规划和管理办法"。户外广告发布许可制度是典型的行政管制立法,它实际上是对物权的内容施加的限制。① 此外,管制性立法对土地权利人建设房屋的高度、房屋的用途等施加的限制,在现行法上也极为普遍。

在立法技术层面,行政管制性立法对物权的类型及其内容所做的规制,可以通过《物权法》第2条的转介条款为其提供的通道,源源不断地进入《物权法》,并为《物权法》注入更灵活的政策性因素,防止《物权法》因时间的变化出现时滞性问题。对此,正如苏永钦教授所言:"各种农业法规、工业法规、都市计划法规、文化保存法规等,创造了不同品级、不同市场价值的所有权,让民法典的动产和不动产二分法,像一幅泼墨山水一样地远离实景。"②因此,不同时期的立法者或行政机关基于特定的政策目的,可以创设新的物权类型,或限制物权的内容,它们可以通过《物权法》第2条为其预留的通道源源不断地进入物权法。

(三)行政管制规范与合同法的接轨

1. 行政管制规范进入合同法的管道

在立法技术层面,现行《合同法》第26条第3项的规定,为管制性规范的进入预留了管道,该法律条文规定:"违反法律、行政法规的强制性规定"的合同无效;与此

---

① 在产权经济学看来,立法者在产权界定过程中对财产权施加的限制,实际上是将财产的一部分权能转移到政府手中,是政府"攫取"了私人的产权,这是解决负外部性问题的一种方法。根据科斯第二定理,当交易成本较高时,不同的产权界定方案将产生不同的资源配置效果,产权界定的意义因此变得意义重大。

② 苏永钦著:《私法自治中的国家强制》,中国法制出版社2005年版,第9页。

规定相类似,《民法通则》第55条第3项规定:民事法律行为"不违反法律或者社会公共利益"的要求,都属于典型的转介条款,它们为管制规范影响合同的效力埋下了伏笔,是管制规范进入私法的管道。除此之外,在司法实践中,法官也运用其实践智慧,以各种方式承认管制规范在契约法上的效力,例如,管制规范对合同内容的拟制效果,下文将详细论述。

2. 行政管制规范影响合同的效力

从《合同法》第26条第3项规定的内容来看,违反管制性规范的合同一律无效。该规定具有极强的管制性色彩,大量的管制性立法可以通过这一"管道"进入私法,并影响合同的效力。以社会性规制的视角来看,该条文的理论意义在于:由于行政强制性规范往往具有特定的政策目标,该政策目标可以通过合同效力制度"投射"到合同法领域,从而使保持中立的合同法由此成为"辅助管制的工具"。实践中典型的例子,打击"黄赌毒"作为我国政府的一项管制政策,原本是行政机关的分内职责,但根据《合同法》第26条第3项的规定,当事人以"黄赌毒"作为交易对象的合同将被法院认定为无效合同,这就大大提高了此类交易在合同法上的风险和成本。一般来讲,更高的交易成本往往意味着更少的行为供给,因而这一规定可以对"黄赌毒"交易起到一定的抑制作用。从这个意义上来讲,《合同法》第26条第3项规定的转介条款使《合同法》成为"辅助管制的工具"。

但是,由于这一转介条款过于僵化,理论界对其提出的批评也不绝于耳。笔者通过梳理发现,国内理论界的研究大致经历了以下两个阶段:[①]第一阶段是2003年以前,受到《合同法》第26条第3项和《民法通则》第55条第3项及其相关司法解释的影响,学界的观点基本都认为,违反公法管制性规范的契约当然不生法律效力,这种观点频繁出现在各种版本的大学教科书和相关著作中。[②] 第二阶段是2003年至今。2003年以来,国内不少学者开始从比较法的视角,通过研究了日本、德国的管制性规范在契约法上的效力理论,逐渐对国内之前的观点进行修正。修正后的理论观点认为,违反公法管制性规范的契约并非当然不生法律效力,实践中应根据履行阶段、均衡性原则、适合性原则和必要性原则等因素,在个案中综合判断违反管制性规

① 参见宋亚辉:《论广告管制性规范在契约法上的效力》,载《华东政法大学学报》2011年第3期。

② 对相关文献的梳理,请参见解亘:《论违反强制性规定契约之效力》,载《中外法学》2003年第1期。

范之契约的效力。① 从中国的司法实践来看,法官在处理该问题时也表现得较为谨慎,极少有法官僵化地适用《合同法》第 26 条第 3 项的规定,直接将所有违反管制性规范的合同判定无效,而是运用各种裁判技术对管制规范在合同法上的效力进行二次控制,具体的控制技术包括对管制性规范的认定、履行阶段的考量、必要性和公平性分析等。虽然存在较多不足,但《合同法》第 26 条第 3 项规定的转介条款在立法政策上的重要意义是不能忽视的,它透过合同效力制度,将管制性规范投射进入合同法,从而实现公私法的接轨。

3. 行政管制规范对契约内容的拟制

一般来讲,合同的内容往往由当事人自由协商,这是契约自由原则的应有之义。但是,立法机关或行政机关基于特定的管制目的,开始在个别领域通过管制规范对契约内容进行拟制。《消费者权益保护法》第 23 条规定:经营者以广告、产品说明、实物样品或者其他方式表明商品或者服务的质量状况的,应当保证其提供的商品或者服务的实际质量与表明的质量状况相符。这一规定是立法者为治理日益增多的虚假广告而制定的管制性规范,通常由行政机关负责实施。但从该管制规范的内容来看,立法者使之产生私法上效果的意图明显,它以强行法的方式将广告内容纳入契约之中,直接拟制了契约之内容。依据这一规定,经营者一旦在广告中对其待售产品做出具体、明确的允诺或保证,则经营者必须在后续的合同中履行其在商业广告中的"承诺",除非当事人对此另有约定。这样,在广告规制领域,合同法再次成为落实管制政策的工具。为进一步了解该管制规范在私法上的效力,笔者梳理了《消费者权益保护》第 23 条的司法适用情况,发现:当经营者违反该广告管制规范时,极少有消费者引用《合同法》第 52 条第 5 项的规定,主张合同无效,而是径行要求经营者依据广告内容履行合同。对此,法官在司法实践中也极少直接承认广告管制规范对契约内容的拟制效果,而是通过合同解释政策,在个案中判断广告内容是否能够解释进入契约。此外,还有法官通过欺诈行为中过错的认定,以及瑕疵担保责任的认定,间接承认《消费者权益保护法》第 23 条对契约内容的影响。②

---

① 关于这方面讨论的文献主要有解亘:《论违反强制性规范契约的效力》,载《中外法学》2003 年第 1 期;孙鹏:《论违反强制性规定行为之效力》,载《法商研究》2006 年第 5 期;孙鹏:《私法自治与公法强制》,载《环球法律评论》2007 年第 2 期;谢鸿飞:《论法律行为生效的适法规范》,载《中国社会科学》2007 年第 6 期;许中缘:《论违反公法规定对法律行为效力的影响》,载《法商研究》2011 年第 1 期。

② 参见宋亚辉:《论广告管制规范在契约法上的效力》,载《华东政法大学学报》2011 年第 3 期。

综上分析可以发现,行政管制规范基于特定的政策目的,可能通过强行法对合同的内容进行拟制,但这极有可能侵占私法自治的“领地”。为此,法官在司法实践中往往通过特定的裁判技术进行二次控制,这一方面可以承认管制规范在合同法上的效力,从而辅助管制政策的实施;另一方面又可以通过司法上的二次控制,防止行政管制规范过度限制私法自治的空间。这里所谓的“二次控制”包括两个方面:一是民事立法上的转介条款,如《合同法》第 26 条第 3 项的规定;二是法官的裁判技术,如合同解释技术、漏洞补充技术。

(四)行政管制规范与侵权法的接轨

1. 行政管制规范进入侵权法的管道

在立法技术层面,中国《侵权责任法》没有采纳德国法上关于一般侵权行为类型的三层结构(德国《民法典》第 823 条和第 826 条),而是通过一般条款采纳了权利与利益均等保护的立法模式,因而中国《侵权责任法》在一般条款层面并不存在类似于德国法上的转介条款——违反保护他人之法律的侵权责任。但与此同时,《侵权责任法》又在第 6 条规定了极为抽象且宽泛的过错责任。对此,有学者认为,鉴于违反保护他人之法律的侵权责任类型所具有的调和公私法的重要功能,应当从解释论的角度,“扩大对第 6 条关于过错责任一般条款的解释,将违反保护他人法律的侵权责任解释为一种特殊的过错责任”,①并以此为管制性规范进入侵权提供通道。这一想法能否被实践所接受,仍有待观察。

从本书研究的合作规制来看,在侵权责任法中建立一般性的转介条款,对公私法的接轨具有重要意义。但是,中国现行立法在这方面存在较大差距。现行《侵权责任法》只是在特殊侵权领域,规定有相应的转介条款。例如,《侵权责任法》在第 58 条第 12 项关于医疗侵权责任中的过错认定问题上规定:“违反法律、行政法规、规章以及其他有关诊疗规范的规定”,推定医疗机构有过错。据此,立法者在侵权责任构成要件中的“过错”之认定上,为行政管制规范进入私法预留了管道。需要说明的是,这里所指的“诊疗规范”,实际上即前文所研究的技术标准,它属于行政管制规范的重要类型之一,也正是基于这一原因,前文所研究的“技术标准在侵权法上的效力”,也可以合并归入本部分。

① 朱岩:《违反保护他人法律的过错责任》,载《法学研究》2011 年第 2 期。

2. 行政管制规范影响过错或违法性的认定

第一，违反行政管制规范往往意味着“过错”或“违法性”的具备。由于我国法律在一般侵权领域并没有相应的转介条款，只是在部分特殊侵权领域规定有转介条款，以下将结合司法实践中的做法和理论界的观点来分析管制规范对侵权责任制度的影响。对此，实践中主要通过侵权责任的构建要件来实现公私法的接轨。关于侵权责任构成要件，理论上一直存在违法性和过错的一元论与二元论的对立（在“违法性”和“过错”之间选择“过错”还是二者兼备）。① 不管该争议如何，从目前的实践和理论研究来看，行政管制规范影响过错或违法性的认定，却得到一致承认。例如，在食品安全和环境保护领域，随着行政管制规范的不断增多，一方面，在“过错”的认定问题上，法院习惯于将某些管制规范所确立的行为准则直接理解为侵权法上的注意义务，并将该义务的违反视为过错要件的具备；另一方面，关于“违法性”的认定问题，实践中同样将行政管制规范的违反视为违法性要件的具备。② 典型的如前文研究的技术标准，在侵权责任认定中，致害人违反相关技术标准的行为往往被法院认定为违法性或过错要件的具备。从规制政策的角度来看，司法实践中主张的“管制规范的违反＝过错或违法性”，具有重大的理论意义，它透过侵权责任构成要件提供的“窗口”，将行政管制规范“投射”进入侵权法，由此产生的影响是，“侵权法因为其他部门法的内容而极大丰富和完整，而其他部门法也因为侵权法参引而更富有实效，更有可执行性，更有尊严和活力。”③因此，承认管制规范在侵权法上的效力，能够将管制规范所承载的政策目标“投射”进入侵权法，从而实现公私法的接轨。

第二，遵守行政管制规范是否意味着侵权责任的免除，即前文在研究技术标准问题时所讨论的“合规抗辩”问题。对此，由于技术标准属于行政管制规范的重要类型，不管是技术标准的还是其他的行政管制规范，在合规抗辩问题上，它们二者不存在太大差异，因而前文关于合规抗辩的观点可以适用所有行政管制规范。因此，这里不再赘述合规抗辩问题。

---

① 关于该问题的争议与主要观点，请参见王利明著：《侵权行为法归责原则研究》，中国政法大学出版社 1992 年版，第 407～423 页；张新宝著：《侵权责任法原理》，中国人民大学出版社 2005 年版，第 50 页；叶名怡：《论违法与过错的认定——以德美两国的比较为基础》，载《环球法律评论》2009 年第 5 期；王利明：《我国〈侵权责任法〉采纳了违法性要件吗？》，载《中外法学》2012 年第 1 期。

② 参见解亘：《论管制规范在侵权行为法上的意义》，载《中国法学》2009 年第 2 期。

③ 叶名怡：《论违法与过错的认定——以德美两国的比较为基础》，载《环球法律评论》2009 年第 5 期。

除上述之外,在立法技术层面,现行民事立法还有更为宽泛、更为抽象的“转介条款”。例如,《民法通则》第4条关于“诚实信用”原则的规定;第6条关于民事活动“应当遵守国家政策”的规定;以及第7条关于民事活动“不得损害社会公共利益,破坏国家经济计划,扰乱社会经济秩序”的规定,都属于广义上的转介条款。① 从功能上看,它们不仅能够弥补法律的漏洞、应对法律的滞后性问题,而且都能够为管制政策或管制规范进入私法提供制度上的管道。在司法实践层面,法官可以依据上述原则,通过各种裁判技术将行政管制性规范所蕴含的政策目标“投射”进入私法,从而以公私协力的方式,实现社会性规制的目标。

六、机会主义倾向与合作规制

(一)克服机会主义的合作:对行政规制的司法审查

前文的分析表明,在行政规制路径的实施过程中,行政执法人员与行政相对人之间的关系为典型的“命令—服从”关系,其所处的制度结构为“线性结构”。行政规制的这一结构性特点使行政执法人员的机会主义倾向相对明显,具体体现为执法人员的“寻租”“偷懒”以及被“俘获”现象。相比之下,司法控制路径呈现出“三角结构”,在该制度结构中,法官要共同面对双方当事人,法官的任何举动都被相互对抗的双方当事人看在眼里,这对法官而言是一种强大的制约力量。与行政规制过程中的单向“命令—服从”关系相比,法官仅在主持庭审程序上具有主导地位,法官针对实质性问题作出的决定,主要依赖双方当事人的证据与质证过程。因此,司法控制路径的“三角结构”使法官更多地受到双方当事人的制约,相比行政规制路径的“线性结构”,法官所处的制度结构有利于降低规制过程中的机会主义倾向,此即两种路径在克服机会主义问题上的互补性。两种路径的互补性特征具有重大的理论意义,它为合作规制提供了广阔空间,这里的合作主要是指法院对行政规制(行为)的司法审查。从行政法学界的既有研究来看,学者在肯定行政自由裁量的基础上,主张通过司法审查来控制行政规制机构的自由裁量权。② 从这个意义上来讲,行政诉讼可以作为制约行政机关及其执

---

① 我国台湾地区“民法”第1条规定:民事,法律所未规定者,依习惯,无习惯者,依法理。《瑞士民法典》第1条规定:“法律问题,在文字上及解释上,法律已有规定者,概适用法律。法律所未规定者,依习惯法,无习惯法时,法官应推测立法者就此可能制定之规则予以裁判。于此情形,法官应遵循稳妥之学说及实务惯例。”关于该条的详细研究,请参见苏永钦著:《跨越自治与管制》,台北,五南图书出版有限公司1999年版,第285页。

② 参见周佑勇:《行政裁量的治理》,载《法学研究》2007年第2期。

法人员机会主义行为的有效途径,这是现代法治文明留下的重要遗产。

需要说明的是,本书将法院对行政规制决定的司法审查称为"合作规制",也许会引起部分学者的误解或批评,因为"合作"的通常含义是指多人同心协力,共同完成某一事物或达成某一目标,而司法审查乃是法院对行政行为的制约,这看起来不属于"合作"的范畴。这一质疑不无道理,但如果换一种分析思路则会有完全不同的发现。如果我们进一步扩展分析视野,并将制度设计的目标定位于:同心协力,共同将事故的成本降至最低这一目标,则法院对行政规制的司法审查也应当属于合作规制的范畴。因为司法审查制度是在肯定行政规制存在的前提下,一方面为了发挥行政规制路径的专业技术优势、政策判断的灵活性优势、规模经济优势和事前预防损害的优势;另一方面为了避免行政规制可能伴随的机会主义弊端,并发挥司法控制路径的中立性优势,才以司法审查制度作为事后的制约和控制措施,并以这种独特的合作方式来实现社会性规制的目标——用更低成本建设更安全的社会。从这个意义上来说,对行政规制的司法审查实际上也是两种路径在社会性规制领域的合作,只是这种合作有别于前文论述的诸种合作方式而已。

从目前的立法来看,法院对行政行为的司法审查可以区分为具体行政行为的司法审查和抽象行政行为的司法审查。在社会性规制领域,具体行政行为主要是指行政规制机关针对具体案件所作出的规制决定,其中主要包括行政许可、行政强制、行政处罚等;而抽象行政行为主要包括行政规制机关针对不特定人所制定的、可反复适用的规范性文件,其中主要包括行政规制标准。对此,我国目前仅建立了具体行政行为的司法审查制度,对于大量存在的行政规制标准,则不属于司法审查的范围。换句话说,对于行政机关制定的行政规制标准,法院应当对其采取尊重的态度。从社会性规制的视角来看,我国在司法审查问题上对具体行政行为和抽象行政行政进行区别对待,具有深刻的理论根源。

(二)功能主义视角下的解读:在审查与尊重之间

对行政规制决定进行司法审查是一种特殊的合作规制方式,其目的在于制约行政规制实施过程中可能存在的机会主义倾向,这是基于功能主义视角的制度设计。但问题在于,从实践中的情况来看,不仅具体行政行为可能存在机会主义倾向,而且抽象行政行为也可能存在机会主义倾向。例如,频繁见诸报端的关于食品安全标准制定问题上的“开倒车”“规制俘获”或“被绑架”的指责,[①]即典型的抽象行政行为中存在的机会主义倾向。同样都存在机会主义倾向,现行法为何针对具体行政行为建立司法审查制度,而针对抽象行政行为不进行司法审查(本书称之为“司法尊重”)?对此,前文关于两种路径“功能优势的相对性”的讨论(参见第四章第三节)为其提供了解释。如表16所示。

表16　区别对待具体行政行为和抽象行政行为的理由

	审查具体行政行为的理由	尊重抽象行政行为的理由
行政规制路径	有限控制与机会主义倾向	专业技术上的优势
	“一刀切”处理与针对性欠缺	政策判断上的灵活性优势
司法控制路径	中立性优势	专业技术能力不足
	个案判断的灵活性优势	政策判断的时滞性

第一,关于具体行政行为(主要指个案中的行政规制决定或行政不作为),现行法建立了司法审查制度来制约可能存在的机会主义倾向。其主要理由在于:一方面,由于行政规制在实施过程中可能存在较强的机会主义倾向,并且针对不同规制对象时往往采取“一刀切”的处理方法,这不利于规制效果的实现;另一方面,司法的结构性特征使它具有中立性的优势,而且,法官在个案判断上具有灵活性的优势。司法控制路径的这一特征恰好可以弥补行政规制路径的不足。因此,对具体的行政规制决定进行司法审查,可以制约行政执法人员可能存在的机会主义倾向,同时也可以提高行政规制决定在个案判断上的合理性。但是,由于法官只是法律问题的专家,对于社会性规制领域的专业技术问题和政策问题,法官的应对能力则显得不足,为此,在司法审查问题上,应当考虑排除技术性问题和政策性问题,对其采取不审查原则。这实际上也是我国现行法的基本做法,现行《行政诉讼法》第6条把法院对行政行为的司法审查限定在“合法性审查”范围之内。在这一原则的指导下,该法第70条、第74条进一步将审查标准分为以下三个类型:(1)主要证据不足、适用法律法规错误和超越职权的形式合法性审查;(2)滥用职权、不履行或者拖延履行法定职责和显失公正的实质性审查;(3)违反法定程序的程序合法性审查。[②] 现行法的这

---

① 参见郑凤田:《慎防食品安全标准被绑架》,载《经济参考报》2011年11月28日。

② 参见余凌云著:《行政自由裁量论》,中国人民公安大学出版社2005年版,第10~15页。

一制度安排集中体现了“在尊重和审查之间”的权衡和取舍。

第二,关于抽象行政行为(主要指行政规制标准,尤其是技术标准),现行法没有建立司法审查制度,即要求司法对行政规制行为保持尊重。其理由在于:一方面,由于社会性规制往往涉及诸多技术性和政策性问题,对此,行政规制机关恰好具有专业技术上的优势和政策判断上的优势,由行政规制机关制定相应的行政规制标准(尤其是技术标准),可以充分发挥行政规制路径的相对优势;另一方面,司法控制路径在处理技术性问题时的能力相对不足,并且在政策判断上存在时滞性缺陷。因此,为了充分发挥行政规制机关的专业技术优势和政策判断上的灵活性优势,中国现行法要求法院对于行政规制机关制定的行政规制标准,采取司法尊重的态度,具体体现为抽象行政行为的不可诉原则。当然,这一做法也必须承受一定代价,对行政规制标准制定中可能存在的机会主义问题,将失去一个有效的制约机制。由此引发的问题是,如何在制约机会主义行为与发挥专业优势之间做出权衡?这实际上也是世界各国长期面临的难题和立法政策选择,各国的实际做法也不尽一致。就我国而言,现行法的做法相对简单,立法者更倾向于充分发挥行政规制机关的技术性优势和政策性优势,坚持对抽象行政行为采取不可诉、不审查的原则,[①]而且实践中也

① 需要说明的是,对行政规制的司法尊重不仅涉及抽象行政行为的可诉性及司法审查,而且涉及抽象行政行为(以行政规范性文件为载体)能否作为法律渊源在司法裁判中适用的问题。对于后者,《行政诉讼法》第53条规定,“人民法院审理行政案件,参照……规章”。对此,王汉斌同志于1989年3月28日在第七届全国人民代表大会第二次会议上所作的《关于〈中华人民共和国行政诉讼法〉(草案)的说明》中指出:“对符合法律、行政法规规定的规章,法院要参照审理,对不符合或不完全符合法律、行政法规原则精神的规章,法院可以有灵活处理的余地。”这里的思路很明显,“参照”规章的前提是法官认为其符合“法律、行政法规原则精神”,而这需要法官对规章进行审查。因此,《行政诉讼法》(1989年)第53条第1款事实上赋予了法院对规章的审查权,只是这一审查仅限于法官在选择适用法律时的审查。相比之下,美国法的做法则较为复杂,并经历了一个较长的发展历程。从历史梳理的视角来看,在1984年之前,美国法院对行政机关的制定法解释仅仅适用较弱的“斯基德莫尊重”(Skidmore Deference),法院虽对行政机关的制定法解释予以考量,但最后依然对制定法解释作出自己的独立的判断。而1984年谢弗林案(Chevron U. S. A. ,Inc. v. Natural Resources Defense Council,Inc.)中确立的原则认为,当制定法模糊不清时,行政机关的解释只要“合理”,就对法院有拘束效果,这被称为“谢弗林尊重”。在美国,一般认为立法性规则具有法律的效力和效果,因此适用谢弗林尊重,对法院有拘束力;而包括技术标准在内的非立法性规则,则对法院不具有拘束力。此后,在2000年的米德案中,法院唤醒了蛰伏多年的斯基德莫尊重,从而创设了谢弗林尊重和斯基德莫尊重并存双重尊重标准。认为对立法性规则适用谢弗林尊重,而对非立法性规则适用斯基德莫尊重。非立法性规则没有“控制的力量”(power to control),但是由于“考量的全面性,推理的有效性,与此前和此后判断的一贯性”,使其具有“说服力”(persuasiveness),因而法院对其只适用斯基德莫尊重,并保留最终的决定权。对该问题的总结与梳理,请参见宋华琳:《论行政规制对司法的规范效应》,载《中国法学》2006年第6期;高秦伟:《论行政机关法解释的审查基准》,载《河南政法干部管理学院学报》2006年第2期;Cass R. Sunstein,“Administrative Law Goes to War”,118 *Harv. L. Rev.* ,2665(2005)。

鲜有例外存在。

第四节　“第三条道路”与规制模式的转型

通过前文的分析发现，不管是行政规制路径还是司法控制路径，它们都存在各自难以克服的结构性缺陷，因而社会性规制中的路径选择已不再是它们两者之间非此即彼的选择。本书的研究进一步表明，两种规制路径所具有的优势互补的特点，使合作规制具有更强大的功能优势和发展前景，合作规制也许将成为21世纪公共规制法的发展方向。

一、“第三条道路”的提出

从既有研究成果来看，进入21世纪后，社会性规制开始了新的革命。不同的法学流派正在突破传统的行政规制和司法控制模式，试图发展出一个新的规制理论。在新规制理论看来，合作规制不仅仅是两种路径的联合使用，而且包括更为广阔的内容，它将把行政规制、司法控制、市场机制、非营利或市民社会融合在一起，形成一个更具灵活性、综合性的规制模式。与此同时，行政规制与司法控制之间的合作也可以有多种组合，并随着不同情况而做出调整。鉴于合作规制的复杂性与新颖性，有学者将其描述为公共规制的“第三条道路”。① 相较于20世纪30年代的罗斯福新政改革（New Deal），鲁伯将21世纪的规制路径革新计划称为“新规制模式”（Renew Deal/ New Governance Paradigm）。② 这一新规制模式是在总结既有研究成果基础上提出的，它综合了学术界提出的“软法”（soft law）、“合作规制”（collaborative governance）、“规制革新”（revitalizing regulation）、“协商控制”（negotiated governance）、“合作执行”（cooperative implementation）、“回应型规制”（responsive

---

① See Orly Lobel, “The Renew Deal: The Fall of Regulation and the Rise of Governance in Contemporary Legal Thought”, 89 *Minn. L. Rev.*, 342, 343 - 344(2004).

② Ibid..

regulation/ reflexive law)等概念或理论思潮。① 新规制理论的提出是社会性规制领域的一大创新。

关于新规制理论,美国学者鲁伯对其进行了相对全面的论述,他认为,新规制理论并不仅仅是指从一种法律规则过渡到另一种法律规则,理解新规制理论的关键在于,理解规制模式的转型与持续性变革之间的关系。新规制模式的产生,伴随着更为开放的、灵活的、随时间而调整的规制理念。新规制模式的诞生同时受到两个因素的驱动:一是外在因素的驱动,即新政治经济学的发展;二是内在因素的驱动,即传统规制模式的内在缺陷及其改革。在这些因素的驱动下,新规制模式不再是单纯的行政规制或司法控制,而是将公共部门、市场机制、非营利或市民社会融合在一起,形成了一个灵活的、综合性的社会性规制模式。按照鲁伯的系统分析,新规制模式有如下几个主要特点:(1)非官方因素和专家的参与;(2)利益相关者的合作;(3)多样化和竞争性的规制工具选择;(4)替代性与补充性并存;(5)去中心化和辅助性规制;(6)各领域规制政策的融合;(7)灵活性和非强制性加强;(8)强调规制模式的适应性和动态学习。事实上,从中美两国当前的立法情况来看,上述新规制模式在环境保护、劳动者保护和高科技领域已经有所体现。按照鲁伯的观点,新规制模式的重要优势在于,它加强了效率和民主之间的互动与共生,使规制政策与民众意见有机结合。

上述新规制模式之所以被称为社会性规制的"第三条道路",主要原因在于:新规制模式构建了一个复合型的规制体系,与既有规制模式相比,它明确提出了一个理论上的"杂交品种",将原来的行政规制与司法控制综合在一起,形成了新的规制方法,因而可以被视为"第三条道路"。② 从内容上看,新规制模式融合了政府导向的、自上而下的规制模式和单一的市场导向的思维模式,或者称为集权主义的命

---

① 关于这些概念的内容介绍,请参见 Jody Freeman, "Collaborative Governance in the Administrative State", 45 *UCLA L. Rev.*, 1(1997); Michael C. Dorf, "Legal Indeterminacy and Institutional Design", 78 *N. Y. U. L. Rev.*, 875(2003); Dara O'Rourke, "Outsourcing Regulation: Analyzing Non-Governmental Systems of Labor Standards and Monitoring", 31 *Pol'y Stud. J.*, 1(2003); Daniel A. Farber, "Revitalizing Regulation", 91 *Mich. L. Rev.*, 1278, 1280(1993); David A. Dana, "The New 'Contractarian' Paradigm in Environmental Regulation", 2000 *U. Ill. L. Rev.*, 35; Kimberly D. Krawiec, "Cosmetic Compliance and the Failure of Negotiated Governance", 81 *Wash. U. L. Q.*, 487(2003); Douglas C. Michael, "Cooperative Implementation of Federal Regulations", 13 *Yale J. on Reg.*, 535(1996)。

② See Orly Lobel, "The Renew Deal: The Fall of Regulation and the Rise of Governance in Contemporary Legal Thought", 89 *Minn. L. Rev.*, 342, 343-344(2004).

令——控制模式与契约自由模式的结合。新规制模式超越了行政规制与司法控制的二分法，以及规制和自治的二分法，创造了柔性的、回应型的规制模式。新规制模式的一个核心承诺是，在融合了行政、司法、市场机制和市民社会之后，规制领域的经济效率和民主正当性将朝着同一个方向发展。正是基于以上原因，新规制模式被视为代替行政规制和司法控制的“第三条道路”。

二、“第三条道路”与合作规制的关系

“第三条道路”的提出，是社会性规制理论在21世纪的重大创新，而创新的同时也必将伴随着一定的理论风险。需要进一步追问的是，它与本书研究的合作规制有何联系？合作规制与所谓的“第三条道路”究竟有无本质差别？

首先来看学界针对新规制理论及其主张的“第三条道路”所做的评价。美国学者Karkkainen针对鲁伯提出的新规制理论提出了以下两点质疑：(1)鲁伯提出的新规制理论是否是一个统一的规制模式，继而，该理论所主张的“第三条道路”究竟能否成立也存在疑问；(2)关于新规制理论本身的模糊性问题。对于第一个问题，Karkkainen认为，“新规制理论并非独立的规制模式，而是一个松散的、在公共规制大家庭中一个选择性的规制方法，它是解决传统规制路径缺陷的一种矫正方法。新规制理论并非一个独立的理论或学派，它包含了很多相互竞争的，甚至不相容的学派和思想”。[①] 对于第二个问题，Karkkainen认为：“总的来讲，正如新规制理论的支持者所批评的传统规制模式‘以一当百’的缺点，鲁伯所描述的新规制模式也是以简化的模式来描述所有的问题，因此，新规制理论可能没能准确反映其观点。”[②]Karkkainen对新规制理论所提出的批评具有一定的代表性，他尖锐地指出了“第三条道路”与传统规制方法之间的区别，以及其能否作为一种独立的规制模式的问题。

其次关于新规制理论所主张的“第三条道路”，若暂不考虑来自形式主义的批评，仅从其所主张的实体内容来看，它所具有的功能上的优势，应当是一种有价值的理论创新。从实体内容上看，鲁伯提出的新规制模式与本书研究的合作规制的差异，仅在于两种规制路径进行合作的范围和程度上的差异。本书所主张的合作规制，主要是基于两种规制路径之间的互补性特点，在个别互补性领域所展开的合作

① Bradley C. Karkkainen, “‘New Governance’ in Legal Thought and in the World: Some Splitting as Antidote to Overzealous Lumping”, 89 *Minn. L. Rev.*, 471, p. 480(2004).

② Ibid.

规制,如信息领域的合作、专业技术领域的合作、政策判断上的合作、规制标准设定领域的合作、机会主义问题上的合作,等等。因此,本书所主张的合作规制,实际上是以互补性分析为基础,在个别领域或个别制度上展开的合作。相比之下,新规制理论所提出的"第三条道路",实际上是一种更宏观、更抽象的全面合作方案。例如,该理论认为,应当改变公共规制机关传统上使用的"命令—控制"模式,更多的引入"软法"思想,促使利害关系人、专家、普通民众和行政机关在规制过程中实现良性互动,并充分运用私人所掌握的信息和专家理性,在降低行政规制成本的同时,增强行政规制的实施效果。因此,鲁伯主张的"第三条道路"实际上是提出了更广泛、更深入的合作规制,它与本书研究的合作规制的差异,仅在于合作的范围和程度上的差异。在本质上,所谓的"第三条道路"与本书研究的合作规制没有本质区别。不过,需要注意的是,不管是多大范围上的合作规制,都需要建立在合作双方功能互补的基础之上。如果在没有互补性的领域展开合作,则可能提高合作规制的实施成本,甚至可能浪费法律资源,从而不利于实现预期的规制目标——"以更低的成本建设更安全的社会"。

因此,从新规制理论的实体内容来看,所谓的第三条道路与本书研究的合作规制模式相比,仅在于两种路径彼此合作的范围和程度上的差异。这里的"第三条道路"实际上是提出了更广泛、更深入的合作规制,它是对合作规制的扩展和深化。但不管怎样,社会性规制的"第三条道路"是进入 21 世纪以来,最具创新性的规制理念,它代表着学术界寻求新规制路径的探索和努力。至于 Karkkainen 教授所怀疑的,新规制理论主张的"第三条道路"能否成为一种独立的规制模式,还有待进一步检验。对此,苏永钦教授也总结道:"历史的辨证显示,自治还是让民间活力充分释放、资源利用效益最大化的必走之路;但若放弃管制,种种社会问题又很难避免。因此,人类在兜了好多圈后,到了世纪末还是在寻找'第三条路',20 世纪 80 年代的西方国家集体右转,主题曲是解除管制,90 年代又集体左转,但当然不再转回已经土崩瓦解的苏联社会主义,而是一种可以把政府改造得很小,还给市场最大的自由,但是又不免除政府维护生态环境、照顾弱势团体的责任,这样理想的'第三条道路',是不是走得出来,还有待观察。"①

从本书的研究来看,不管所谓的"第三条道路"能否走的出来,行政规制与司法

① 苏永钦著:《跨越自治与管制》,台北,五南图书出版有限公司 1999 年版,第 3 页。

控制之间的合作都应当是规制理论大有可为的发展方向。为此，下文将结合中国的具体情况，进一步探讨合作规制模式在中国的运用及其发展趋势。

三、合作规制在中国的深化与转型

（一）中国现行法上的制度外合作模式

在改革开放后的中国，由于受到管制传统的影响，立法者主要通过行政规制路径来解决各种公共风险问题。20世纪司法控制路径在改革开放之初没有得到充分重视。其原因在于，司法控制路径实际上是通过事前的产权界定，并为其提供司法上的产权保护制度来化解公共风险。同时，司法控制路径依赖私人诉讼作为实施工具。由于中国的产权保护体系相对薄弱，“息诉”观念进一步抑制了私人诉讼的数量。不过，可喜的是，立法者在面对改革开放后涌现的各种公共风险问题时，通过法律移植及其本土化过程，在制度层面建立了相对完善的司法制度。例如，食品安全诉讼中的惩罚性赔偿、环境私人诉讼、集团诉讼等。由此便出现了行政规制路径与司法控制路径在中国立法上联合使用现象，即前文所谓的“制度外合作”。

中国现行法在社会性规制领域采取“双管齐下”的合作规制模式。但是，频繁发生的各种食品安全事件、重大生产责任事故、环境污染事故，宣告了现行规制方案的实施效果不够令人满意。以食品安全规制为例，近几年来连续发生的“阜阳奶粉事件”、“三鹿奶粉事件”、瘦肉精、地沟油、染色馒头等现象，使食品安全问题走到了规制改革的最前沿。为此，新生效的《食品安全法》一方面加大行政规制力度；另一方面又规定了私人诉讼中的10倍赔偿制度，以此来激励私人诉讼，并通过私人诉讼的实施来威慑潜在违法行为。中国的这一做法体现了合作规制的思想，但现行法与实践中的合作还停留在简单的制度外合作层面，缺乏更全面、更深入的制度内合作。当然，食品安全规制只是中国社会性规制领域的一个缩影。除此之外，在虚假广告、环境污染、安全生产事故、交通事故等规制领域，均存在行政规制与司法控制路径联合使用现象，同时也存在合作规制不够深入的问题。

（二）从制度外合作到制度内合作的转型

前文的研究表明，合作规制不仅仅是行政规制与司法控制的联合使用——制度外合作，它还包括更深层次的合作——制度内合作。从未来的发展趋势来看，中国的合作规制模式尚待进一步深化，未来的合作还要深入行政规制路径与司法控制路径的制度内部，即前文所述的“制度内合作”模式。这实际上也是新规制理论所主张的“第三条道路”的核心所在。概括来讲,更全面的制度内合作主要包括以下两方面内容:(1)行政规制需要改变传统上的“命令—控制”模式,更多的引入“软法”思想,促使利害关系人、专家、普通民众和行政机关在社会性规制过程中实现良性互动,并充分利用私人信息和专家理性,在降低行政规制成本的同时,增强行政规制的实施效果;(2)司法控制路径需要与行政规制实现接轨,例如,行政规制所确立的技术标准、行为谨慎程度和规制政策应当与司法制度相协调,违反行政规制标准的行为,应当在司法裁判中有所反映,典型的如违反行政规制标准的行为意味着侵权责任构成上的“过错”要件的具备。此外,行政规制机关在特定领域所具有的专家优势,也应当引入司法控制路径当中去,从而便利私人诉讼的证据获取,并降低私人诉讼的实施成本。从更宏观的角度,社会性规制政策应当通过特定的司法技术,在司法裁判中得到体现和落实,这才是合作规制的精髓所在。总的来讲,中国未来的社会性规制模式,应当从简单的制度外合作,发展到更深入的制度内合作,此即新规制理论提出的“第三条道路”。在合作规制模式中,行政规制路径的优势应当用来弥补司法控制路径的不足,反之,司法控制路径的优势应当用来弥补司法控制路径的不足。因此,合作规制不仅仅是两种路径的联合使用,它还包括更深层次的制度内合作。

在中国学术界,制度内合作模式或“第三条道路”也开始受到关注,并在实践中得到了部分运用。总体来看,合作规制模式在实践中主要表现为:

第一,行政规制路径自身的转型。例如,在食品安全规制领域,有学者通过考察行政机关、利害关系人、专家和普通公众四类主体在食品安全规制中所扮演的不同角色发现,食品安全规制存在两种模式——传统上的“自上而下模式”和“相互合作的规制模式”。[①] 这里的“合作”仅指行政规制路径内部的制度合作,即规制者与被规制者、社会大众之间的合作。在行政规制的合作模式中,专家理性与公众参与扮演着极其重要的角色。[②] 此外,尤其值得重视的是,中国法学界在借鉴“软法”(soft law)概念的基础上,[③]已经开始结合国情,深入研究软法与公共治理理论。[④] 从目前

---

① 参见戚建刚:《我国食品安全风险规制模式之转型》,载《法学研究》2011 年第 1 期。

② 参见王锡锌、章永乐:《专家、大众与知识的运用》,载《中国社会科学》2003 年第 3 期;王锡锌:《公众参与、专业知识与政府绩效评估的模式》,载《法制与社会发展》2008 年第 6 期;王锡锌:《公共决策中的大众、专家与政府》,载《中外法学》2006 年第 4 期。

③ 参见罗豪才等著:《软法与公共治理》,北京大学出版社 2006 年版,第 3 ~5 页。

④ 关于软法与公共治理的相关研究成果,请参见罗豪才等著:《软法与公共治理》,北京大学出版社 2006 年版;罗豪才、宋功德著:《软法依法:公共治理呼唤软法之治》,法律出版社 2009 年版。

的研究来看,中国学者语境中的“软法”,实际上正是合作规制在行政规制路径内部的改革与转型,也是推动“社会管理创新”的重要理论成果。学术界不断兴起的这一研究趋势具有重大的理论和实践意义,它将逐步改变中国当前的行政规制工具相对单一,且刚性较强的弊端,并将推动行政规制从传统的“命令—控制”模式向合作规制模式转型,这一发展趋势值得期待。

第二,司法控制路径与行政规制路径的接轨。这集中体现在行政规制政策在司法上的落实与运用,这在合同法和侵权法中均有体现。上文的研究表明,从合同法的视角来看,为落实社会性规制政策,对于违反行政管制规范的行为,应当在其合同效力上有所反映,具体体现为合同无效或存在效力瑕疵。此外,在现行立法上,行政规制性规范甚至对合同内容产生拟制效果。① 以上两个制度都可以通过合同法的实施来落实公共规制政策,并保证司法控制路径与行政规制路径在政策取向上保持一致。从侵权法的视角来看,法官在司法裁判中,将“某些行政管制规范所确立的行为准则直接理解为侵权行为法上的行为准则或注意义务”,②因而该义务的违反将被视为过错或违法性要件的具备,这是行政规制路径与司法控制路径实现接轨的又一方式。诸如此类,行政规制制度不断对司法裁判产生着影响,这给民事司法的价值取向带来了革命性的变化,司法裁判所追求的不再是单纯的“校正正义”理念,而是逐渐成为落实社会性规制政策的工具或“辅助管制”的手段,即司法裁判的工具性价值。

当然,行政规制与司法控制之间的合作远不只这些,合作规制还涉及其他更广泛的领域。概括来讲,两种路径之间的合作包括但不限于信息领域的合作、专业技术领域的合作、事前与事后规制的合作、个案判断上的合作、时间维度上的政策判断能力上的合作、克服机会主义问题上的合作等(参见第五章第三节的内容)。进一步开发两种路径的互补性领域与合作方式,是社会性规制理论的发展方向,也是本书的遗留课题之一。鉴于合作规制的功能优势,它也许将成为“社会管理创新”的重要成果,甚至将成为21世纪规制法的发展方向。未来,我们期待中国的合作规制模式能够从简单的“双管齐下”和制度外合作,发展到更为深入的制度内合作,也即新规制理论所主张的“第三条道路”。

---

① 参见宋亚辉:《论广告管制规范在契约法上的效力》,载《华东政法大学学报》2011年第3期。

② 解亘:《论管制规范在侵权行为法上的意义》,载《中国法学》2009年第2期。

研究结论

行文至此,关于社会性规制中的路径选择问题,本书的结论也已相当明了,它具体包括以下两个层面:

第一,行政规制与司法控制之间的选择,是两种不完善路径之间的选择。

主要原因在于,虽然两种路径在制度设计层面都能够有效解决外部性和内部性问题,但在制度实施层面,两种路径的最佳实施条件在实践中均不完全具备。换句话说,两种路径在实施层面都存在高昂的实施成本,这些实施成本就像物理世界的"摩擦力"一样,严重阻碍了它们的实施效果。在这种情况下,行政规制与司法控制之间的选择,取决于谁能够"以更低的成本建设更安全的社会",因而需要对两种路径的实施成本进行比较研究。但进一步的比较分析发现,两种路径存在"功能优势的相对性"问题,即两种路径分别在不同方面具有相对优势,而且,它们在某一方面的相对优势可能被另一方面的相对劣势所抵消。功能优势的相对性同时也意味着,没有哪一条路径在特定领域具有绝对的优势。也正是基于这一原因,本书才发现了规制路径与规制对象之间的"不完全匹配现象"。不完全匹配现象进一步表明,在特定的规制领域,没有哪一种规制路径是完美无缺的,它们都存在各自缺陷,立法者选择任何一种路径都必须承受它所伴随的缺陷或"副产品"。因此本书认为,行政规制路径与司法控制路径之间的选择,只能是"两种不完善事物之间的选择”。

第二,鉴于两种路径之间的优势互补现象,合作规制才是更理性的选择。

本书更具理论意义的研究结论在于:虽然两种路径都存在各自的缺陷,但令人欣慰的是,它们在诸多方面又存在优势互补现象,即“功能优势的互补性”,这是本书研究的新发现,这一发现为路径选择理论提供了一条新思路——合作规制。合作规制具有重大的功能优势,由于两种路径在诸多方面能够实现优势互补,当我们把两种路径结合在一起时,它们各自伴随的“副产品”也将被对方的功能优势所弥补。因此,两种路径之间的互补性特点,为合作规制指明了方向。从立法论的视角来看,合作规制有两个层面:一是制度外合作,即两种路径并行使用;二是制度内合作,即两种路径分别引入或借鉴对方的优势因素,来弥补各自存在的不足。制度内合作是更深层次的合作规制,其理论意义在于,它能够实现两种路径的接轨,以及公法与私法之间的接轨,并能以公私合力的方式来落实规制目标。鉴于合作规制模式的功能优势,有学者将更深入、更全面的合作规制称为公共规制的“第三条道路”。从中国的立法情况来看,现行法上的“双管齐下”策略实际上是采纳了合作规制模式,但它仍停留在简单的制度外合作层面,对于更深入的制度内合作,中国现行法尚处于起步阶段。展望未来,中国的立法者应当充分发挥两种路径之间的互补性优势,将中国的合作规制从制度外合作深化到制度内合作,从而实现规制模式的转型。

参考文献

一、中文著作

1. 班固著:《汉书》,张广明注释,浙江古籍出版社 2000 年版。

2. 陈灿平著:《刑民实体法关系初探》,法律出版社 2009 年版。

3. 陈锡文、邓楠主编:《中国食品安全战略研究》,化学工业出版社 2004 年版。

4. 程啸著:《侵权责任法》,法律出版社 2011 年版。

5. 戴玉忠、刘明祥主编:《犯罪与行政违法行为的界限及惩罚机制的协调》,北京大学出版社 2008 年版。

6. 邓正来著:《哈耶克法律哲学》,复旦大学出版社 2009 年版。

7. 傅蔚冈、宋华琳主编:《规制研究》(第 1 辑),格致出版社、上海人民出版社 2008 年版。

8. 胡代光、厉以宁、袁东明著:《凯恩斯主义的发展和演变》,清华大学出版社 2004 年版。

9. 李昌麒主编:《经济法学》,法律出版社 2007 年版。

10. 李光德著:《经济转型期中国食品药品安全的社会性管制研究》,经济科学出版社 2008 年版。

11. 李月军著:《社会规制:理论范式与中国经验》,中国社会科学出版社 2009 年版。

12. 罗豪才等著:《软法与公共治理》,北京大学出版社

2006 年版。

13. 罗豪才、宋功德著:《软法依法:公共治理呼唤软法之治》,法律出版社 2009 年版。

14. 漆多俊主编:《经济法学》,高等教育出版社 2007 年版。

15. 钱大群撰:《唐律疏议新注》,南京师范大学出版社 2007 年版。

16. 邱联恭著:《程序制度机能论》,台北,三民书局股份有限公司 1996 年版。

17. 桑本谦著:《私人之间的监控与惩罚——一个经济学的进路》,山东人民出版社 2005 年版。

18. 宋华琳、傅蔚冈主编:《规制研究》(第 2 辑),格致出版社、上海人民出版社 2009 年版。

19. 苏永钦著:《跨越自治与管制》,台北,五南图书出版有限公司 1999 年版。

20. 苏永钦著:《民事立法与公私法的接轨》,北京大学出版社 2005 年版。

21. 苏永钦著:《私法自治中的国家强制》,中国法制出版社 2005 年版。

22. 苏永钦著:《走入新世纪的私法自治》,中国政法大学出版社 2002 年版。

23. 汤欣主编:《公共利益与私人诉讼》,北京大学出版社 2009 年版。

24. 王健著:《反垄断法的私人执行》,法律出版社 2008 年版。

25. 王利明著:《侵权行为法归责原则研究》,中国政法大学出版社 1992 年版。

26. 王全兴著:《经济法基础理论专题研究》,中国检察出版社 2002 年版。

27. 翁子明著:《司法判决的生产方式》,北京大学出版社 2009 年版。

28. 吴英姿著:《法官角色与司法行为》,中国大百科全书出版社 2008 年版。

29. 席涛著:《美国管制:从命令控制到成本收益分析》,中国社会科学文献出版社 2006 年版。

30. 肖江平著:《中国经济法学史研究》,人民法院出版社 2002 年版。

31. 晏智杰著:《边际革命和新古典经济学》,北京大学出版社 2004 年版。

32. 杨紫烜主编:《经济法学》,高等教育出版社 2007 年版。

33. 应飞虎著:《信息、权利和交易安全》,北京大学出版社 2008 年版。

34. 于改之著:《刑民分界论》,中国人民公安大学出版社 2007 年版。

35. 余凌云著:《行政自由裁量论》,中国人民公安大学出版社 2005 年版。

36. 张守文、于雷著:《市场经济与新经济法》,北京大学出版社 1993 年版。

37. 张守文著:《经济法理论的重构》,人民出版社 2004 年版。

38. 张维迎著:《信息、信任与法律》(第2版),生活·读书·新知三联书店2006年版。

39. 张文显著:《二十世纪西方法哲学思潮研究》,法律出版社2006年版。

40. 张新宝著:《侵权责任法原理》,中国人民大学出版社2005年版。

41. 赵红梅著:《私法与社会法》,中国政法大学出版社2009年版。

二、中文论文

1. 陈桂明:《民事检查制度之存废、定位与方式》,载《法学家》2006年第4期。

2. 陈伟:《醉驾:一律入刑还是区别对待》,载《法制与社会发展》2012年第1期。

3. 储殷:《哈耶克政治制度理论研究》,载《法制与社会发展》2005年第5期。

4. 戴治勇:《选择性执法》,载《法学研究》2008年第4期。

5. 戴治勇、杨晓维:《间接执法成本、间接损害与选择性执法》,载《经济研究》2006年第9期。

6. 邓刚:《侵权之诉还是政府干预》,载《现代法学》2002年第1期。

7. 邓正来:《普通法法治国的建构过程》,载《开放时代》2002年第4期。

8. 丁海俊:《民事责任的预防功能》,载《现代法学》2001年第2期。

9. 樊纲、陈瑜:《"过渡性杂种":中国乡镇企业的发展及制度转型》,载《经济学》(季刊)2005年第4期。

10. 冯珏:《汉德公式的解读与反思》,载《中外法学》2008年第4期。

11. 高秦伟:《论行政机关法解释的审查基准》,载《河南政法干部管理学院学报》2006年第2期。

12. 黄新华:《论政府社会性规制职能的完善》,载《政治学研究》2007年第2期。

13. 江平、张楚:《民法的本质特征是私法》,载《政法论坛》1998年第6期。

14. 李昌麒、应飞虎:《论经济法的独立性》,载《山西大学学报》2001年第6期。

15. 李浩:《关于民事公诉的若干思考》,载《法学家》2006年第4期。

16. 李浩:《论法律中的真实——以民事诉讼为例》,载《法制与社会发展》2004年第3期。

17. 李浩:《事实真伪不明处置办法之比较》,载《法商研究》2005年第3期。

18. 李浩:《虚假诉讼中恶意调解问题研究》,载《江海学刊》2012年第1期。

19. 李剑:《反垄断私人诉讼困境与反垄断执法的管制化发展》,载《法学研究》

2011 年第 5 期。

20. 李友根:《论公私合作的执法机制》,载《上海财经大学学报》2010 年第 5 期。

21. 李友根:《论召回制度与预防性法律责任》,载《法商研究》2011 年第 6 期。

22. 李友根:《社会整体利益代表机制研究》,载《南京大学学报》(哲学社会科学版)2002 年第 2 期。

23. 刘水林:《反垄断诉讼的价值定位与制度建构》,载《法学研究》2010 年第 4 期。

24. 马俊驹、杨琴:《论社会主义市场经济与民法的完善》,载《法学评论》1999 年第 4 期。

25. 戚建刚:《我国食品安全风险规制模式之转型》,载《法学研究》2011 年第 1 期。

26. 宋华琳:《论行政规制对司法的规范效应》,载《中国法学》2006 年第 6 期。

27. 宋华琳:《论政府规制与侵权法的交错》,载《比较法研究》2008 年第 2 期。

28. 苏力:《"海瑞定理"的经济学解读》,载《中国社会科学》2006 年第 6 期。

29. 苏力:《关于能动司法与大调解》,载《中国法学》2010 年第 1 期。

30. 苏永钦:《以公法规范控制司法契约》,载《人大法律评论》2010 年卷。

31. 孙鹏:《论违反强制性规定行为之效力》,载《法商研究》2006 年第 5 期。

32. 孙鹏:《私法自治与公法强制》,载《环球法律评论》2007 年第 2 期。

33. 汤鸣、李浩:《民事诉讼率:主要影响因素之分析》,载《法学家》2006 年第 3 期。

34. 王利明:《我国〈侵权责任法〉采纳了违法性要件吗?》,载《中外法学》2012 年第 1 期。

35. 王锡锌、章永乐:《专家、大众与知识的运用》,载《中国社会科学》2003 年第 3 期。

36. 王锡锌:《公共决策中的大众、专家与政府》,载《中外法学》2006 年第 4 期。

37. 王锡锌:《公众参与、专业知识与政府绩效评估的模式》,载《法制与社会发展》2008 年第 6 期。

38. 魏新璋等:《对虚假诉讼有关问题的调查与思考》,载《法律适用》2009 年第 1 期。

39. 吴英姿:《代表人诉讼制度设计缺陷》,载《法学家》2009 年第 2 期。

40. 吴英姿:《风险时代的秩序重建与法治信念》,载《法学论坛》2011 年第 1 期。

41. 吴英姿:《民事诉讼程序的非正常运作》,载《中国法学》2007 年第 4 期。

42. 吴英姿:《司法的限度:在司法能动与司法克制之间》,载《法学研究》2009 年第 5 期。

43. 解亘:《论管制规范在侵权行为法上的意义》,载《中国法学》2009 年第 2 期。

44. 解亘:《论违反强制性规定契约之效力》,载《中外法学》2003 年第 1 期。

45. 谢鸿飞:《论法律行为生效的适法规范》,载《中国社会科学》2007 年第 6 期。

46. 邢世伟:《公安部:警方对醉驾一律刑事立案》,载《新京报》2011 年 5 月 18 日版。

47. 许中缘:《论违反公法规定对法律行为效力的影响》,载《法商研究》2011 年第 1 期。

48. 颜海娜、聂勇浩:《食品安全监管部门间合作困境探究:交易费的视角》,载宋华琳、傅蔚冈主编:《规制研究》(第 2 辑),格致出版社、上海人民出版社 2009 年版。

49. 杨解君、周佑勇:《行政违法与行政犯罪的相异和衔接关系分析》,载《中国法学》1999 年第 1 期。

50. 叶逗逗、陈中小路:《三鹿奶粉民事赔偿有望正式立案》,载《财经》2009 年 3 月 5 日版。

51. 叶金强:《风险领域理论与侵权法二元归责体系》,载《法学研究》2009 年第 2 期。

52. 叶金强:《论侵权损害赔偿范围的确定》,载《中外法学》2012 年第 1 期。

53. 叶金强:《相当因果关系理论的展开》,载《中国法学》2008 年第 1 期。

54. 叶名怡:《论违法与过错的认定》,载《环球法律评论》2009 年第 5 期。

55. 应飞虎、涂永前:《公共规制中的信息工具》,载《中国社会科学》2010 年第 4 期。

56. 应飞虎:《对免检制度的综合分析:坚持、放弃抑或改良》,载《中国法学》2008 年第 3 期。

57. 应飞虎:《权利倾斜性配置研究》,载《中国社会科学》2006 年第 3 期。

58. 应飞虎:《市场失灵与经济法》,载《法学》2001 年第 6 期。

59. 袁明圣:《司法解释"立法化"现象探微》,载《法商研究》2003 年第 2 期。

60. 张维迎、邓峰:《信息、激励与连带责任》,载《中国社会科学》2003 年第 3 期。

61. 章武生:《论群体性纠纷的解决机制》,载《中国法学》2007 年第 3 期。

62. 赵克祥:《论法律政策在侵权法因果关系判断中的作用》,载《法律科学》2007 年第 4 期。

63. 周详:《"醉驾不必一律入罪"论之思考》,载《法商研究》2012 年第 1 期。

64. 周佑勇:《行政裁量的治理》,载《法学研究》2007 年第 2 期。

65. 周佑勇、刘艳红:《试论行政处罚与刑罚处罚的立法衔接》,载《法律科学》1996 年第 3 期。

66. 朱景文:《中国诉讼分流的数据分析》,载《中国社会科学》2008 年第 3 期。

67. 朱岩:《大规模侵权的实体法问题初探》,载《法律适用》2006 年第 10 期。

68. 朱岩:《风险社会与现代侵权责任法体系》,载《法学研究》2009 年第 5 期。

69. 朱岩:《违反保护他人法律的过错责任》,载《法学研究》2011 年第 2 期。

三、中文译著

1. [冰]思拉恩·埃格特森著:《经济行为与制度》,吴经邦等译,商务印书馆 2004 年版。

2. [德]卡尔·拉伦茨著:《德国民法通论》,王晓晔等译,法律出版社 2003 年版。

3. [德]柯武刚、史漫飞著:《制度经济学:社会秩序与公共政策》,韩朝华译,商务印书馆 2000 年版。

4. [德]鲁道夫·冯·耶林著:《为权利而斗争》,郑永流译,中国政法大学出版社 2007 年版。

5. [法]莱昂·狄骥著:《公法的变迁》,郑戈、冷静译,辽海出版社 1999 年版。

6. [法]热拉尔·卡著:《消费者权益保护》,姜依群译,商务印书馆 1997 年版。

7. [美]《侵权法重述第三版:产品责任》,肖永平、龚乐凡、汪雪飞译,法律出版社 2006 年版。

8. [美]阿兰·斯密德著:《制度与行为经济学》,刘璨、吴水荣译,中国人民大学出版社 2004 年版。

9. [美]埃里克·弗鲁博顿、[德]鲁道夫·芮切特著:《新制度经济学:一个交易费用的分析范式》,姜建强、罗长远译,上海三联书店 2006 年版。

10. [美]伯纳德·施瓦茨著:《美国法律史》,王军译,法律出版社 2007 年版。

11. [美]保罗·萨缪尔森、威廉·诺德豪斯著:《经济学》(第 17 版),萧琛等译,人民邮电出版社2004年版。

12.［美］查尔斯·沃尔夫著:《市场,还是政府——不完善的可选事物间的抉择》,陆俊、谢旭译,重庆出版集团2007年版。

13.［美］大卫·D.弗里德曼著:《经济学语境下的法律规则》,杨欣欣译,法律出版社2004年版。

14.［美］丹尼尔·F.史普博著:《管制与市场》,余晖等译,上海人民出版社、三联书店上海分店1999年版。

15.［美］道格拉斯·C.诺斯著:《制度、制度变迁与经济绩效》,杭行译,格致出版社2008年版。

16.［美］弗朗西斯·福山著:《信任:社会道德与繁荣的创造》,李宛蓉译,远方出版社1998年版。

17.［美］盖多·卡拉布雷西著:《事故的成本》,毕竞悦、陈敏、宋小准译,北京大学出版社2008年版。

18.［美］盖多·卡拉布雷西著:《制定法时代的普通法》,周林刚、翟志勇、张世泰译,北京大学出版社2006年版。

19.［美］格兰特·吉尔摩著:《契约的死亡》,曹士兵、姚建军、吴巍译,法制出版社2005年版。

20.［美］W.吉帕·维斯库斯等著:《反垄断与管制经济学》,陈甬军等译,机械工业出版社2004年版。

21.［美］加里·S.贝克尔著:《人类行为的经济分析》,王业宇、陈琪译,上海人民出版社2008年版。

22.［美］凯斯·R.桑斯坦著:《自由市场与社会正义》,金朝武等译,中国政法大学出版社2002年版。

23.［美］凯斯·R.桑斯坦著:《风险与理性——安全、法律及环境》,师帅译,中国政法大学出版社2005年版。

24.［美］凯斯·R.桑斯坦著:《权利革命之后》,钟瑞华译,中国人民大学出版社2008年版。

25.［美］乔治·J.施蒂格勒著、库尔·特勒布、托马斯·盖尔·穆尔编:《施蒂格勒论文精粹》,吴珠华译,商务印书馆2010年版。

26.［美］理查德·A.波斯纳著:《法律的经济分析》(第7版),蒋兆康译,法律出版社 2012 年版。

27. [美]理查德 · A. 波斯纳著:《法律理论的前沿》,武欣、凌斌译,中国政法大学出版社 2003 年版。

28. [美]理查德 · A. 波斯纳著:《正义/司法的经济学》,苏力译,中国政法大学出版社 2002 年版。

29. [美]理查德 · B. 斯图尔特著:《美国行政法的重构》,沈岿译,商务印书馆 2002 年版。

30. [美]罗伯特 · C. 埃里克森著:《无需法律的秩序》,苏力译,中国政法大学出版社 2003 年版。

31. [美]罗伯特 · 考特、托马斯 · 尤伦著:《法和经济学》,史晋川、董雪兵译,格致出版社、上海三联书店、上海人民出版社 2010 年版。

32. [美]罗纳德 · 哈里 · 科斯著:《企业、市场与法律》,盛洪、陈郁译,格致出版社、上海人民出版社、上海三联书店 2009 年版。

33. [美]罗斯科 · 庞德著:《法理学》(第 2 卷),封丽霞译,法律出版社 2007 年版。

34. [美]罗斯科 · 庞德著:《普通法的精神》,唐前宏、高雪原、廖湘文译,法律出版社 2010 年版。

35. [美]罗斯科 · 庞德著:《通过法律的社会控制》,沈宗灵译,商务印书馆 1984 年版。

36. [美]曼昆著:《经济学原理》(第 3 版),梁小民译,机械工业出版社 2006 年版。

37. [美]曼瑟尔 · 奥尔森著:《集体行动的逻辑》,陈郁等译,上海人民出版社 1995 年版。

38. [美]米尔伊安 · R. 达玛什卡著:《司法和国家权力的多种面孔》,郑戈译,中国政法大学出版社 2004 年版。

39. [美]史蒂芬 · 布雷耶著:《打破恶性循环》,宋华琳译,法律出版社 2009 年版。

40. [美]史蒂芬 · 布雷耶著:《规制及其改革》,李洪雷等译,北京大学出版社 2008 年版。

41. [美]史蒂文 · 苏本、玛格瑞特 · 伍著:《美国民事诉讼的真谛》,蔡彦敏、徐卉译,法律出版社 2002 年版。

42. [美]世界银行编著:《世界发展报告—1998/99 年知识与发展》,蔡秋生译,中国财政经济出版社 1999 年版。

43. [美]斯蒂文 · 萨维尔著:《法律的经济分析》,柯华庆译,中国政法大学出版社 2008 年版。

44. [美]斯蒂文 · 萨维尔著:《事故法的经济分析》,翟继光译,北京大学出版社 2004 年版。

45. [美]文森特 · R. 约翰逊著:《美国侵权法》,赵秀文等注,中国人民大学出版社 2004 年版。

46. [美]小奥利弗 · 温德尔 · 霍姆斯著:《普通法》,冉昊、姚中秋译,中国政法大学出版社 2006 年版。

47. [日]北川善太郎著:"关于最近之未来的法律模型",李薇译,载梁慧星主编:《民法论丛》(第 6 卷),法律出版社 1999 年版。

48. [日]美浓部达吉著:《公法与私法》,黄冯明译,中国政法大学出版社 2003 年版。

49. [日]田中英夫、竹内照夫著:《私人在法实现中的作用》,李薇译,法律出版社 2006 年版。

50. [日]星野英一著:《私法中的人》,王闯译,中国法制出版社 2004 年版。

51. [日]植草益著:《微观规制经济学》,朱绍文等译,中国发展出版社 1992 年版。

52. [英]弗里德里希 · 冯 · 哈耶克著:《法律、立法与自由》(第 1 卷),邓正来等译,中国大百科全书出版社 2000 年版。

53. [英]安东尼 · 奥格斯著:《规制:法律形式与经济学理论》,骆梅英译,中国人民大学出版社 2008 年版。

54. [英]亚瑟 · 赛斯尔 · 庇古著:《福利经济学》,何玉长、丁晓钦译,上海财经大学出版社 2009 年版。

55. [英]约翰 · 梅纳德 · 凯恩斯:《就业、利息和货币通论》,高鸿业译,商务印书馆 2009 年版。

56. [德]布吕格迈耶尔著:《中国侵权责任法:学者建议稿及其立法理由》,朱岩译,北京大学出版社 2009 年版。

四、英文著作

1. David Wigdor, *Roscoe Pound-Philosophy of Law*, Greenwood Press, 1974.

2. Donald L. Horowitz, *The Court and Social Policy*, Washington, D. C. The Brookings Institution, 1977.

3. Guido Calabresi, *The Costs of Accidents: A Legal and Economic Analysis*, Yale University Press, 1970.

4. Jeremy Bentham, *The Rationale of Punishment*, Nabu Press, 2010.

5. Mitchell Polinsky, *An Introduction to Law & Economics*, 3th Edition, ASPEN Publisher, 2003.

6. Richard A. Posner, *The Federal Courts: Challenge and Reform*, Harvard University Press, 1996.

7. Thomas M. Keck, *The Most Activist Supreme Court in History: The Road to Modern Judicial Conservatism*, The University of Chicago Press, 2004.

8. William M. Landes and Richard A. Posner, *The Economic Structure of Tort Law*, Harvard University Press, 1987.

五、外文论文

1. Adrian Vermeule, "The Delegation Lottery", 119 *Harv. L. Rev. F.*, 105(2006).

2. Akerlof, G., "The Market for Lemons: Quality, Uncertainty and the Market Mechanism", 84 *Quarterly Journal of Econamics*, 1970, p. 488.

3. Bazelon, "Science and Uncertainty: A Jurist's View", 5 *Harv. Envtl. L. Rev.*, 209 (1981).

4. Bradley C. Karkkainen, "'New Governance' in Legal Thought and in the World: Some Splitting as Antidote to Overzealous Lumping", 89 *Minn. L. Rev.*, 471, 480 (2004).

5. Cass R. Sunstein, "Administrative Law Goes to War", 118 *Harv. L. Rev.*, 2665 (2005).

6. Cass R. Sunstein, "What's Standing After Lujan? Of Citizen Suits, 'Injuries', and Article III", 91*Mich. L. Rev.*, 163, 175 – 176(1992).

7. Charles D. Kolstad, Thomas S. Ulen, Gary V. Johnson, "Ex Post Liability for Harm vs. Ex Ante Safety Regulation: Substitutes or Complements?", 80 *The American Economic Review*, 888 (1990).

8. Chenggang Xu, Katharina Pistor, "Law Enforcement Under Incomplete Law: Theory and Evidence from Financial Market Regulation", London School of Economics and Political Science, Discussion Paper, No. TE/02/442, December 2002.

9. Clayton P. Gillette, James E. Krier, "Risk, Court, and Agencies", 138 *U. Pa. L. Rev.*, 1027 (1990).

10. Daniel A. Farber, "Revitalizing Regulation", 91*Mich. L. Rev.*, 1278, 1280 (1993).

11. Dara O' Rourke, "Outsourcing Regulation: Analyzing Non-Governmental Systems of Labor Standards and Monitoring", 31 *Pol' y Stud. J.* 1 (2003).

12. David A. Dana, "The New 'Contractarian' Paradigm in Environmental Regulation", 2000 *U. Ill. L. Rev.* 35 (2000).

13. David Rosenberg, "The Causal Connection in Mass Exposure Cases: A 'Public Law' Vision of the Tort System", 97 *Harv. L. Rev.*, 849 (1984).

14. Donald Wittman, "Prior Regulation versus Post Liability: The Choice between Input and Output Monitoring", 6 *The Journal of Legal Studies.* 193 (1977).

15. Douglas C. Michael, "Cooperative Implementation of Federal Regulations", 13 *Yale J. on Reg.*, 535 (1996).

16. Edward Brunet, "Debunking Wholesale Private Enforcement of Environmental Rights", 15 *Harvard Journal of Law & Public Policy.* 331 (1992).

17. Edward Glaeser, Simon Johnson and Andrei Shleifer, "Coase Versus the Coasians", 116 *Q J Econ.* 853 (2001).

18. Edward L. Glaeser, Andrei Shleifer, "The Rise of Regulatory State", 41 *Journal of Economic Literature*, 401 (2003).

19. Elliott, "Why Courts? Comment on Robinson", 14 *J. LEGAL STUDS.* 799, 799 – 800 (1985).

20. Eric Helland, Jonathan Klick, "The Tradeoffs Between Regulation and Litigation: Evidence From Insurance Class", 1 *J. Tort L.*, 2 (2007).

21. Erik Lenntorp, "On the Joint Use of Licensing and Liability", 29 *Int' l Rev. L. & Econ.*, 244.

22. Furrow, "Governing Science: Public Risks and Private Remedies", 131 *U. PA. L. REV.*, 1403 (1983).

23. Gary S. Becker, George J. StiglerSource, "Law Enforcement, Malfeasance and Compensation of Enforcers", 3 *The Journal of Legal Studies*, 1, 1 – 18 (1974).

24. Gary S. Becker, "Crime and Punishment: An Economic Approach", 76 *J. Pol. Econ.*, 169 (1968).

25. J. Bendor et al., "Theories of Delegation", 4 *Ann. Rev. Pol. Sci.*, 235 (2001).

26. George J. Stigler, "The Optimal Enforcement of Laws", 78 *J. Pol. Econ.*, 526, 526 – 529 (1970).

27. George Priest, Benjamin Klein, "The Selection of disputes forLitigation", 13 *J. Legal Stud.*, 1, 1 – 55 (1984).

28. Gerrit De Geest, Giuseppe Dari-Mattiacci, "Soft Regulation, Tough Judges", 15 *Sup. Ct. Econ. Rev.*, 119, 119 (2007).

29. Giuseppe Dari-Mattiacci, Gerrit De Geest, "When Will Judgment Proof Injurers Take Too Much Precaution", *Intl Rev L & Econ*, Working paper version published as George Mason Law & Economics Research Paper No. 03 – 56.

30. Ginsberg, Weiss, "Common Law Liability for Toxic Torts: A Phantom Remedy", 9 *HOFSTRA L. REV.*, 859 (1981).

31. Graham K. Wilson, "Social Regulation and Explanations of Regulatory Failure", 32 *Political Studies.*, 203 (1984).

32. Guido Calabresi, A. Douglas Melamed, "Property Rules, Liability Rules, and Inalienability: One View of the Cathedral", 85 *Harv. L. Rev.*, 1089 (1972).

33. Hammonds M. Timothy, "It Is Time to Designate a Single Food Safety Agency", 59 *Food Drug L. J.*, 427 (2004).

34. J. Bendor et al., "Theories of Delegation", 4 *Ann. Rev. Pol. Sci.*, 235 (2001).

35. Jake Phillips, "Ebay' s Effect on Copyright Injunctions: When Property Rules Give Way to Liability Rules", 24 *Berkeley Tech. L. J.*, 405 (2009).

36. Jeffrey G. Miller, "Private Enforcement of Federal Pollution Control Laws", Part

I,13 *Envtl. L. Rep.* ,10309(1983).

37. Jeffrey G. Miller,"Private Enforcement of Federal Pollution Control Laws",Part II,14 *Envtl. L. Rep.* ,10063(1984).

38. Jeffrey G. Miller,"Private Enforcement of Federal Pollution Control Laws",Part III,14 *Envtl. L. Rep.* ,10407(1984).

39. Jody Freeman,"Collaborative Governance in the Administrative State",45 *UCLA L. Rev.* ,1(1997).

40. Joel Yellin,"High Technology and the Courts:Nuclear Power and the Need for Institutional Reform",94 *Harv. L. Rev.* ,489(1981).

41. John Brown,"Toward an Economic Theory of Liability",2 *Journal of Legal Studies.* ,323(1973).

42. John C. Coffee,Jr. ,"Rescuing the Private Attorney General:Why The Model Of The Lawyer As Bounty Hunter Is Not Working",42 *Md. L. Rev.* ,215(1983).

43. Karol Boudreaux,Bruce Yandle,"Public Bads and Public Nuisance:Common Law Remedies for Environmental Decline",14 *FORDHAM ENVTL. L. J.* ,55(2002).

44. Katharina Pistor,Chenggang Xu,"Incomplete Law",35 *N. Y. U. J. Int'l L. & Pol.* ,931(2003).

45. Kimberly D. Krawiec,"Cosmetic Compliance and the Failure of Negotiated Governance",81 *Wash. U. L. Q.* ,487(2003).

46. Klevorick,Alvin,"Four Tests for Liability in Tort",14 *Journal of Legal Studies.* ,585(1985).

47. Kraus,"Environmental Carcinogenesis:Regulation on the Frontiers of Science",7 *Envtl. L.* ,83(1976).

48. Krent Roach,Michael J. Trebilcock,"Private Enforcement of Competition Laws",34 *Osgoode Hall L. J.* ,461(1996).

49. Kyle D. Logue,"Coordinating Sanctions In Tort",31 *Cardozo L. Rev.* ,2313(2010).

50. Lars Noah,"Rewarding Regulatory Compliance:The Pursuit of Symmetry in Products Liability",88 *Geo. L. J.* ,2147(2000).

51. Marcel Boyer,Donatella Porrini,"Modeling the Choice between Regulation and

Liability in Terms of Social Welfare",37 *Canadian J Econ.* ,590(2004).

52. Mark A. Cohen, Paul H. Rubin, "Private Enforcement of Public Policy",3 *Yale J. on Reg.* ,167(1985).

53. Matthew C. Stephenson, " Legislative Allocation of Delegated Power: Uncertainty, Risk, and the Choice Between Agencies and Courts",119 *HARV. L. REV.* , 1035(2006).

54. Matthew D. Zinn, " Policing Environmental Regulatory Enforcement: Cooperation, Capture and Citizen Suits",21 *Stan. Envtl. L. J.* ,81(2002).

55. Merrill, "Risk-Benefit Decisionmaking by the Food and Drug Administration", 45 *Geo. Wash. L. Rev.* ,994(1977).

56. Michael C. Dorf, "Legal Indeterminacy and Institutional Design",78 *N. Y. U. L. Rev.* ,875(2003).

57. Michael S. Greve, "The Demise of Environmentalism in American Law",115 (1996).

58. Michael S. Greve, "The Private Enforcement of Environmental Law",65 *Tul. L. Rev.* ,339(1990).

59. Mitchell Polinsky, Steven Shavell, " The Economic Theory of Public Enforcement of Law",38 *J. Econ. Literature.* ,45(2000).

60. Mitchell Polinsky, Steven Shavell, " The Optimal Tradeoff Between the Probability and Magnitude of Fines",69 *Am. Econ. Rev.* ,880(1979).

61. Mitchell Polinsky, " Steven Shavell, Punitive Damages: An Economic Analysis",111 *Harv. L. Rev.* ,869(1998).

62. Orly Lobel, " The Renew Deal: The Fall of Regulation and the Rise of Governance in Contemporary Legal Thought",89 *Minn. L. Rev.* ,342(2004).

63. Pamela H. Bucy, "Private Justice",76*S. Cal. L. Rev.* ,1(2002).

64. Patrick W. Schmitz, "On the Joint Use of Liability and Safety Regulation",20 *Intl Rev L &Econ.* ,371(2000).

65. Paul Burrows, " Combining Regulation and Legal Liability for the Control of External Costs",19 *Intl Rev L &Econ.* ,227(1999).

66. Peter Cane, "The Anatomy of Private Law Theory",25 *Oxford Journal of Legal*

Studies. ,217(2005).

67. Peter Diamond,"Single Activity Accidents",3 *Journal of Legal Studies.* ,107 (1974).

68. Peter Huber, " Safety and the Second Best: The Hazards of Public Risk Management in the Courts",85 *COLUM. L. REV.* ,277(1985).

69. Pierce, " Encouraging Safety: The Limits of Tort Law and Government Regulation",33 *Vand. L. Rev.* ,1281(1980).

70. Richard A. Epstein,"the social consequences of common law rules",95 *Harv. L. Rev.* ,1717(1982).

71. Richard A. Posner,"A Theory of Negligence",1 *The Journal of Legal Studies.* , 29(1972).

72. Richard A. Posner,"Theories of Economic Regulation",5*Bell J. Econ. &Mgmt. Sci.* ,335(1974).

73. Richard B. Stewart,"The Reformation of American Administrative Law",88 *Harv. L. Rev.* ,1667(1975).

74. Richard Macminn,"On the Judgment Proof Problem",27*Geneva Papers on Risk and Insurance Theory.* ,143(2002).

75. Robert F. Blomquist, " Rethinking the Citizen as Prosecutor Model of Environmental Enforcement Under the Clean Water Act: Some Overlooked Problems of Outcome-Independent Values",22 *Ga. L. Rev.* ,337(1988).

76. Robert Innes,"Enforcement Costs,Optimal Sanctions,and the Choice Between Ex-Post Liability and Ex-Ante Regulation",24 *Intl Rev L &Econ.* ,29(2004).

77. Robert L. Rabin,"Reassessing Regulatory Compliance",88 *GEO. L. J.* ,2049 (2000).

78. Robinson,"Probabilistic Causation and Compensation for Tortious Risk",14 *J. LEGAL STUD.* ,779(1985).

79. Ronald H. Coase. "The Problem of Social coast",3 *Journal of Law and Economics.* ,1(1960).

80. Ronald J. Allen,"Expertise and the Supreme Court:What Is the Problem?",34 *SETON HALL. L. Rev.* ,1(2003).

81. Roscoe Pound, "The Scope and Purpose of Sociology of Law", 24 *Harvard Law Review.*, 591 (1911).

82. Roscoe Pound, "The Administration of Justice in the Modern City", 26 *Havard Law Review.*, 324 (1913).

83. Rose-Ackerman, Geistfeld M, "The divergence between social and private incentives to sue: a comment on Shavell, Menell, and Kaplow.", 16 *Journal of Legal Studies.*, 483 (1987).

84. Cooter, Rubinfeld, "Economic analysis of legal disputes and their resolution", 27 *Journal of Economic Literature.*, 1067 (1989).

85. Rudolph T. Beard, "Bankruptcy and Care Choice", 21 *RAND J Econ.*, 626 (1990).

86. Sam Peltzman, "An Evaluation of Consumer Protection Legislation: The 1962 DrugAmendments", 81 *J. Pol. Econ.*, 1049 (1973).

87. Sam Peltzman, "Toward a More General Theory of Regulation", 19 *J. L. & Econ.*, 211 (1976).

88. Samuel P. Huntington, "The Marasmus of the ICC: The Commission, the Railroads, and the Public Interest", 61 *Yale L. J.*, 467 (1952).

89. Saul Levmore, "Unifying Remedies: Property Rules, Liability Rules, and Startling Rules", 106 *Yale L. J.*, 2149 (1997).

90. Sky Canaves, Juliet Ye, "Parents File First Lawsuit Over Tainted Milk", *The Wall Street Journal*, Oct 1th 2008.

91. Stephen M. Johnson, "Private Plaintiffs, Public Rights: Article II and Environmental Citizen Suits", 49 *U. Kan. L. Rev.*, 383 (2001).

92. Stephen R. Perry, "The Moral Foundations of Tort Law", 77 *Iowa L. Rev.*, 449 (1992).

93. Steven Shavell, "A Model of the Optimal Use of Liability and Safety Regulation", 15 *RAND J Econ.*, 271 (1984).

94. Steven Shavell, "Liability for Harm Versus Regulation for Safety", 13 *J Legal Stud.*, 357 (1984).

95. Steven Shavell, "The Fundamental Divergence between the Private and the

Social Motive to Use the Legal System",26 *J. Legal Stud.* ,575(1997).

96. Steven Shavell,"The Judgement Proof Problem",6 *International Review of Law and Economics.* ,45(1986).

97. Stuart Buck,"The Common Law and the Environment in the Courts",58 *Case W. Res. L. Rev.* ,621(2008).

98. Symposium,"Law,Economics & Norms",144 *U. Pa. L. Rev.* ,1643(1996).

99. Symposium, "Social Norms, Social Meaning, and the Economic Analysis of Law",27 *J. Legal Stud.* ,537(1998).

100. Symposium, "The Legal Construction of Norms", 86 *Va. L. Rev.* , 1577 (2000).

101. Teresa Moran Schwartz,"Regulatory Standards and Products Liability:Striking the Right Balance between the Two",30 *U. Mich. J. L. Reform.* ,434(1997).

102. Thomas J. Miceli, Kathleen Segerson, "A Note on Optimal Care by Wealth Constrained Injurers",23 *Intl Rev L & Econ.* ,273(2003).

103. United States General Accounting Office,Washington,D. C. 20648,Food Safety and Quality:Who Does What in the Federal Government(GAO/WED – 91 – 19A).

后 记

本书是在我博士学位论文基础上修改整理而成,博士学位论文已于2012年6月通过答辩我也由此获得法学博士学位。同年6月,我从一名学生走向大学讲台。身份虽然发生转换,但近几年来的教学、科研工作始终围绕博士学位论文的"社会性规制"主题而展开。在此期间,博士学位论文的修改完善工作也始终没有停止过。后续修改版本虽陆续获南京大学优秀博士学位论文和江苏省优秀博士学位论文奖,但我深知社会性规制问题的复杂性和规制理论的博大精深,这篇长文从"路径选择"视角对社会性规制问题的研究,也远未达到充分的程度。这也是为何完成写作后没有立刻出版的关键原因。选择在今天付梓,当然并不意味着我对这一问题的研究已接近尾声。真实的想法是,在规制理论的漫漫长路上,也许适时刻下路碑作为参照系,更能激发学术生命的前进动力。从这个意义上说,本书只是一个阶段性成果,更是慢慢学术长路上的另一个起点而已。

回顾本书的写作过程,从选题到博士学位论文定稿,前后逾两年,期间的苦乐酸甜,又有谁能体会!不错,大众化选题与主流的研究方法,确实能减轻写作负担;但追求一种全新的挑战,也未尝不是好事。很多时候,刻骨铭心的回忆往往来自富有挑战的选择。法经济学,一个独特而又饱受质疑的法学分支,远未达到所谓的"帝国主义"。它为法学界带来的不只是争论,还有全新的思维方式与智识上的挑战。在法教义学依旧掌握强大话语权的今天，选择法经济学上的分析方法，时刻都要准备好接受质疑。作为学位论文，甚至还面临更大风险。所有质疑往往都从法经济学的基本假设开始。首当其冲便是“理性人假设”。论文选题时就曾收到不少善意提醒：法经济学试图用货币衡量一切的做法能否应对法律问题的复杂性？在对初稿的首次讨论中，文章“不考虑侵权法的填补损害功能”的假设条件，就占用了多半时间。这些善意的提醒与怀疑，如警钟长鸣，不断萦绕于耳边，时刻激励着我更加谨慎地思考和论证。不可否认，假设固然与现实存在差异，但任何科学都需要抽象和假设，只有这样才能构建一个必要的“实验室环境”；否则，所谓的“研究”将沦为对现实世界的描述，这与科学的追求相去甚远。自然科学的既有事实表明，真空环境下的自由落体显然不是在复制“苹果落地”，但如果没有对真空环境的假设，牛顿也许无法解释，苹果为何总是向下降落。因此，科学研究的重大意义在于，将复杂世界简单化，从而抽象出简单的规则来解释现实世界、预测未来走向。作为社会科学的法学，当然也不例外。

时间的线性延伸，预示着一切快乐与苦难终将成为历史，留下的多是美好回忆！在南大读书期间，我的硕博被压缩为五年时间（提前攻博项目），朋友曾戏称这是“博士速成班”。虽然是“速成”，但导师李友根教授还是对我提出了较高要求。时任法学院院长，繁忙的公务自然要占用导师大量时间，但这并没有让他落下教学和对研究生的培养，这也打消了我选导师时的顾虑。毕竟，选一个繁忙的院长做导师，极有可能面临被“放羊”的风险，但在李老师那里，这些顾虑显然是多余的。在这五年时间里，为了各种各样的问题，我不知往李老师办公室跑了多少趟，也不知耗费了他多少时间。在科研方面，他严谨的态度与严格的要求，甚至让人怀疑他是否有“学术洁癖”。我研究生期间的文章，多半都是在他数次批注后才得以完稿。在日常生活中，李老师也尽其所能为学生提供便利和帮助，在赴台研习期间，甚至给我提供经济上的资助。在职业规划方面，李老师的建议更是让我坚定了前进方向。作为一个法学教授，李老师洁身自好的科研作风、问题导向的思维模式、“写中学”的研究生培养风格，深深地影响着每一届学生。不知从何时起，一个亲切的昵称——根叔，开始在学校广泛流传，其中饱含着同学对老师的爱戴，这也与他平易近人的性格密不可分。在做人方面，李老师对我的教导最值得珍藏，由于我本人愚钝，直到行将毕业之时，才大致读懂李老师坚持做人要“大气”的含义。但要知行合一，仍需努力。导师的这些言传身教，都深深印在我的脑海中，将成为我人生中最重要的一笔财富。

除了导师的辛勤付出外,本书的完稿也离不开诸多师友的帮助,他们为我的选题、写作、答疑和修改提供了热心帮助。我不会忘记,为了论文中的一些小问题,曾深夜向叶金强老师电话请教许久;为了一个争议性问题,也曾在解亘老师办公室中讨论到很晚;更让我难以忘怀的是参加"第七期判例沙龙"期间,不管是在往返的火车上,还是在会后休息的空档中,我一直向解老师请教问题。两位老师的耐心使我感动。张淳教授和宋晓教授,每次碰到他们,不管是在校内还是校外,他们都热心地询问我生活和学习情况,你们的关心是我前进的强大动力。吴建斌教授、吴英姿教授、王太高教授、杨春福教授、胡敏洁教授和肖冰教授都对我论文开题、写作和修改给予了大量指导和帮助,衷心谢谢你们! 校外的应飞虎教授、吴元元教授、宋华琳教授、陈柏峰教授、戚建刚教授等诸位师友,都以不同的方式给予我指导和帮助,本书的完稿与你们的鼓励和帮助密不可分。在南大读书期间的同学,是我论文写作中的亲密"战友",与他们的讨论常常会激发出思想上的火花,他们是王承堂、朱一飞、钱玉文、刘进、陈太清、曹哲、孙箫、谢绍芬、刘思萱、王启迪、周樨平、马辉、黄伟峰、王静等。衷心谢谢你们听我倾诉、给我建议、激励我前行,让我领略多元思维方式。

感谢我的父母,他们守望在遥远的北方。父母勤劳朴实的习惯与坚韧不拔的性格,深深地感动并激励着我。没有勤劳朴实的习惯,博士学位论文不会在短时间内诞生;没有坚韧不拔的性格,我也许不会在艰苦而又清贫的环境下一直读到博士毕业。自中学以来,我就开始了漫长的住校生涯,短暂的寒暑假成为团聚的"黄金周"。家里的一切重担也因此都落在父母肩上,不管酷暑还是严寒,他们都在忙碌着。爸爸妈妈日渐稀疏的银发,诉说着平日里太多的辛酸,尽管他们总是在我面前极力隐藏这些。如今,我已成年,但我能尽到的义务实在太少。可父母总是从容地说:"不要担心家里,把你的事情做好!"他们这么说,不是因为家里不需要我的帮助,而是因为他们爱我比爱自己更多。想到此,我心里总会为之一颤,甚至几度哽咽。好在,爸爸妈妈都很健康,愿你们一生平安!

此前期待着能在毕业后,全面终结"啃老"时代,以弥补我心中深深的愧疚和不安。但自毕业以来,因忙于各种事务,我对父母、岳父母的付出仍无法与索取相提并论。尤其是儿子出生后,岳父母主动放弃家乡的安逸生活,任劳任怨地蜗居于南京,帮我们照顾小孩并料理家务。是他们的汗水,换来了儿子的健康成长和家庭的欢声笑语。曾经在学生时代可大把享用的读书时间,于工作之后,只能做点滴积累,坐在办公桌前的每一秒,都来之不易。如果说我在教学和科研工作中有些许成绩,那也是岳父母用双倍时间置换的结果。这种代际间的时间置换，何尝不是另一种形式的“啃老”！对二老的感恩虽未挂在嘴边，但却深深地烙在心底，衷心祝愿他们健康幸福。

感谢我的爱人，她理解我的苦衷，支持我的选择。没有她的理解和支持，我的学术生涯也许将在2012年7月戛然而止。毕竟，在物欲横流的今天，选择高薪职业也许是更理性的选择。更难能可贵的是，她会时常提醒我："你到底喜欢什么职业？"这与博士学位论文的写作息息相关。正如法经济学坚持的那样，理性人会区分长远利益与眼前利益；如果博士学位论文敲响的是学术生涯的丧钟，那么草草收笔，节省时间和精力谋个高薪职业，也许是更理性的选择；如果博士学位论文敲响的是步入学术殿堂的战鼓，那么为一篇博士学位论文而大量“投资”，将是长期博弈中的理性选择。当然，理性并不要求每个人都精于算计，更不要求人人都有超人的预见能力。由于精心计算也需要信息成本，因而适当的直觉判断也并非不理性。这同时也意味着，凭直觉选择学术之路同样存在一定风险。但又有什么办法呢?！未来，你的名字叫不确定。这也许更加衬托出信任的非凡价值！

最后，但同样重要的是，感谢法律出版社陈妮编辑，正是在她的关心、支持和催促下，本书才得以顺利出版。繁杂的校对和编辑工作，也是另一种形式的创作，如果说本书有可读性，与陈妮女士的付出密不可分。

宋亚辉

南京大学逸夫管理科学楼

2017年1月

图书在版编目(CIP)数据

社会性规制的路径选择:行政规制、司法控制抑或合作规制 / 宋亚辉著. —北京:法律出版社,2017.1(2020.1 重印)
(市场规制法治文丛 / 李友根主编)
ISBN 978-7-5118-9997-2

Ⅰ.①社… Ⅱ.①宋… Ⅲ.①法律—研究 Ⅳ.①D9

中国版本图书馆 CIP 数据核字(2016)第 230306 号

社会性规制的路径选择
——行政规制、司法控制抑或合作规制
SHEHUIXING GUIZHI DE LUJING XUANZE
—XINGZHENG GUIZHI、SIFA KONGZHI YIHUO HEZUO GUIZHI

宋亚辉 著

策划编辑 陈 妮
责任编辑 陈 妮
装帧设计 马 帅

出版 法律出版社
总发行 中国法律图书有限公司
经销 新华书店
印刷 北京虎彩文化传播有限公司
责任印制 吕亚莉

编辑统筹 法治与经济出版分社
开本 710 毫米×1000 毫米 1/16
印张 17.75 **字数** 300 千
版本 2017 年 1 月第 1 版
印次 2020 年 1 月第 2 次印刷

法律出版社/北京市丰台区莲花池西里 7 号(100073)
网址/www.lawpress.com.cn
投稿邮箱/info@lawpress.com.cn
举报维权邮箱/jbwq@lawpress.com.cn
销售热线/400-660-8393
咨询电话/010-63939796

中国法律图书有限公司/北京市丰台区莲花池西里 7 号(100073)
全国各地中法图分、子公司销售电话:
统一销售客服/400-660-8393/6393
第一法律书店/010-83938432/8433 西安分公司/029-85330678 重庆分公司/023-67453036
上海分公司/021-62071639/1636 深圳分公司/0755-83072995

书号:ISBN 978-7-5118-9997-2 **定价**:76.00 元